ÉTUDES

SUR

L'HISTOIRE ROMAINE

PAR PROSPER MÉRIMÉE.

I

GUERRE SOCIALE.

PARIS.
VICTOR MAGEN, ÉDITEUR,
21, QUAI DES AUGUSTINS.
—
1844

ÉTUDES

SUR

L'HISTOIRE ROMAINE.

OUVRAGES DU MÊME AUTEUR.

Jacquerie (la). 1 vol. in-8°.
Théâtre de Clara Gazul. 1 vol. in-8°.
Chronique du règne de Charles IX. 1 vol. in-8°.
Double (la) méprise. 1 vol. in-8°.
Mosaïque. 1 vol. in-8°.
Voyage dans l'Ouest de la France. 1 vol. in-8°.
Voyage dans le Midi de la France. 1 vol. in-8°.
Voyage en Auvergne. 1 vol. in-8°.
Voyage en Corse. 1 vol. in-8°.
Colomba. 1 vol. in-8°.

PARIS. — IMPRIMERIE DONDEY-DUPRÉ,
Rue Saint-Louis, 46 au Marais.

ESSAI

SUR LA

GUERRE SOCIALE.

Dès le moment où l'histoire romaine se dégage des fables qui entourent ses premières époques, elle nous fait assister à une lutte animée, incessante, entre les deux castes qui composent la nation. D'un côté, une noblesse altière, possédant richesses et honneurs; de l'autre, un peuple intelligent et courageux, réduit à une condition voisine du servage. Celui-ci demande avec patience, mais avec une inébranlable fermeté, un partage égal des droits. Chaque jour la noblesse perd un peu de terrain, dont le peuple s'empare aussitôt. C'est comme un long siége. Les patriciens défendent la brèche pied à pied, et s'ils cèdent enfin au nombre, ce n'est qu'en obtenant une capitulation honorable, qui assimile en quelque sorte les vainqueurs aux vaincus.

Malgré ses divisions intestines, la république occupe le premier rang parmi les nations; et patriciens ou plébéiens, les enfants de Rome ont conquis à l'égard des peuples voisins la position de maîtres vis-à-vis de leurs vassaux. Longtemps ils ne comptèrent que des sujets dociles; avertis enfin, excités par le triomphe des plébéiens, les Italiotes à leur tour réclament leur émancipation.

Leurs efforts pour l'obtenir, leurs succès, leurs revers, la catastrophe qui termine cette grande lutte en écrasant tous les partis, tel est le sujet que je me suis proposé de traiter.

Il embrasse trois époques distinctes. J'examinerai d'abord les griefs des Italiotes; je rechercherai l'origine de leurs espérances d'affranchissement, transmises par les Romains eux-mêmes; car l'idée de liberté ne vient jamais d'un esclave; il faut qu'elle lui soit suggérée par un homme libre. Je raconterai les longues instances des villes italiotes, les secours qu'elles trouvèrent dans la nation dominatrice, les partis et les séditions que leur cause y excita.

La seconde époque comprendra la guerre sociale proprement dite, alors que, lassés de leur longue patience, les peuples de l'Italie réclamèrent leur émancipation les armes à la main; guerre courte, mais terrible, qui ne cessa que par l'épuisement des deux partis.

La troisième époque prend un caractère nouveau. Au lieu de nations qui se combattent, deux hommes paraissent, qui résument, pour ainsi dire, toute la guerre dans un duel à mort. Sylla est le champion de l'aristocratie romaine; Marius celui de l'émancipation italique. Sylla triomphe, et son épée impitoyable ne laisse en Italie que des esclaves, désormais réunis en une seule nation par une terreur commune.

Je terminerai en examinant les conséquences de cette révolution qui exerça une immense influence sur les destinées de Rome et du monde.

Les sources auxquelles j'ai puisé pour mon travail sont malheureusement loin d'être abondantes. On sait que les commentaires de Sylla ont péri, ainsi que les livres de Tite-Live qui racontaient la guerre sociale. Dans quelques abrégés qui nous restent, on sent l'espèce de répugnance que les Romains ont éprouvée à s'arrêter sur une époque de leur histoire où l'honneur de leurs armes fut un instant compromis, où la victoire même fut plus funeste pour eux qu'une défaite[1]. Ils ont appelé cette guerre *Marsique*, comme s'ils eussent voulu en déguiser la gravité en ne nommant qu'une partie

---

[1] Quid hac clade tristius? quid calamitosius? Flor. III, 18.

de leurs adversaires. Enfin, dans la lutte entre les factions de Marius et de Sylla, ils ont affecté de ne voir que l'ambition de deux hommes, tandis que, sous leurs noms, la démocratie et l'aristocratie se livraient la plus sanglante de toutes leurs batailles.

Recherchant avec soin les lambeaux épars des auteurs latins et grecs, j'ai essayé de les coordonner; dans certaines occasions d'interpréter des passages obscurs; parfois même de deviner des événements dont on ne connaît que les conséquences. Je ne me dissimule pas combien cette tentative est hardie, combien elle est au-dessus de mes forces; mais je croirais avoir rendu service à l'histoire, si de mon travail pouvait ressortir quelque vérité négligée, si mes erreurs mêmes servaient d'avertissement aux écrivains qui traiteront le même sujet après moi.

PREMIÈRE PARTIE.

§ Ier.

Les peuples de l'Italie soumis par les armes ou la politique de Rome obéissaient tous en réalité à son gouvernement; mais il y avait des degrés dans leur sujétion, et les rapports internationaux de chacun d'eux avec la république souveraine étaient réglés par des conventions particulières. En substance, ces traités, dont les détails nous sont d'ailleurs presque inconnus, paraissent avoir divisé les peuples de la Péninsule, suivant leur origine, en trois catégories principales très-inégalement partagées. Dans la première étaient les Latins, dans la seconde les Italiotes de race autochthone, ou du moins très-anciennement établis dans le pays qu'ils occupaient. Enfin, la troisième catégorie, qui comprenait les nations dont l'arrivée en Italie était relativement récente, se subdivisait en presque autant de classes distinctes que l'on comptait de races différentes.

Depuis longtemps intimement unis à Rome, les Latins, en reconnaissant sa suprématie, conservèrent le droit d'élire leurs magistrats et de s'administrer suivant leurs coutumes. Entre tous les alliés, ils obtinrent des priviléges spéciaux, tels que celui d'ester personnellement en justice à Rome; à certaines conditions, ils purent même acquérir les droits politiques dans la cité romaine [1].

[1] Le Latin obtenait ces droits lorsqu'il avait exercé une magistrature annuelle dans sa patrie, ou lorsqu'il fixait son domicile à Rome, pourvu qu'il laissât des enfants dans sa ville natale. Voir la loi Servilia, § IV.
Sigonius conclut d'un passage célèbre de Tite-Live, que dans les comices législatifs et judiciaires (jamais dans les comices électifs) les Latins étaient admis à voter avec les Romains dans une tribu désignée par le sort. Sitella allata est ut sortirentur ubi Latini suffragium ferrent. Liv. XXV, 3. D'ailleurs il remarque que c'était moins un droit qu'une faveur, et que l'opposition d'un magistrat pouvait toujours les en priver. V. Sigon. *De ant. jure Ital.* Cette faveur me paraît encore considérable, surtout si on la compare à certaines distinctions humiliantes pour les Latins, dans l'application des peines militaires, par exemple. N'est-il pas plus probable que le passage de Tite-Live se rapporte aux seuls Latins qui se trouvaient dans le cas de prétendre aux droits de cité romaine?

Ce dernier avantage les distinguait surtout des autres nations italiotes. Bien que régies par leurs lois et leur administration nationales, elles étaient soumises à une espèce de tutelle exercée par les magistrats romains [1], et leur condition était inférieure à celle des cités latines.

Ni les unes ni les autres ne payaient de tribut à proprement parler, mais elles devaient fournir un contingent militaire fixé par la république romaine, et dont l'équipement, la solde, souvent même une partie de l'entretien, étaient à leur charge. Absolument semblable, pour son organisation, à la milice romaine, ce contingent entrait pour plus de moitié dans la composition de l'armée de ligne dont Rome disposait pour défendre son territoire ou étendre ses conquêtes [2].

---

[1] Appian. *Civ.* I, 38.

[2] Anciennement les Latins étaient incorporés dans les mêmes manipules que les Romains; mais alors vraisemblablement le commandement de la légion, et sans doute celui de l'armée, alternaient entre un Romain et un Latin. Après la soumission définitive du Latium, je crois que les Latins formèrent, comme les autres alliés, des légions ou des cohortes distinctes; du moins l'hypothèse contraire obligerait à croire que les Latins furent moins bien traités que les Italiotes, dont les contingents étaient dirigés par des chefs

Quant aux peuples étrangers, la plupart étaient soumis à un tribut, et gouvernés à peu près despotiquement par des magistrats romains. Leurs soldats, appelés auxiliaires[1], n'étaient point admis dans les légions. Tel était le régime imposé aux Gaulois établis dans la Cisalpine, et probablement aux Liguriens[2].

Plusieurs cités, colonies étrangères en Italie, étaient plus favorablement traitées. On ne les confondait point avec les barbares, car elles appartenaient à une race qui dans l'opinion tenait un rang distingué. Je veux parler de quelques villes grecques, dans le sud de la péninsule, qualifiées de cités libres, dénomination plus honorable que

nationaux, ou, ce qui est encore moins admissible, que dans une armée de la république, un chef latin pouvait commander à des soldats romains.

[1] Remarquer la distinction qui existait autrefois entre les mots *socii* et *auxilia*, qui devinrent dans la suite synonymes. *Auxilium ab auctu quem accesserant ei qui adjumento essent* ALIENIGENÆ. Varro, V, 90. *Auxiliares dicuntur in bello Socii Romanorum* EXTERARUM NATIONUM. Festus, apud Just. Lips. *De milit. Rom.* I, 7.

[2] *Quidam Ligus ex cohortibus auxiliariis.* Sall. *Jug.* 93. Ce mot est précieux dans Salluste, qui recherche, comme on sait, les expressions antiques, et les emploie dans leur acception primitive.

réelle. Il est vrai qu'elles se gouvernaient par leurs antiques institutions, mais sous le protectorat très-ombrageux de la république. Leur position était à peu près la même que celle des Italiotes, avec cette différence toutefois, que leurs contingents n'étaient point admis à servir dans les légions. En temps de guerre, leur coopération se bornait à fournir des vaisseaux et des soldats de marine [1].

Faute de renseignements complets, on ne peut définir exactement les rapports politiques entre Rome et d'autres peuples qu'on hésite à ranger parmi les alliés italiens, et qui cependant ne pouvaient être classés au nombre des barbares soumis au régime arbitraire des provinces. On ne sait, par exemple, si les Étrusques, séparés des nations voisines par leur langue et leurs institutions, jouissaient du droit latin ou italique, ou si, comme il est probable, il existait à leur égard des capitulations particulières. Il semble que la domination romaine ait été fort douce pour ce peuple, du moins pour leur noblesse, pour les Lucumons, entre les mains desquels résidait toute influence politique.

[1] De là le mot de *Socii navales*, pour désigner les équipages de la flotte, qui se conserva encore longtemps après être devenu un contre-sens. V. dans Tite-Live des affranchis romains désignés par ce nom. 42, 27 ; 43, 12.

Peu nombreux, et amollis au point de ne plus inspirer d'inquiétudes, ils avaient trouvé grâce devant le sénat de Rome. Peut-être encore un autre motif contribuait-il à les faire traiter avec quelque faveur. La connaissance des plus anciennes traditions religieuses, du droit sacré et de l'art d'interpréter les présages, faisait regarder la plupart des seigneurs étrusques comme des espèces de pontifes; en échange, leur science divine était toujours prête à servir les intérêts de Rome. Il est douteux qu'ils aient fourni des contingents militaires : je ne trouve qu'un exemple de leur coopération dans les guerres de la république : c'est en l'an de Rome 528, lorsqu'une invasion formidable de Gaulois menaçait toute l'Italie. A cette époque ils mirent en campagne, *conjointement avec les Sabins*[1], trente-quatre mille hommes. Mais leur pays allait servir de champ de bataille, et ce n'était pas une armée, mais une levée en masse que l'Italie opposait aux Gaulois. Ailleurs, même dans les guerres d'Annibal, on ne voit jamais de troupes étrusques citées parmi les contingents italiens. Assurément, si elles faisaient

---

[1] Polybe, liv. II, 5. La réunion des Sabins et des Étrusques me fait soupçonner que ce contingent se composait en majorité de Sabins soudoyés par les Lucumons.

partie des armées de la république, elles n'étaient point organisées en légions. On sait que la milice romaine se composait uniquement d'hommes libres; or les paysans étrusques étaient serfs, sinon de droit, du moins de fait; et comme serfs ils devaient être exclus du service militaire.

Les traités faits avec les Ombriens sont également ignorés; mais d'après les traditions sur leur antique origine[1], on a lieu de croire qu'ils étaient au nombre des nations favorisées, c'est-à-dire de celles qu'on ne rangeait point parmi les barbares. C'était une race belliqueuse retrempée par des invasions gauloises. Leurs soldats étaient estimés; mais il est douteux qu'ils fussent incorporés dans l'armée de ligne[2].

Quant aux Bruttiens, depuis leur défection dans la seconde guerre punique, ils paraissent avoir été réduits à une condition analogue à celle des Ilotes. Leur nom même devint un terme de mépris pour

---

[1] Umbrorum gens antiquissima Italiæ. Plin. III, 19.

[2] Valère Maxime, en citant, lib. V, 3, 5, la belle conduite de deux cohortes ombriennes à la bataille de Verceil, les désigne par le nom de Camerinum, ville où elles avaient été levées, ainsi que les écrivains romains le font en général quand ils parlent de troupes légères. (V. Tito-Live et César, passim.)

désigner les esclaves attachés au service des magistrats romains[1].

On pourrait peut-être se faire une idée assez exacte de la différence qui *existait* aux yeux des Romains entre les peuples de l'Italie, en se reportant aux préjugés qu'on trouve actuellement dans nos colonies au sujet de la couleur. Ainsi l'Européen, l'être noble par excellence, c'est le Romain ; l'homme à peau blanche sans mélange de sang africain, mais d'une autre race que la race européenne, me représente le Grec, l'Italiote, l'Étrusque. Enfin le mulâtre ou le nègre, placé au dernier rang, est dans la position qu'occupaient les Gaulois, les Germains et tous les barbares.

La constitution intérieure des cités italiotes offrait une assez grande analogie avec celle de Rome. Dans la plupart on voit une aristocratie plus ou moins puissante, des magistratures électives et toujours temporaires. Presque partout, excepté en Étrurie, la révolution opérée à Rome vers la fin du quatrième siècle avait produit des résultats analogues. Il n'y avait peut-être plus de caste privilégiée pour la gestion des charges publiques ; mais à l'influence exercée autrefois par la noblesse d'origine, avait succédé

---

[1] A. Gell. lib. X, 3.

celle des familles illustres (*optimates*) ; en sorte que les magistrats étaient presque toujours choisis dans les mêmes classes de citoyens, c'est-à-dire parmi les personnes riches possédant une nombreuse clientèle. Le gouvernement municipal appartenait de fait tout entier à un sénat qui ne se recrutait guère que dans les mêmes familles, et il était encore plus rare qu'à Rome, que des hommes nouveaux parvinssent aux honneurs. Bien que des traités reconnussent aux cités italiennes le droit de s'administrer d'après leurs propres lois, il est douteux que le gouvernement de Rome leur eût permis de changer complétement leur constitution ; par exemple, de substituer à l'oligarchie des formes démocratiques. Son action sur les sénats italiens était facile, et il était de son intérêt de leur conserver un pouvoir qui ne lui portait point ombrage. En résumé, il paraît que les petites républiques italiennes dépendantes de Rome n'avaient suivi que de fort loin le mouvement démocratique dont elle avait donné le premier exemple.

Autrefois, dans la Péninsule, des fédérations unissaient les différents peuples d'origine commune ; Rome s'était appliquée à les détruire, et y avait en partie réussi. Sa politique soupçonneuse s'était efforcée de substituer des villes aux nations, et de donner à chaque ville ses intérêts distincts et séparés. Cependant, ne fût-ce que pour se concerter dans l'exécution des ordres de la république souveraine, les cités d'une même nation avaient conservé des relations politiques, images bien imparfaites de leurs diètes au temps de leur indépendance [1]. Longtemps, afin d'isoler davantage ses sujets, Rome avait interdit les mariages, *jus connubii*, entre peuples différents; mais il est probable que cette étrange tyrannie avait perdu avec le temps beaucoup de sa rigueur, par l'effet de la sécurité qu'inspirait une longue paix [2].

A la suite de ses conquêtes, la république avait établi sur un grand nombre de points de la Péninsule des colonies composées de ses nationaux ou de ses alliés. D'ordinaire les anciens habitants étaient admis à jouir des mêmes droits que les colons [3].

---

[1] Par exemple, en 528, les contingents italiens sont distingués par nations; donc plusieurs villes s'étaient concertées pour le recrutement.

[2] Diod. Sic. Excerpt. de sententiis XXXVII, 10, pag. 130, ed. Dind. Οἱ παρ' ἀμφοτέροις στρατιῶται — συχνοὺς οἰκείους καὶ συγγενεῖς κατενόουν, οὓς ὁ τῆς ἐπιγαμίας νόμος ἐπεποιήκει κοινωνεῖν τῆς τοιαύτης φιλίας. Il s'agit de l'armée de C. Marius, et de celle de Q. Pompædius Silon.

[2] Antium, nova colonia, missa cum eo ut Antiatibus permitteretur si et ipsi adscribi coloni vellent. Liv. VIII, 14.

Suivant leur charte de fondation, ces colonies étaient nommées ou romaines ou latines. Les habitants des premières possédaient le droit de cité, mais non celui de suffrage; souvent, en effet, le sénat ne leur avait donné des terres que pour se débarrasser d'une populace turbulente. Les colonies latines avaient été instituées en général pour indemniser les alliés aux dépens d'un peuple qu'ils avaient aidé à soumettre[1]. Dispersées dans toute l'Italie, et presque toujours établies dans des villes fortifiées, les colonies, quelle que fût leur origine, formaient comme autant de garnisons fidèles, car leur existence dépendait de la tranquillité de la nation qu'elles avaient dépouillée d'une partie de son territoire.

Ce n'est pas tout : la république possédait encore dans toute l'Italie de vastes domaines enlevés aux peuples vaincus. Dans les confiscations qui suivaient une guerre, on faisait une distinction entre les terres cultivées, qui étaient sur-le-champ données ou vendues, et les terres incultes, de tout temps nombreuses en Italie. Ces dernières devenaient

[1] Souvent des Italiens et même des Romains s'y faisaient affilier. In colonias latinas sæpè nostri cives profecti. Cic. *Pro A. Cæcina,* 33.

propriété de la république; on les appelait *ager publicus*, domaines nationaux. Dans l'état où la guerre les avait laissées, il eût été difficile d'en tirer parti immédiatement; mais la république en abandonnait la jouissance à quiconque voulait les cultiver, à la charge de payer la dîme des produits. Elle exigeait également une redevance des propriétaires qui envoyaient leurs troupeaux dans ces domaines[1]. Romains et Italiotes étaient admis à cultiver l'*ager publicus*. Bien que ces terres fussent transmissibles comme un bien patrimonial, elles en différaient essentiellement, en ce qu'elles pouvaient être retirées à leurs détenteurs, aussitôt qu'il devenait nécessaire de leur donner une destination publique. Sous ce rapport, on peut les comparer à des biens affermés par bail emphytéotique, mais sans terme précis. Je reviendrai bientôt sur ce point; maintenant, je me contenterai de remarquer que ces domaines romains, éparpillés dans toutes les provinces italiotes, donnaient continuellement à la république l'occasion de s'immiscer dans les affaires des villes alliées. Il n'y en avait pas une qui, dans son voisinage, ne vît des terres détachées de son ter-

---

[1] App. *Civ.* I, 7, 8, 9, 11, 18. Niebuhr, *Des colonies romaines et latines.*

ritoire, relevant aujourd'hui de la juridiction romaine. Survenait-il une contestation au sujet de ces biens, un riche Romain, par exemple, envahissait-il le champ d'un Samnite voisin du domaine public, la plainte du Samnite était jugée à Rome par les pairs, souvent par les complices du coupable. Le malheureux dépouillé, incapable d'ester en justice, n'avait d'autre espoir que dans l'appui du Romain patron de sa cité. Aussi ce patronage devint-il une espèce de tribut imposé aux Italiotes par l'avarice des hommes influents dans le forum.

On voit que la liberté de l'Italie se réduisait, au fond, à une légère satisfaction d'amour-propre accordée aux vaincus, mais que la toute-puissance restait en réalité au peuple conquérant.

A mesure que la position du citoyen romain s'élevait et s'entourait de nouveaux avantages, celle de l'Italiote devenait plus précaire et plus pénible. Tant que la république n'eut à combattre qu'en Italie, le service militaire de ses alliés semblait requis par une nécessité commune. En général, il n'avait d'ailleurs que la durée assez courte des campagnes de ce temps. Des concessions de terres, un partage égal du butin[1], leur offraient quelques dédommage-

---

[1] V. Just. Lips. *De prædâ*, lib. V, dial. 15. Il ne s'agissait

ments en retour de leurs sacrifices pour l'agrandissement de Rome. Mais lorsqu'elle étendit ses conquêtes au delà des mers, les expéditions militaires furent de longue durée. Il fallut entretenir des garnisons lointaines, recruter sans cesse de nombreuses armées, s'épuiser d'hommes et d'argent. Cependant, les trésors des nations vaincues passaient à Rome ; le gouvernement des provinces soumises appartenait à ses magistrats ; la gloire des succès revenait tout entière au peuple, qui donnait les généraux. Licenciés après de longues campagnes, les soldats italiotes ne rapportaient dans leur pays que les vices des camps. Leurs officiers, quelque longs, quelque glorieux qu'eussent été leurs services, ne sortaient jamais d'une position subalterne. Pour eux, le grade de préfet du contingent fourni par leur cité[1] était le seul auquel ils pussent prétendre,

dans ces partages que du butin fait sur le champ de bataille ou dans une ville prise d'assaut. Les contributions imposées aux vaincus entraient dans le trésor de la république, sauf les gratifications prélevées quelquefois par les généraux pour récompenser leurs soldats.

[1] Peut-être plusieurs contingents alliés étaient-ils quelquefois réunis sous les ordres d'un même chef italiote. Dans la deuxième guerre punique, le Samnite Numerius Decimius commanda un corps détaché de 8,500 hommes. Liv. XXII, 24.

tandis qu'ils se voyaient sans cesse obligés d'obéir à de jeunes Romains, revêtus par la faveur, souvent au sortir de l'enfance, de la dignité de tribun ou de légat.

En campagne, la discipline militaire pesait avec une rigoureuse partialité sur les soldats italiotes. Un général en chef, revêtu de l'*imperium*, hésitait à punir de mort un citoyen romain, surtout s'il avait un grade [1]; pour une faute légère il pouvait faire tomber la tête d'un préfet italien; et ce qui devait être encore plus sensible pour l'honneur militaire, l'exécution de la sentence était alors accompagnée d'une ignominie qu'on épargnait au coupable de la nation privilégiée. Certes, on est moins surpris que les soldats romains se soumissent à la bastonnade infligée avec des sarments de vigne, que de voir dans le même camp des soldats alliés battus avec des bâtons d'autre bois [2].

Alors Rome avait intérêt à ménager les Samnites, mais plus tard on voit que toute division considérable était sous les ordres d'un général romain, quand même elle n'eût été composée que de troupes alliées. Il semble encore que c'étaient les consuls romains qui nommaient les préfets. V. Polybe, VI, frag. 5.

[1] Cfr. Just. Lips. lib. V. dial. 18. — Sallust. *Jug.* 69. — Cæs. *Civ.* III, 74; *Af.* 54. — Liv. IX, 16.

[2] Liv. *Epit.* lib. LVII. — Plin. XIV, 3.

Cette supériorité du citoyen romain, dont le plus vil se croyait d'une autre nature que le reste des hommes, se faisait sentir aux Italiotes avec d'autant plus d'amertume, que, rapprochés de leurs maîtres par leur situation, leur langue et leurs mœurs, ils ne s'en voyaient séparés que par une ligne de démarcation idéale, infranchissable pourtant. Sur un champ de bataille, l'Italiote savait qu'il valait un soldat de Rome; après la victoire, il redevenait l'égal du barbare qu'il avait vaincu. J'insiste sur les humiliations d'amour-propre dont les Romains abreuvaient quiconque leur était soumis, parce qu'il n'y a pas d'exactions ou d'injustices qui ne soient plus supportables que les outrages faits à la vanité. Plus d'un despote a prolongé sa tyrannie en sachant à propos flatter l'orgueil de ses sujets.

Tel ne fut jamais le soin des magistrats de Rome. Ils ne songeaient qu'à frapper les peuples par la grandeur de leur puissance, à élever la barrière entre les vainqueurs et les vaincus. Désobéir à un de leurs ordres, à un de leurs caprices, c'était se mettre en état de rébellion, car pour tous ses sujets un Romain était infaillible, et c'était un crime que d'en douter.

Pour bien juger le caractère de l'administration romaine, il faut se rappeler par quels moyens on arrivait aux charges publiques, et quels étaient les hommes qui les remplissaient.

Les lois ouvraient bien à tous les citoyens la carrière des magistratures, mais, dans la réalité, elle était fermée à ceux que leur fortune ou le crédit de leur famille ne plaçait point dans une situation exceptionnelle. Comme toutes les fonctions publiques s'obtenaient par les suffrages du peuple, il était de la dernière importance de se faire des créatures dans chaque classe de la société. Pour réunir ces suffrages au grand jour de l'élection, il n'y a point de démarches, de fatigues, souvent de bassesses, que les Romains des familles illustres ne s'imposassent au sortir de l'enfance. Les uns offraient le crédit de leurs familles à des plaideurs embarrassés, les autres ouvraient leur bourse à de pauvres artisans; quiconque votait aux comices était courtisé, cajolé de toutes les manières. Dès que le candidat avait atteint l'âge auquel la loi permettait de briguer la dignité de questeur, celle par laquelle on devait débuter, il paraissait dans la place publique revêtu d'une robe blanche, serrait la main à tous les campagnards, aux plus vils plébéiens, sollicitait leur vote, et souvent l'achetait à prix d'argent. A l'époque où je commence mon récit, la corruption était parvenue à ce point, que les achats de suffrages avaient lieu à peu près publiquement. Il y avait des hommes qui faisaient métier de distribuer l'argent aux électeurs, d'autres chez qui l'on déposait de grosses sommes pour être délivrées après l'issue des comices [1].

Le questeur nommé voyait s'ouvrir pour lui les portes du sénat. D'ordinaire, il était attaché à la personne d'un consul ou d'un magistrat d'un ordre supérieur; il était son lieutenant : quelquefois il

---

[1] Cfr. Cic. *Pro Mur.* 34. — Q. Cic. *De petit. consul.* passim. — Senec. epist. 118. — Cic. *in Verr.* act. I, 12 ; — Pseud. Ascon. ibid. — Cic. *de harusp. resp.* 20. — Id. *De orat.* II, 63. — Id. *Pro Plancio*, 19. — La date de quelques lois contre la brigue, *de ambitu*, prouve que la corruption électorale était fort ancienne à Rome, et le nombre de lois portées à cet effet montre combien elles étaient impuissantes. La première connue est de l'an de Rome 322. Elle défend aux candidats de *porter des robes blanchies à la craie.* Liv. IV. 25. Sous ce style figuré, dont on trouve plus d'un exemple dans les anciennes lois de la république, il est difficile de juger la portée de cette disposition, qui ne fut adoptée qu'après de vifs débats. Cependant, à cette époque, les plébéiens demandaient à partager le consulat avec les patriciens ; en proscrivant les robes blanches, les tribuns, auteurs de la loi, interdisaient peut-être aux candidats un costume que les patriciens seuls avaient le droit de porter : de la sorte, ils préparaient la mesure plus importante qui devait établir définitivement l'égalité politique entre les deux ordres.

obtenait un petit gouvernement pour lui-même. Dans ces fonctions on apprenait les affaires, on trouvait des occasions de se distinguer, de faire souvent citer son nom dans le sénat ou dans les assemblées du peuple[1].

Après la questure on parvenait à l'édilité curule, magistrature purement civile, dont les fonctions consistaient à veiller à l'arrivée des subsistances, à l'entretien des monuments publics, à l'embellissement de la ville, enfin à présider et à préparer les jeux et les spectacles solennels[2]. Cette charge entraînait à d'énormes dépenses les édiles qui voulaient se rendre populaires. Ils bâtissaient des temples, des portiques à leurs frais, ouvraient des routes, construisaient des aqueducs; surtout ils s'efforçaient de surpasser leurs devanciers par la magnificence des jeux qu'ils faisaient célébrer et dont ils supportaient en partie la dépense vraiment colossale. Heureux l'édile qui avait pu faire mourir dans l'arène un nombre inusité d'habiles gladiateurs, qui avait présenté au peuple des animaux rares, encore inconnus[3] ! Son nom était dans toutes

---

[1] *Deferri in beneficiis.* Cic. *Pro Arch.* 5.

[2] Cic. *De leg.* III, 3.

[3] V. les lettres de Cælius à Cicéron. *ad Div.* VIII, 4, 8, 9.

les bouches, et chacun applaudissait à sa naissante ambition.

L'édilité durait un an. On arrivait ensuite à la préture. Il y avait six préteurs[1] : deux présidaient les tribunaux à Rome, les autres gouvernaient des provinces ou commandaient des armées. Enfin, après avoir successivement parcouru les trois degrés précédents, on se présentait une dernière fois aux comices pour demander le consulat. Alors redoublaient les intrigues, les tentatives de corruption, les manœuvres de toute espèce, car c'était là le dernier terme de l'ambition d'un Romain. Les consuls présidaient au gouvernement de la république ou dirigeaient en personne les guerres importantes. A l'expiration de leur magistrature, c'est-à-dire au bout d'une année, ils étaient envoyés dans une province avec le titre de proconsuls, souvent pour commander des expéditions militaires, presque toujours pour administrer un vaste gouvernement. Leurs fonctions pouvaient leur être prorogées pendant plusieurs années.

Amasser et dépenser tour à tour de grandes richesses, tel était, comme on le voit, le soin prin-

---

[1] C'est en l'an de Rome 556 que le nombre des préteurs fut porté à six. Liv. XXXII, 27.

cipal des candidats aux honneurs. Les profits de la questure permettaient de briller dans l'édilité curule. Ruiné par sa magnificence, l'édile refaisait sa fortune comme préteur, et rentrait à Rome assez riche pour acheter les suffrages aux comices consulaires. Souvent il engageait tous ses biens dans cette dernière élection, sûr d'en retrouver de plus considérables dans la province qui lui serait adjugée après son consulat. En un mot, la carrière des emplois publics était une espèce de jeu, où l'on faisait des bénéfices proportionnés aux mises que l'on hasardait. A son début, un jeune Romain était initié à l'art de s'enrichir aux dépens des sujets de la république, par le préteur ou le proconsul auquel il était attaché. Eût-il apporté dans ses fonctions les sentiments les plus nobles, il se pervertissait facilement par les exemples qu'il avait sans cesse sous les yeux. Il savait que sans autres protecteurs que ses vertus il ne pourrait se faire remarquer, qu'il n'obtiendrait jamais une position considérable. Puis, les occasions de s'enrichir étaient si fréquentes, si faciles ; c'était à qui achèterait la bienveillance d'un magistrat romain. Les habitants des provinces conspiraient à l'envi pour le corrompre ; et telles étaient les tentations dont ils l'entouraient, qu'il était sans exemple qu'un préteur ou un proconsul ne fût revenu riche à Rome, laissât-il une réputation d'intégrité dans le gouvernement qu'il résignait à son successeur. Bien peu cependant étaient suivis par les regrets des peuples, car la plupart ne déguisaient ni leur rapacité ni leur violence. Il n'y avait sortes de maux qu'ils ne fissent souffrir à leurs sujets d'une année.

Le voisinage de Rome, la crainte de la tribune, le caractère fier et les dispositions belliqueuses des Italiotes, devaient imposer quelque retenue aux magistrats qui avaient des gouvernements dans la Péninsule. Veut-on savoir quelle était la domination romaine en Italie? Quelques exemples la feront connaître mieux que ces observations générales. Sans doute les provinces étaient encore plus maltraitées : qu'on devine leur sort si la chose est possible.

Un consul romain passait à Téanum, ville de la Campanie, dans le pays des Sidicins. Il voyageait avec sa femme, ses officiers, ses affranchis, ses esclaves, en un mot avec ce que l'on appelait sa *cohorte*. Dans de semblables occasions il devait être défrayé par la république; mais, comme la plupart des magistrats romains, il vivait partout aux dépens de ses hôtes. Un consul à Téanum! voilà toute la ville émue. Les magistrats s'empressent autour de lui. On le loge dans la meilleure maison, on l'héberge magnifiquement lui et son monde. Maint affranchi reçoit des présents ; peut-être le consul lui-même daigne-t-il en accepter, soit pour épargner à Téanum le fardeau des logements militaires, soit pour se souvenir des Sidicins dans le sénat, où les pauvres alliés ont tant besoin de protecteurs. La femme du consul veut se baigner. Le bain des femmes est mal orné, il ne lui convient pas. — « Je veux le bain des hommes, » dit-elle. Aussitôt M. Marius, principal magistrat de Téanum, envoie son questeur pour que la foule des baigneurs cède la place à l'illustre voyageuse. Mais il leur faut du temps pour se rhabiller, et la femme du consul attend un instant à la porte des thermes ; elle se plaint ; grande colère de son mari. Par son ordre ses licteurs saisissent M. Marius, et le battent de verges dans le forum[1]. Cela se passait vers 630 : quelques années après, un autre Marius, préteur italiote, vengeait cette honte dans le sang des Romains, sous les murs de Téanum.

Pour un crime semblable, un questeur italien recevait la bastonnade ; un autre évitait cette igno-

---

[1] A. Gell. lib. X, 3. A cette occasion, les magistrats de Cales défendirent à leurs concitoyens de se baigner dans les thermes quand il y aurait en ville un magistrat romain.

minie en se précipitant du haut des remparts de Ferentinum[1].

Ailleurs, Q. Thermus, préteur romain, mécontent des vivres qu'on lui donnait, faisait fustiger publiquement par ses licteurs les décemvirs d'une ville où il s'était arrêté[2].

Mais peut-être croira-t-on que le despotisme romain n'atteignait que les riches ou les magistrats de l'Italie? Souvent le peuple voit, non sans plaisir, ses maîtres humiliés par des maîtres plus puissants, trop haut placés d'ailleurs pour qu'il en ait rien à craindre. Qu'on se détrompe. Depuis le préteur jusqu'au paysan, tous les Italiotes sentent le poids d'un joug de fer, et il y a de petits tyrans qui se chargent de représenter Rome auprès des misérables.

Un jeune homme qui avait été prolégat en Asie, revenait à Rome, après avoir fini son service. Il passait par Venusia en Apulie, porté dans une litière; spectacle étrange pour les habitants de ce pays, peu habitués à la mollesse des riches de Rome. D'aventure survient un bouvier, qui, voyant entre les rideaux de la litière un jeune homme vigoureux, nonchalamment couché, crut faire une plaisanterie

---

[1] A. Gell. X, 3.
[2] M. Caton, cité par A. Gell. X, 3.

en demandant aux porteurs « si c'était un mort qu'ils menaient de la sorte. » A la vérité, c'était une de ces paroles de mauvais augure que les Romains superstitieux n'aimaient pas à entendre. L'ex-prolégat furieux commande à ses esclaves de châtier le mauvais plaisant ; armés des courroies de la litière, ils le chargent de coups et le laissent pour mort sur la place[1].

Par compensation à sa tyrannie, Rome accordait bien quelques avantages à ses alliés : une paix profonde à l'intérieur, au dehors une protection puissante. Dans une province tributaire ou dans un royaume indépendant, l'Italiote avait même quelque chose de cette *majesté* qui dans tout le monde s'attachait au nom romain. Plusieurs villes commerçantes de la Péninsule s'étaient enrichies grâce à ce redoutable protectorat ; mais c'était une exception ; et la grande majorité des Italiotes qui se livraient à l'agriculture ne connaissaient que les vexations et jamais les bienfaits du gouvernement de la république.

Un effet fatal de la domination romaine fut l'appauvrissement et la dépopulation de l'Italie. A Rome, où le commerce et l'industrie étaient mé-

---

[1] A. Gell. X, 3.

prisés, une seule route conduisait à la fortune ; c'était la carrière des emplois publics. De retour de son gouvernement, un fonctionnaire romain achetait des terres, bâtissait des villas ; bientôt il devenait un gros seigneur terrien. S'il y avait dans son voisinage quelque domaine à sa convenance, il se le faisait céder ; quelquefois il s'en emparait, tandis que le légitime propriétaire combattait bien loin sous les aigles romaines. Peu à peu tous les petits propriétaires étaient dépouillés pour former de vastes domaines à la classe privilégiée des fonctionnaires publics. Des parcs, des jardins, des piscines creusées à grands frais, prenaient la place des champs cultivés. Les laboureurs disparaissaient, et les campagnes se peuplaient d'esclaves, dangereux par leur nombre, dangereux encore par leurs habitudes de vol, auxquelles ils se livraient impunément. Plusieurs maîtres, dit-on, en partageaient les fruits avec ces misérables[1].

C'était principalement sur les terres enlevées autrefois aux peuples de l'Italie, et devenues propriétés de la république, que s'exerçait la rapacité des riches romains. Dans l'origine, les patriciens s'étaient adjugé les champs les plus fertiles, et là

---

[1] Diod. Sic. X. 115.

même où ils avaient consenti à partager avec les citoyens pauvres, ces derniers n'avaient pu tirer presque aucun parti de leurs lots, lorsqu'ils étaient trop éloignés du lieu de leur résidence habituelle, tandis que les riches, y envoyant leurs esclaves, les exploitaient avec de grands profits. Les Italiotes, il est vrai, étaient admis aux mêmes conditions que les Romains à ces spéculations sur le domaine public, c'est-à-dire moyennant une redevance fixée par les censeurs; mais on conçoit tout le désavantage que des vassaux devaient avoir dans une concurrence avec leurs maîtres, et combien peu d'impartialité ils devaient attendre de la part des triumvirs chargés des partages.

Les esclaves n'étaient point soumis au recrutement, et par conséquent il y avait un intérêt manifeste à les substituer aux cultivateurs libres, qui, à chaque instant, pouvaient être enrôlés et enlevés à l'agriculture. Aussi les guerres étrangères versaient-elles chaque année en Italie une immense quantité d'esclaves, pendant que la population libre s'éteignait rapidement dans la misère ou périssait dans des expéditions lointaines. On observera, en outre, que malgré la dépopulation flagrante de l'Italie, les villes alliées devaient toujours fournir à la république le même nombre de soldats, et supporter les dépenses, chaque jour croissantes, de leur entretien et de leur équipement.

Rome ayant toujours besoin de soldats, et le nombre en diminuant d'une manière alarmante, il fallut bien chercher un remède à une situation si grave. Dès l'année 387, le tribun du peuple C. Licinius Stolo avait fixé par une loi le nombre de jugères que chaque citoyen pourrait tenir du domaine public, ainsi que celui de bœufs et de moutons qu'il élèverait dans les nombreux pâturages qui en dépendaient[1]. Probablement, l'accroissement des esclaves avait déjà inspiré quelques inquiétudes, car Licinius avait encore prescrit que dans toute exploitation rurale il y aurait au moins un tiers de cultivateurs libres[2]. Ces lois, dont le but était de conserver à l'Italie une population belliqueuse, ne se maintinrent guère au delà du cinquième siècle. Éludées d'abord, et par leur auteur lui-même[3], elles ne tardèrent pas à être ouvertement violées. Les grandes propriétés se formèrent rapidement, et le domaine public devint presque tout entier la proie de l'oligarchie romaine.

[1] Cfr. Orelii Onomasticon Tullianum. *Lex Licinia*, de modo agrorum, p. 212.
[2] App. *Civ.* I, 8.
[3] Liv. VII, 16.

A cette époque, les rapports devenus plus fréquents avec les Grecs et les Asiatiques, commençaient à introduire en Italie des besoins nouveaux et un luxe effréné. Tandis qu'un petit nombre d'hommes nageaient dans l'opulence, la multitude était plongée dans une misère profonde, et peu d'années après le temps où je commence mon récit, un consul pouvait dire avec raison : « Que la république ne comptait pas deux mille citoyens qui possédassent un patrimoine[1]. »

Cette situation était peut-être plus insupportable pour les Romains que pour leurs alliés : plus libres qu'eux, ils firent hautement entendre leurs plaintes ; elles enhardirent les Italiotes, et déterminèrent enfin une explosion que le prestige de la puissance romaine avait longtemps contenue.

§ II.

Un jeune homme, d'une famille plébéienne, mais illustre et alliée aux plus anciennes maisons de Rome, instruit par des philosophes grecs, Tibérius Sempronius Gracchus, dont le caractère bon et humain n'avait pu être corrompu par l'orgueil exclusif de sa nation, se rendait en Espagne, vers l'an

---

[1] Cic. *De off.* II, 21.

de Rome 617, pour servir en qualité de questeur dans l'armée qui se rassemblait contre Numance. En traversant l'Étrurie, il fut frappé de l'aspect désolé de ce pays, célèbre autrefois par sa richesse[1]; la campagne lui parut déserte; ou s'il y rencontrait des hommes, c'étaient des serfs abrutis, ignorant leurs maîtres, travaillant sans activité sur une terre dont la fertilité ne devait pas améliorer leur sort. Dans les villes, il trouva quelques Lucumons, habitant des palais magnifiques, vivant, dans le luxe et la mollesse, des revenus de leurs vastes propriétés qu'ils ne visitaient jamais. Les vices d'une société étrangère nous choquent plus que ceux de notre pays, auxquels l'habitude nous rend comme insensibles. La plaie de l'Étrurie, plus hideuse peut-être que celle de Rome, épouvanta Gracchus, et faisant un retour sur sa patrie, il comprit qu'elle n'était guère moins misérable. — « Et nous aussi, « se dit-il, nous avons nos Lucumons, et nos campagnes peuplées d'esclaves. Si un nouvel Annibal « venait fondre sur nous, si les Gaulois repassaient « les monts, où trouver des hommes à leur oppo- « ser? Il y a moins d'un siècle, à la voix de nos « consuls, l'Italie, en quelques jours, arma huit cent

---

[1] Plut. *Tib. Gracchus*, 8.

« mille soldats[1] libres et courageux. Aujourd'hui,
« si nos esclaves brisaient leurs fers, pourrions-nous
« leur résister? »

L'impression que lui laissa ce sombre tableau ne s'effaça point au milieu des désastres dont il fut le témoin en Espagne. Il revint à Rome, déterminé à chercher un remède aux malheurs qu'il prévoyait.

Il y avait alors deux routes ouvertes aux Romains qui prétendaient exercer une influence sur le sort de leur patrie. Les uns ambitionnaient le consulat, pour commander des armées, dominer dans le sénat, gouverner des provinces et y amasser de grandes richesses; d'autres, et surtout ceux qui se sentaient le talent de la parole, briguaient de préférence les charges de tribuns, qui donnaient aux orateurs un immense pouvoir sur les assemblées populaires. Ils faisaient des lois, réformaient des abus, ou en introduisaient de nouveaux. C'était encore un moyen de commander aux maîtres du monde, et de laisser un grand souvenir de soi. Rarement un tribun s'enrichissait dans sa charge, à moins de concussions qui eussent exigé une impudence difficile, même à une époque où la corruption était aussi générale. Mais, avec un grand pouvoir politique, le tribunat

---

[1] 700,000 d'infanterie, 70,000 chevaux. Polybe, liv. II, 5.

était la seule magistrature où l'on parvint fort jeune, et sans avoir passé par la longue filière des emplois subalternes. Tib. Gracchus, qui n'aspirait qu'à réformer son pays, choisit le tribunat, et sa réputation de capacité et d'intégrité s'était si bien établie dans sa courte campagne devant Numance, qu'il n'eut aucune peine à l'obtenir.

Toutes ses pensées étaient pour rendre à l'Italie cette population libre et énergique qu'il voyait disparaître de jour en jour[1]. « Il faut avant tout, disait-« il, que Rome ait des soldats. Nous n'avons plus « que des esclaves. Le peuple languit dans la mi-« sère qui l'avilit et le corrompt. Autrefois, lors-« que chaque citoyen avait son petit champ, qu'il « cultivait lui-même, les mœurs étaient meilleures, « nos armées se recrutaient sans peine, nous étions « plus grands et plus heureux. »

La dépopulation de l'Italie coïncidait avec l'abrogation tacite des lois de Licinius. Aux yeux du jeune tribun et de tous les hommes honnêtes et désintéressés, ces lois avaient préparé la grandeur de Rome ; leur rétablissement pouvait prévenir de terribles calamités. Il résolut de les remettre en vigueur. Tout entier au noble but qu'il se proposait,

---

[1] Γράκχῳ δ' ὁ μὲν νοῦς τοῦ βουλεύματος ἦν οὐκ ἐς εὐπορίαν, ἀλλ' ἐς εὐανδρίαν. **App. *Civ*. I, 11.**

Tib. Gracchus ne s'arrêta pas un instant devant les difficultés ou les dangers de son entreprise. Il voyait bien qu'il allait soulever contre lui tous les riches, tous les hommes influents dans le sénat; mais il se sentait un courage indomptable, et il comptait sur l'appui de la classe opprimée, dont il voulait soulager la misère.

Encouragé par les discours de ses maîtres, Diophanès de Mitylène, et Blossius de Cumes, il eut bientôt tracé son plan, et d'abord il voulut le soumettre à l'approbation des personnages les plus considérés alors pour leur savoir et leur probité. Il consulta P. Mucius Scævola, le plus habile jurisconsulte de Rome; L. Licinius Crassus, orateur illustre, chéri du peuple; enfin, l'un de ces fiers Claudius, ces champions inflexibles de l'aristocratie, le vieil Appius, qui venait de lui donner sa fille, parce qu'il n'avait pu trouver dans sa caste un gendre aussi digne de lui[1]. Tous approuvèrent ses projets et louèrent son courage.

Voici les principales dispositions de la loi qu'il proposa, et qui, suivant l'usage romain, fut appelée Sempronia, du nom de son auteur :

La loi Licinia est remise en vigueur, mais avec quelques modifications, ayant pour but d'éviter une

---

[1] Plutarque, *Tib. Gracchus*, 4.

perturbation trop considérable dans les fortunes. Licinius ne permettait pas à un citoyen de posséder, ou plutôt de tenir à ferme plus de cinq cents jugères sur le domaine de la république[1]. Gracchus permet aux fils du propriétaire de posséder, de leur chef, deux cent cinquante autres jugères[2].

La loi Licinia n'avait jamais été formellement abrogée; on pouvait donc considérer comme un délit punissable toute extension de possession au delà des limites fixées par le législateur. Pourtant, Tib. Gracchus croit devoir indemniser les propriétaires dépossédés, lorsqu'ils ont acheté ou reçu par héritage l'excédant qu'on leur retire[3].

Le but de la loi Sempronia étant de créer ou de rétablir en Italie la classe des petits propriétaires, la jouissance des biens faisant partie du domaine public, reste assurée dans les mêmes familles; en conséquence, la vente de ces biens est interdite[4], et la redevance payable au trésor est supprimée. De fermiers il fait des propriétaires[5].

---

[1] App. *Civ.* I, 8.
[2] Id. ibid. 9 in fine.
[3] Id. ibid. 11. — Plut. *Tib. Gracch.* 9.
[4] Id. ibid. 10. ἀπηγόρευε μὴ πωλεῖν.
[5] Id. ibid. 11. Τὴν ἐξαίρετον ἄνευ τιμῆς κτῆσιν ἐς αἰεὶ βέβαιον ἑκάστῳ.

Sont renouvelées, sans changement, les dispositions de la loi Licinia qui déterminent le nombre des esclaves cultivateurs, et qui leur adjoignent un tiers d'hommes libres. Ces derniers étant soumis au recrutement, il est évident que pour les maintenir au complet il fallait qu'ils fussent en réalité plus nombreux [1].

Quant aux propriétés qui, par suite de l'évincement de leurs détenteurs, rentrent dans le domaine public, elles doivent être distribuées, ou du moins cédées à bas prix aux pauvres plébéiens [2], par portions égales, et cela par les soins de trois magistrats ou triumvirs, élus par le peuple, et chargés en outre de veiller à l'exécution de la loi et de statuer en dernier ressort sur toutes les contestations qu'elle devait nécessairement occasionner [3].

Les mesures d'exécution paraîtront étranges, car

---

[1] Ils servaient encore à contenir les esclaves pasteurs, les plus dangereux de tous. Ces hommes vivant à cheval, accoutumés aux plus dures fatigues, se livraient souvent au brigandage. Plusieurs fois les généraux romains les recrutèrent et en formèrent, dans des cas pressants, une cavalerie excellente : « Pompeius servos pastores armat; ex his equites « circiter ccc conficit. » Cæs. *Civ.* I, 24.

[2] App. *Civ.* I, 8.

[3] Ce fut par une loi supplémentaire que Gracchus attribua

le législateur n'hésite point à tout bouleverser pour arriver à son but. Il paraît que Tib. Gracchus prévoyant d'interminables discussions dans le retranchement partiel à opérer contre chacun des détenteurs du domaine public jouissant d'un bien de plus de cinq cents jugères, préféra les exproprier tous intégralement, puis faire entre eux, par un tirage au sort, suivant la pratique romaine, une nouvelle répartition de l'ager publicus redevenu complétement libre[1]. Que d'intérêts allaient être violemment lésés par ce nouveau partage ! Quelle perturbation de toutes les existences ! Quelle indifférence pour les droits d'une longue possession ! Tibérius Gracchus était un homme de théorie, non de pratique. Il n'avait que vingt-neuf ans. Devant le but qu'il se proposait, s'effaçaient toutes les considérations de détail. Celui qui croit fermement assurer le bonheur des générations futures, ferme ses oreilles aux plaintes de ses contemporains, et l'amour des masses rend fort insensible aux malheurs des indi-

aux triumvirs le pouvoir de juger toutes les affaires relatives au domaine public. App. *Civ.* I, 13. Plut. *Tib. Gracchus*, 10. — Liv. *Epit.* LVIII.

[1] App. *Civ.* I, 18. Ἀναμετρουμένης τε αὐτῆς, οἱ μὲν ἐκ πεφυτευμένης καὶ ἐπαύλεων, ἐς ψιλὴν μετετίθεντο· οἱ δ' ἐξ ἐνεργῶν, εἰς ἀργὸν, ἢ λίμνας, ἢ τέλματα.

vidus. D'ailleurs Gracchus partait d'une idée vraie. Le domaine de la république étant inaliénable, elle pouvait toujours en retirer la jouissance concédée ; ce droit n'avait jamais été contesté quand il s'agissait de travaux d'utilité publique. Bien plus : les détenteurs actuels ne possédaient qu'au mépris des lois, et souvent par le fait d'une usurpation coupable. Ils devaient donc s'estimer heureux de n'être point punis, de recevoir même une indemnité pour la perte de biens acquis illégalement. Au reste, il est permis de supposer que Tibérius ne demandait un nouveau partage intégral, que parce qu'il lui fournissait le moyen de détruire la cause qui rendait illusoires pour le peuple la plupart des distributions de terres. J'ai déjà fait remarquer l'impossibilité où se trouvaient les pauvres plébéiens de cultiver leurs lots, lorsqu'ils étaient trop éloignés de Rome. Suivant toute apparence, l'intention du tribun était de leur donner les portions du domaine public les plus rapprochées de la ville ; autrement il se serait mis en contradiction avec l'article de sa loi qui rendait ces propriétés inaliénables. Or, si elles n'eussent pas été cultivées, il en serait résulté un état de choses pire que celui auquel il prétendait porter remède. Il est bien difficile aujourd'hui de découvrir d'après quelles bases se réglaient les indemnités dues aux détenteurs du domaine expropriés. La terre étant la propriété de la république, il est évident qu'il n'y avait pas lieu à leur en payer le prix; ils ne pouvaient prétendre qu'à être remboursés de leurs frais de culture et d'amélioration [1]; mais il était toujours difficile, quelquefois même impossible de les constater. Ainsi, dans tous les cas, l'indemnité devait dépendre de l'estimation plus ou moins arbitraire des triumvirs.

A cette époque (A. de R. 621), la république n'avait point à soutenir de guerre onéreuse, et son trésor national pouvait probablement suffire à cette immense opération, qui d'ailleurs, suivant toute probabilité, ne devait avoir lieu que graduellement et à des termes plus ou moins éloignés.

Il est tout aussi difficile de comprendre quels effets devait avoir la loi Sempronia sur les propriétés concédées aux Italiotes, au même titre qu'aux citoyens romains, c'est-à-dire, moyennant une redevance annuelle. On voit seulement qu'elle fut encore plus mal accueillie dans les villes italiennes

---

[1] Μισθὸν ἅμα τῆς πεπονημένης ἐξεργασίας. App. *Civ.* I, 11. Les plaintes des détenteurs du domaine menacés d'expropriation, telles qu'elles sont rapportées par Appien, cap. 18, semblent indiquer que les indemnités étaient à peu près illusoires.

que dans le sénat de Rome[1]. A Rome elle avait pour partisans tous les pauvres plébéiens, pour adversaires tous les riches. Il semble qu'en Italie les opinions dussent se partager de la même manière, ou du moins que le peuple dût rester indifférent [2], et cependant la réprobation fut, dit-on, générale. On ne peut admettre qu'il fut question de revenir sur les concessions anciennement faites aux peuples vaincus, concessions qui, à vrai dire, s'étaient bornées à ne pas confisquer en totalité le territoire

---

[1] App. *Civ.* I', 19. Ταῦτα... οὐ φέροντες οἱ Ἰταλιῶται... Id. ibid. 21. Οἱ σύμμαχοι... περὶ τῆς γῆς μάλιστα ἀντέλεγον...

[a] J'ai déjà fait remarquer la constitution oligarchique de la plupart des villes alliées, dont les gouvernements, immobiles sous la tutelle de Rome, ne s'étaient que faiblement ressentis de la révolution populaire opérée dans la métropole. On sait que dans la seconde guerre punique les sénats italiens se montrèrent attachés à Rome, tandis que le peuple accueillit souvent les Carthaginois en libérateurs. L'influence des sénats ne put que s'accroître après le départ d'Annibal, et il y a lieu de présumer qu'à partir de cette époque les classes inférieures furent à peu près exclues des concessions de terres publiques. Espérer que les triumvirs distribueraient aux plébéiens italiotes l'excédant des terres possédées par leurs patriciens, était chose impossible, car une longue oppression avait habitué les premiers à n'attendre de Rome qu'exactions et violences.

qu'ils n'avaient pu défendre. Les propriétés communales des villes italiennes, respectées jusqu'alors par les Romains, ne pouvaient pas plus faire partie du domaine de la république, que celles des particuliers habitants de ces villes. Ce n'était pas là, du moins pour les Romains, l'ager publicus, et ce n'était que l'ager publicus que la loi Sempronia avait en vue.

Une seule considération pourrait expliquer l'unanimité des Italiens dans cette circonstance. Par la loi Sempronia, un nouveau partage intégral du domaine de la république allait avoir lieu. Quiconque connaissait les pratiques romaines ne pouvait douter que les triumvirs ne favorisassent grandement leurs compatriotes au préjudice des alliés. Assurément ces derniers ne pouvaient espérer que les plus mauvais lots, ceux qui auraient été refusés par le plus pauvre plébéien de Rome. Mais c'était surtout dans les enquêtes sur l'origine des propriétés, que les Italiotes redoutaient la partialité des magistrats de la métropole. La perte ou l'ambiguïté des contrats et des traités qui fixaient les limites des propriétés de la république, allait donner aux triumvirs mille occasions d'odieuses avanies. Il suffisait qu'on possédât une terre dans le voisinage du domaine public, pour craindre qu'elle ne fût englobée dans une délimitation nouvelle.

Quoi qu'il en soit, il demeure certain que Tibérius Gracchus ne s'était point assez préoccupé des intérêts italiotes. La misère des alliés avait fait naître dans son esprit, il est vrai, l'idée d'une réforme, mais il n'avait songé qu'au soulagement de ses concitoyens. La philanthropie est une vertu nouvelle; les anciens n'avaient que du patriotisme.

La loi Sempronia ne fut point adoptée sans de vifs débats, et les possesseurs de l'ager publicus ne manquèrent ni d'orateurs habiles ni d'arguments spécieux; mais les masses soulevées à la voix de Tibérius rendaient toute résistance inutile. Dans cette extrémité, le sénat usa de sa dernière ressource, c'était d'opposer à son adversaire un tribun comme lui, dont le *veto* pouvait arrêter la discussion et l'ajourner à un temps plus favorable. Dans le collége des tribuns, M. Octavius, jeune homme riche, mais de mœurs austères, passait pour désapprouver la loi Sempronia; et s'il s'abstenait de la combattre, c'était uniquement en considération de l'amitié qui l'unissait à son auteur. Octavius tenait à ferme une grande étendue de terres sur les domaines de la république, et cependant sa réputation d'intégrité le rendait l'objet de l'estime générale. Flatteries, promesses, excitations de tout genre furent mises en œuvre. Octavius se laissa persuader, et, flatté peut-être de jouer un rôle important, il prononça le terrible *veto*. En vain Gracchus essaya d'ébranler sa résolution; en vain il lui offrit de l'indemniser sur sa fortune particulière des pertes que sa loi pourrait lui faire éprouver, Octavius fut inflexible.

Irrité par cette opposition inattendue, Tib. Gracchus oublia en un moment la modération qu'il avait montrée d'abord. Pour restaurer des lois tombées en oubli, il ne craignit pas de violer des lois existantes, et, tribun du peuple, il attenta aux priviléges les plus sacrés du corps dont il était membre. Il osa proposer aux comices et obtint la déposition de son collègue. On remarqua qu'au milieu de l'exaspération furieuse des partis, il poursuivit cette mesure de violence avec un calme et un sang-froid plus effrayants que sa colère, et qui prouvaient son immuable résolution de tout sacrifier à son but. Aucun mot injurieux contre Octavius ne sortit de sa bouche; ce n'était pas l'homme, mais l'obstacle qu'il voulait renverser [1].

Le peuple romain s'assembla donc au Forum pour détruire cette inviolabilité du tribunat, qu'il avait jadis demandée les armes à la main, et qu'il avait obtenue du sénat effrayé comme une victoire déci-

---

[1] Plut. *Tib. Gracchus*, 12.

sive. Si l'esprit de parti ne négligeait pas toujours l'avenir pour la question du moment, le sénat eût vu avec plaisir cette lutte intestine entre ses constants adversaires. Consterné maintenant, il assistait à la défaite de son champion sans essayer de lui porter secours. Octavius seul montra un rare courage. Jusqu'au dernier moment, il protesta contre l'illégalité de sa déposition, et il fallut l'arracher de la tribune. Dans le tumulte qui s'ensuivit, un de ses esclaves eut un œil crevé, et cet accident causa alors une sensation profonde. Quelques années plus tard, il n'y eut pas de comices qui ne coûtassent la vie à plusieurs citoyens.

L'adoption de la loi Sempronia ne fut plus retardée ; Tibérius, son frère Caïus[1], enfin Appius Claudius, son beau-père, furent nommés triumvirs.

On peut se figurer l'agitation qui suivit la promulgation de la loi agraire. Si les riches fonctionnaires romains, usurpateurs au mépris de leurs propres décrets, déploraient la consécration de ce qu'ils appelaient une injustice, les Latins et les autres alliés ne faisaient point éclater des plaintes moins vives et moins bruyantes. Pas une ville qui ne se crût menacée de perdre une partie de son

---

[1] Il servait alors dans l'armée qui assiégeait Numance.

territoire déjà morcelé. Dans leur anxiété, tous les Italiotes se voyaient atteints par une nouvelle confiscation, sans que les malheurs d'une guerre l'eussent rendue une extrémité inévitable. L'intention de Tib. Gracchus fût-elle de les ménager, ses successeurs ne manqueraient pas de les traiter avec la partialité odieuse qui marquait tous les actes des magistrats romains. Contre les alliés, la loi Sempronia serait exécutée avec la dernière rigueur, tandis que les grands et les riches de Rome trouveraient toujours mille moyens de se soustraire à ses effets.

Dans les premiers temps de la république, le sénat avait souvent cherché à contenir les plébéiens en leur opposant les alliés, dont les troupes entre les mains des consuls pouvaient être un instrument docile de sa tyrannie[1]. Opprimé cette fois par le peuple, et désespérant presque de ressaisir son autorité, le sénat cherchait partout un appui pour sa cause, et il n'est pas impossible qu'il ait montré en ce moment une attention inusitée aux plaintes des Italiotes; que pour la première fois il leur ait laissé

---

[1] Nobilitas noxia atque eo perculsa, modo per socios ac nomen latinum, interdum per equites... Gracchorum actionibus obviam ierat. Sallust. *Jug.* 42.

entrevoir l'espérance d'une amélioration à leur sort.
Quelques sénateurs même confièrent sans doute à
leurs clients italiens, que si la république était délivrée du tribun factieux qui l'agitait, elle pourrait
se souvenir de ses alliés et leur accorder enfin la
récompense de leur dévouement. Très-probablement on les engagea à résister aux triumvirs, à leur
susciter mille obstacles, à entraver leurs enquêtes,
à les étourdir de leurs réclamations. Il est certain
qu'à cette époque surgit tout à coup l'idée d'accorder
aux alliés le droit de cité romaine. Fut-elle le résultat
de vagues promesses faites par des patrons à leurs
clients? promesses bientôt oubliées ou même rétractées? Fut-elle inspirée par la crainte d'un soulèvement ou par le désir d'arracher aux Italiotes
quelque nouveau sacrifice? Enfin Tib. Gracchus
lui-même ne l'offrit-il pas aux alliés comme un
dédommagement?... Le silence des historiens nous
laisse dans un doute complet à cet égard. On sait
seulement qu'aussitôt après l'adoption de la loi
agraire, l'espoir d'un affranchissement complet fermenta dans toutes les têtes, et dès ce moment il
ne parut pas un personnage nouveau sur la scène
politique, que l'émancipation de l'Italie ne devînt
l'objet de ses méditations et que les alliés ne vissent
en lui soit un tyran, soit un libérateur.

Sur ces entrefaites on annonça qu'Attale, roi de Pergame, était mort instituant le peuple romain son héritier [1]. C'était peut-être une condition secrète de son alliance avec Rome, car on a peine à concevoir une flatterie qui se prolonge après la mort de l'esclave. Quoi qu'il en soit, Tib. Gracchus saisit avec empressement l'occasion d'accroître sa popularité. Au sujet de cet événement, il présenta un nouveau projet de décret, ou *rogation*, qui complétait en quelque sorte sa loi agraire, et dont l'effet devait être plus immédiat. Il demandait que les trésors d'Attale fussent distribués aux citoyens pauvres, qui allaient recevoir des terres par le partage du domaine public. Cet argent devait pourvoir à leurs frais d'installation, et subvenir à leurs besoins en attendant l'exécution de la loi Sempronia. Une autre disposition de son projet n'avait pour but que d'abaisser l'autorité du sénat. Tibérius voulait que le peuple, dans ses comices par tribus, statuât sur les mesures à prendre pour l'administration du royaume de Pergame. Cela n'allait à rien moins qu'à retirer au sénat son pouvoir exécutif.

Gracchus se trouvait jeté en quelque sorte malgré lui à la tête d'une faction. Entre elle et le sénat,

---

[1] A. de R. 621. A. J. C. 133.

c'était une guerre à mort, et n'ayant désormais rien à ménager, il ne songeait qu'à obtenir la victoire. Chaque jour donc il proposait de nouvelles mesures pour réduire l'influence du sénat et augmenter le pouvoir du peuple. C'est ainsi qu'il annonçait hautement l'intention de modifier l'organisation du corps judiciaire, alors exclusivement composé de sénateurs, par l'adjonction d'un nombre égal de juges tirés de l'ordre des chevaliers [1]; enfin il promettait à ses partisans le rétablissement ou plutôt l'extension d'une ancienne disposition qui autorisait l'appel devant le peuple de tous les jugements [2].

Mais le temps lui manquait pour l'exécution de ses plans : déjà sa magistrature touchait à sa fin, et

[1] Lors de la discussion de la loi Sempronia, les chevaliers avaient fait cause commune avec les sénateurs. Gracchus espérait les gagner à son parti en leur conférant l'administration de la justice, et en effet ses successeurs parvinrent, en suivant la même politique, à diviser les deux ordres.

[2] Le droit d'appel au peuple, *Provocatio*, est une des plus anciennes institutions de Rome; on en trouve des traces dès le temps des rois. Jamais ce droit ne fut positivement aboli; cependant, à voir le nombre de lois et de rogations présentées successivement pour assurer l'exercice de la provocation, il faut croire que les factions qui dominaient la république parvenaient facilement à rendre illusoire cette sauve-garde de la liberté.

il n'ignorait pas que, lorsqu'il serait rentré dans la vie privée, ses adversaires non-seulement attaqueraient ses lois, mais le poursuivraient lui-même avec tout l'acharnement d'une haine longtemps contenue. Il songea donc à se faire proroger le tribunat, contre l'usage établi, qui ne permettait pas d'occuper deux années de suite la même charge. Lorsqu'il en fallut venir à l'épreuve des comices, un de ses collègues éleva des doutes sur la légalité de sa candidature, et soit par un scrupule honorable, soit qu'il fût gagné par le sénat, il ajourna l'élection, jusqu'à ce que le collége des tribuns eût statué sur l'incident.

Le lendemain Gracchus parut dans le Forum, suivi d'un cortége nombreux ; mais les campagnards, qui formaient la partie énergique du peuple, étaient alors occupés aux travaux de la moisson[1]. La populace urbaine n'avait qu'une audace criarde qui s'évanouissait à l'apparence d'une lutte sérieuse. Tels étaient les soutiens de Gracchus. Contre cette multitude plus nombreuse que redoutable, le sénat disposait de toute la jeunesse riche, accoutumée aux armes, et de la foule docile de ses clients.

D'abord Tibérius essaya de se faire entendre ;

---

[1] App. *Civ.* I, 14. Θέρος δ' ἦν ἤδη.

mais les clameurs confuses des deux partis rendaient toute harangue impossible. On n'entendait que des menaces, des cris confus. En vain les licteurs essayèrent de rétablir l'ordre; on les repoussa, on brisa leurs faisceaux; on s'arma de pierres et de bâtons.

Tandis qu'une inexprimable confusion régnait dans le Forum, le sénat délibérait sur les circonstances présentes, dans le temple de la Foi, gardé par un gros de clients et d'esclaves, cortége ordinaire des sénateurs. Quelques-uns proposaient de proclamer la patrie en danger, de créer un dictateur, de proscrire Gracchus. Presque seul, le consul Mucius Scévola, le même que Tibérius avait consulté au sujet de sa loi agraire, conservait une attitude calme et s'opposait à toute résolution violente. Il avait hautement blâmé la conduite de Tibérius, depuis que son ressentiment l'avait emporté jusqu'à faire déposer son collègue et à violer les lois de la candidature; mais la fureur de ses adversaires lui paraissait aussi coupable, et, au milieu du désordre, il ne faisait entendre que des paroles de conciliation et de légalité. L'assemblée ne prenait aucun parti, lorsque le grand pontife P. Scipion Nasica s'écria impétueusement : « Le consul se préoccupe de questions de procédure lorsqu'il s'agit du salut de la république. Me suive qui voudra la sauver !| » Alors se couvrant la tête de sa toge[1], et brandissant un bâton, il courut au Forum, suivi des plus jeunes sénateurs et d'un gros de clients et d'esclaves. Armée de leviers et de pieds de bancs rompus, cette troupe forcenée se jeta dans le Forum, frappant et abattant devant soi tout ce qui s'opposait à son passage. Devant eux s'enfuyait en désordre la populace urbaine. Cette multitude, tout à l'heure si audacieuse, n'osait plus affronter quelques centaines d'hommes armés de bâtons. Abandonné de tous, Gracchus fut atteint par ces furieux, et assommé sur la place. On remarqua que le premier coup lui fut porté par un de ses collègues[2], car la plupart des tribuns étaient jaloux de son autorité; mais, moins courageux qu'Octavius, ils s'étaient bornés à ne prendre aucune part à ses décrets.

Le corps de Tibérius fut jeté dans le Tibre; les deux philosophes grecs ses amis, emprisonnés et jugés immédiatement, furent, l'un mis à mort, l'autre banni de Rome. Dans cette échauffourée, trois cents personnes avaient perdu la vie, tuées à

---

[1] Le grand pontife portait ainsi sa toge dans les sacrifices solennels. Peut-être Scipion Nasica voulut-il en imposer au peuple par les insignes de son caractère sacré.

[2] Plut. *Tib. Gracchus*, 19.

coups de pierres ou de bâton, et la facilité avec laquelle un petit nombre de sénateurs avait dispersé la multitude, montrait le peu de fondement qu'il y avait à faire sur une populace lâche et avilie, qui au premier danger abandonnait ses idoles.

§ III.

Tibérius mort, la loi Sempronia ne fut pas abrogée. On compléta même le collége des triumvirs, réduit à un seul membre par la mort d'Appius Claudius, qui ne survécut pas longtemps à son gendre. A Caïus Gracchus furent adjoints M. Fulvius Flaccus et C. Papirius Carbon. Ces choix prouvaient que le peuple, remis de son épouvante, voulait l'exécution de la loi Sempronia dans l'esprit qui l'avait dictée, et il n'était douteux pour personne que les nouveaux triumvirs ne fussent les exécuteurs du testament politique de Tibérius. Sans doute, le sénat avait craint de pousser à bout le peuple, plutôt étonné que vaincu. Il s'était efforcé de donner le change à l'opinion publique sur le véritable motif de la mort du jeune tribun, en calomniant sa mémoire et en lui supposant le crime absurde d'avoir aspiré à la royauté[1]. D'ailleurs, la force d'iner-

[1] La même accusation avait été porte contre Sp. Mælius avec aussi peu de fondement.

tie était le meilleur moyen qu'il pût employer contre la loi agraire. Il comptait avec raison sur les difficultés matérielles qu'allaient rencontrer les triumvirs. En effet, malgré l'étendue de leurs pouvoirs, ils eurent bientôt sur les bras une si lourde charge, que leurs efforts pour réaliser les promesses de Gracchus demeurèrent sans résultat. De toutes parts surgirent d'interminables procès. Tantôt, les triumvirs étaient assaillis par les réclamations des détenteurs du domaine, qui en appelaient aux tribuns, pour ne pas subir les chances d'un partage nouveau et se voir privés de terres à leur convenance, améliorées par eux, couvertes de maisons, quelquefois d'édifices sacrés. Tantôt, des villes alliées contestaient à la république la propriété d'un territoire qu'elle revendiquait comme faisant partie de son domaine. Nulle part les anciennes délimitations n'avaient été conservées avec exactitude. Les titres de possession, les contrats de vente, les traités même faits avec les cités italiennes, avaient disparu ou étaient devenus inintelligibles [1]. En un mot, il était à peu près impossible de déterminer la circonscription du domaine public. Les triumvirs, mal

---

[1] Οὔτε τὰ συμβόλαια, οὔτε τὰς κληρουχίας ἔτι ἐχόντων ἁπάντων. Ἃ δὲ καὶ εὑρίσκετο, ἀμφίλογα ἦν. App. *Civ.* I, 18.

secondés par les tribuns, contrariés par le sénat, chicanés par tous les riches, étourdis par les réclamations de vingt peuples différents, n'osaient rien décider, et de leurs travaux ne résultait qu'une inquiétude générale et la suspension de toutes les affaires. De toutes les dispositions de la loi Sempronia, une seule fut exécutée, celle qui interdisait la transmission par vente des biens du domaine [1].

Dans ces conjonctures, P. Scipion Émilien revint à Rome après avoir détruit Numance. Ses exploits et l'éclat d'un nom qui réunissait les gloires de deux grandes familles [2], sa haute renommée de vertu, le rendaient l'homme le plus propre à servir d'arbitre entre les factions qui venaient d'ensanglanter le Forum. Le sénat paraissait disposé à suivre les conseils du plus illustre de ses membres, et sa grande réputation militaire faisait espérer la soumission des plébéiens. Enfin il était le beau-frère de Tib. Gracchus et le cousin de Scipion Nasica. Ce fut donc d'abord de l'aveu des deux partis qu'il intervint dans le débat. Sans attaquer la loi agraire, il jeta adroitement quelques soupçons

---

[1] App. *Civ.* I, 27

[2] Il était fils de Paul Émile, et était entré par adoption dans la famille des Scipions.

sur l'impartialité des triumvirs. Quant à l'insuffisance de leur autorité, c'était un fait reconnu. Scipion obtint que la décision de toutes les affaires relatives à la loi Sempronia fût remise à l'un des consuls. Il annonçait que la haute position de ce magistrat allait aplanir toutes les difficultés. En réalité, il portait le dernier coup à la loi agraire. C. Sempronius Tuditanus, consul en 625, reçut les pouvoirs des triumvirs; et, soit qu'il apportât dans ses fonctions un mauvais vouloir, soit qu'il rencontrât les mêmes obstacles que ses prédécesseurs, il saisit avec empressement le prétexte d'une guerre en Illyrie pour se rendre dans cette province, et dès lors la loi Sempronia fut abandonnée sans protecteurs, sans moyens d'exécution.

Les alliés cependant ne cessaient point leurs plaintes; mais désormais la question des partages les occupait moins que celle de leur émancipation : un grand nombre de villes se concertaient pour que leur accord ajoutât une nouvelle force à leurs demandes. Elles donnèrent alors une preuve remarquable de leur unanimité, en choisissant pour leur patron commun Scipion Émilien, qui devant Carthage et devant Numance avait su apprécier la valeur des alliés, et qui s'en était fait aimer par la douceur et la justice de son commandement. Mais depuis que le sénat se voyait délivré de Gracchus, il n'accueillait plus les plaintes des alliés. Maintenant elles étaient devenues presque factieuses, et leur prêter son appui, c'était de la part de Scipion un crime qui faisait oublier tous ses services. Triste exemple de l'inconstance des hommes! le grand Scipion, qui avait délivré Rome de son ennemie la plus redoutable, qui avait relevé la gloire de ses armes, un moment ternie sous les murs de Numance, Scipion était devenu sur la fin de sa vie également odieux au peuple et au sénat. Accusé par l'un d'avoir frauduleusement détruit la loi agraire, par l'autre d'avoir conspiré avec les Italiotes, il mourut sans exciter un regret. Sa mort, qui eut lieu peu de temps après la déposition des triumvirs, fut soudaine et accompagnée de circonstances assez étranges pour nécessiter une enquête. Appliqués à la torture, ses esclaves déclarèrent que des inconnus entrés la nuit dans sa maison par une porte de derrière, l'avaient étouffé dans son lit. La déposition de ces misérables peint l'esclavage à Rome et les mœurs de l'époque. On leur demanda pourquoi ils ne s'étaient pas empressés de dénoncer l'attentat. Ils répondirent qu'ils ne l'avaient pas osé, sachant combien leur maître était haï dans Rome. Pour ces gens, cet assassinat était une affaire d'hommes libres, un incident politique dont ils n'avaient point à se mêler.

Un soupçon terrible plana sur les triumvirs déposés, particulièrement sur C. Gracchus et Fulvius Flaccus, qui, avant de résigner leurs charges, avaient eu de vives altercations avec Scipion. Mais l'enquête n'alla pas plus loin, car, dit Plutarque, le peuple craignait, en approfondissant l'affaire, de trouver les coupables dans une famille qu'il adorait [1].

Quant à Fulvius, ces rumeurs n'empêchèrent point les alliés de le prendre pour leur patron après la mort du grand homme dont il était l'ennemi; Fulvius passait pour ambitieux; et ses mœurs rudes et grossières l'avaient rendu cher aux soldats. Il parvint au consulat en 629, et montra du courage et du talent dans une campagne que, le premier des Romains, il fit au delà des Alpes contre les Ligures-Saliens, ennemis des Massaliotes. La même année il présenta une rogation que l'on ne connaît que très-imparfaitement, mais qui paraît avoir eu pour but d'assimiler les Italiotes aux Latins, en leur accordant le droit qu'avaient ces derniers d'obtenir à certaines conditions leur inscription dans une tribu romaine [2]. Il n'était pas encore

---

[1] Plut. *C. Gracchus*, 11.
[2] Val. Max. L. IX, 5, 1. *Cum leges introduceret de civi-*

question d'étendre le droit de cité à des nations entières. Fulvius ne le donnait qu'à ceux qui avaient transporté leur domicile à Rome, et probablement aux mêmes conditions qui restreignaient cette faculté pour les Latins[1]. Peut-être que si le sénat eût admis le projet de Fulvius, les Italiotes s'en fussent contentés pour longtemps. En voyant sa rogation repoussée, le consul éclata en menaces, et la violence de son langage excita les alliés à renouveler leurs demandes, et à les présenter dans une forme qui devenait plus impérieuse après chaque refus.

Comme ces averses légères qui précèdent de loin un grand orage, un événement imprévu vint révéler la tempête qui s'amoncelait contre Rome. Sous le consulat de Fulvius (629), une révolte éclata dans Frégelles, colonie latine, mais dont la population était mêlée de Samnites et de Peligniens[2]. Au pre-

---

tate danda et de provocatione ad populum eorum qui civitatem mutare voluissent...

[1] C'est-à-dire, en justifiant qu'ils avaient laissé des enfants dans leur ville natale. Les Romains, dans l'intérêt du recrutement, voulaient que les villes alliées conservassent toujours, à peu près, la même population.

[2] Il y avait à Frégelles, en 577, 4,000 familles samnites ou peligniennes. Liv. XLI, 8. Le consul C. Claudius fit ren-

mier bruit des menées qui se tramaient dans cette ville, le préteur L. Opimius cita devant son tribunal le principal magistrat des Frégellans, Q. Numitorius Pullus. Cet homme, intimidé par le préteur, avoua tout et nomma ses complices. Il obtint sa grâce; mais l'épithète de traître resta pour les Romains eux-mêmes éternellement attachée à son nom[1]. Abandonnés par leur chef, les Frégellans ne perdirent point courage; ils osèrent se défendre; Opimius, après un siége en règle, prit leur ville et la saccagea[2]. Grâce à la promptitude, à la rigueur du châtiment, cette insurrection fut étouffée presque aussitôt que découverte, et l'ordre ne fut point

dre à cette occasion une loi qui interdisait aux alliés d'émigrer dans des colonies, ou de changer leur nationalité, mais on verra que cette loi ne fut jamais rigoureusement observée.

[1] Cic. *De inv.* II, 34, 105. — Quis Pullum Numitorium Fregellanum non odit? Cic. *De fin.* V, 22, 62. — Numitoria proditoris filia. Cic. *Philipp.* III, 6, 17.

[2] Opimius demanda le triomphe, et il avait tué assez d'hommes pour le mériter, d'après la lettre des lois romaines. Cependant il ne put l'obtenir du sénat, qui lui fit l'application de cette maxime, « que le triomphe appartient à ceux qui ont étendu l'empire, non à ceux qui ont recouvré ses anciennes limites. » Dans le fait, une insurrection d'alliés était un événement trop triste pour qu'on ne voulût pas le faire oublier. Val. Max. II, 8, 4. — Liv. *Epit.* 60.

troublé dans le reste de l'Italie¹. On ignore les causes de ce mouvement, aussi bien que les plans et les espérances de ses auteurs, et l'on ne doit, je pense, le considérer que comme une explosion partielle du mécontentement général, déterminée par des vexations particulières. C'était un indice de la haine accumulée contre Rome, mais aussi une preuve de la désunion de l'Italie, qui assistait froidement à la ruine d'une de ses villes principales. Le sénat ne trouvant point de complot italiote, chercha ou affecta de chercher les véritables coupables à Rome même, dans le parti démocratique. Parmi ceux qu'on accusa formellement d'avoir fomenté cette insurrection, on nomma C. Gracchus, le frère de Tibérius, qui, bien que depuis son triumvirat il eût vécu dans une retraite prudente, n'avait pu faire oublier la défiance et la haine que son nom inspirait au parti de la noblesse. C. Gracchus avait cependant obtenu une petite charge militaire; il avait été questeur en Sardaigne, où il s'était fait également aimer des soldats

---

¹ Aurelius Victor est le seul historien qui nomme Asculum comme complice de Frégelles. Asculanæ et Fregellanæ defectionis invidiam sustinuit (C. Gracchus), *De vir. ill.* 65. Mais il y a grande apparence qu'il confond l'ordre des temps, et qu'il attribue à Gracchus la révolte d'Asculum, qui n'eut lieu que longtemps après sa mort.

et des habitants de l'île. Malgré la réserve où il se renfermait, son nom seul lui assurait une grande faveur auprès du peuple, qui ignorait encore et son génie et son audace. En l'obligeant à se défendre, ses ennemis révélèrent son éloquence, et l'impression qu'elle produisit lui montra que le temps était venu pour lui de jouer un grand rôle. Plus ambitieux que son frère, il était encore moins scrupuleux dans le choix de ses moyens. Tibérius avait attaqué le sénat avant de s'être assuré du peuple; Caïus résolut, avant tout, de se faire une position redoutable, d'où il pût en sûreté accabler ses adversaires.

Son premier soin fut de se lier intimement avec Fulvius, qu'il détermina à solliciter avec lui le tribunat, magistrature que la plupart des consulaires regardaient comme au-dessous d'eux. Lui-même, en 630, demanda le tribunat comme un héritage de famille, et tous les efforts du sénat n'aboutirent qu'à le faire nommer le quatrième du collége [1], rang d'ailleurs fort indifférent en réalité, car son éloquence et son audace lui assurèrent en peu de temps une supériorité décidée sur tous ses collègues. A peine entré en charge, il se fit adorer du peuple en faisant passer un décret pour taxer le blé à un prix telle-

---

[1] Il y avait dix tribuns.

ment bas que les pauvres plébéiens fussent désormais assurés de leur subsistance [1]. Au reste, la misère de la populace romaine faisait presque une nécessité de cette mesure, car la faim pouvait à tout moment la jeter dans l'insurrection. Sans doute personne ne se trompa sur le but véritable de Gracchus; mais il ne se trouva point d'adversaire pour le combattre, et il consacra ce principe déplorable, que le citoyen romain devait vivre sans travailler, aux dépens des provinces tributaires.

C'était en quelque sorte un devoir de famille pour C. Gracchus de reproduire la loi agraire de Tibérius. On ignore quelles mesures nouvelles furent proposées par lui, à cette occasion. Je ne suppose pas qu'il ait obtenu autre chose que des enquêtes, ou, tout au plus, quelques décisions générales sans importance; il ne paraît pas qu'il en ait pressé l'exécution avec beaucoup de vigueur, soit qu'il craignît de se faire des ennemis parmi les chevaliers ou les Italiotes, soit que les difficultés qui avaient arrêté son frère fussent réellement insurmontables. En réveillant le fantôme de la loi Sempronia, son dessein ne fut autre, je pense, que de s'attacher le peuple par l'espoir d'un partage de terres, et d'effrayer ses ennemis en suspendant sur leurs têtes une arme toujours prête à frapper.

[1] Triente et semisse. Liv. *Epit.* LX.

Une démonstration plus sérieuse révéla bientôt trop clairement ses projets ambitieux. On a vu que l'autorité des tribuns ne durait qu'une année, après laquelle ils rentraient dans la vie privée; Tibérius, au mépris des lois ou des usages, avait inutilement essayé de se faire réélire, et cette tentative lui avait coûté la vie. Caïus engagea son ancien collègue au triumvirat, C. Papirius Carbon, à convertir en loi générale l'exception que Tibérius avait vainement sollicitée en sa faveur. Il fit décréter que le tribun dont la magistrature expirerait avant qu'il eût été statué sur les rogations dont il était l'auteur, pourrait et devrait même être réélu de préférence aux autres candidats [1]. Par ce moyen, il rendait inutiles toutes les manœuvres dilatoires fréquemment employées par le sénat pour écarter les propositions d'un tribun populaire; bien plus, il pouvait s'éterniser dans sa charge. De fait, elle lui fut continuée aux élections suivantes. En même temps qu'il augmentait la puissance tribunitienne, Gracchus ne perdait pas une occasion de diminuer celle du sénat, ou plutôt de la caste des hauts fonctionnaires. On sait que pour parvenir aux honneurs il fallait justifier d'un certain nombre d'années de service militaire. Or,

---

[1] App. *Civ.* 1, 21. — Cfr. *Epit.* C. — Cic. *Lœl.* 25.

afin d'éluder cette loi, la noblesse faisait enrôler ses enfants dès l'âge de puberté. Attachés à la personne d'un général, ils allaient au camp, étaient inscrits sur les rôles de l'armée, mais leur service était purement nominal[1]. Cependant ils parvenaient ainsi de très-bonne heure à compléter leurs années de milice, et partant, pouvaient obtenir une charge avant d'avoir été réellement soldats. Caïus Gracchus fixa à dix-sept ans l'âge auquel un Romain pouvait être enrôlé. Quelques-uns ont vu dans cette loi une idée philanthropique. Rien de moins exact. Gracchus voulait seulement supprimer un abus profitable aux classes élevées et dont il aurait pu trouver des exemples dans sa propre famille, car son frère Tibérius fit sa première campagne sous Scipion l'Africain, à l'âge de quinze ans[2]. Gracchus se servit d'un moyen plus sûr pour s'attacher les soldats; ce fut de décréter qu'à l'avenir leur habillement leur serait fourni par la république, sans retenue sur la solde, ce qui avait lieu auparavant. Enfin, pour ne négliger aucun moyen d'accroître sa popula-

---

[1] Ils faisaient partie de l'état-major du général, et autrefois partageaient sa tente: de là le mot de *contubernium* pour exprimer leur position.

[2] Cfr. Plut. *C. Gracchus*, I.

rité, il fit exécuter de grands travaux de routes dont il s'adjugea la direction. Le nombre prodigieux d'ouvriers employés à ces travaux pouvait au besoin lui former une armée dévouée autant que redoutable.

Déjà maître des esprits, il songea à la vengeance, devoir sacré pour un Romain. Scipion Nasica, poursuivi par l'exécration publique, n'osant demeurer à Rome, était allé mourir ignoré à Pergame[1]. Mais Gracchus voyait encore dans le sénat, Popilius, qui, préteur en 624, avait fait condamner plusieurs des amis de Tibérius. Sa perte fut jurée, et bientôt parut une loi qui traduisait devant le peuple, pour être jugé criminellement, tout magistrat convaincu d'avoir rendu ou fait exécuter un jugement contre un citoyen romain, sans, au préalable, avoir obtenu l'assentiment du peuple[2]. Popilius n'eut d'autre ressource que de se dérober par l'exil à la sentence qui l'attendait.

Victorieux dans toutes ses tentatives, Gracchus redoublait d'audace, chaque obstacle qu'il surmontait lui servant à élever ses visées encore plus haut. Il

---

[1] Il fut, dit-on, le premier grand pontife qui alla vivre loin de Rome.

[2] Plut. *C. Gracchus*, 4. Cfr. E. A. J. Ahrens, *Excurs. ad Catil.* IV, p. 214.—Orel. *Onomasticon Tull.* part. III, p. 264.

voulut diviser ses adversaires ; et, reprenant un projet bien connu de Tibérius, il ôta aux sénateurs le pouvoir judiciaire pour en investir les chevaliers, qu'il espéra gagner de la sorte à sa cause. Le scandale récent de quelques arrêts qui avaient acquitté des concussionnaires odieux à tout le monde, lui fournit une occasion favorable de noter d'infamie, pour ainsi dire, tout l'ordre du sénat. Telle était, au reste, la réputation d'injustice et de partialité de ce corps, qu'ayant, pour ainsi dire, la conscience de sa propre honte, il courba la tête et se laissa dépouiller sans résistance. Ce fut le dernier triomphe de Gracchus; il en fut ébloui et se fit illusion sur ses conséquences, car il se vanta publiquement d'avoir anéanti l'autorité du sénat[1]. Il n'avait fait que

---

[1] Au reste, ses projets n'allaient à rien moins qu'à reconstituer complétement cette compagnie, en triplant le nombre de ses membres par des adjonctions tirées de l'ordre équestre. Ce projet fut-il présenté sous la forme d'une rogation? Fut-il rejeté ou simplement ajourné? Ce point est demeuré tout à fait incertain. Tout ce qu'on sait, c'est qu'à la mort de C. Gracchus, le sénat n'avait encore subi aucune modification.

Ce fut probablement pour diminuer la puissance des consulaires, et pour les empêcher d'acquérir une trop grande influence dans l'État, que C. Gracchus fit rendre une

l'étourdir, mais il allait bientôt se réveiller avec un redoublement d'énergie.

Restait le plus considérable des changements que Gracchus préparait à la constitution romaine. Je

---

loi (*De provinciis consularibus*) qui fixait à un an la durée de leurs gouvernements. Cic. *ad Fam.* I, 7, 10. Il est remarquable qu'il ne tenta pas ce qu'osèrent d'autres tribuns après lui; c'est-à-dire d'enlever au sénat l'assignation des provinces. Cicéron fait, à ce sujet, l'éloge de sa modération. *Pro domo*, 9.

L'auteur des lettres à César, *De ordinandâ republicâ*, Ep. I, 9, prête à C. Gracchus le projet de changer le système des comices, en faisant voter les centuries dans un ordre fixé par le sort. On connaît l'importance extraordinaire que les Romains attachaient au vote de la centurie prérogative, et il voulait enlever à la première classe le privilége de le donner dans les comices. Peut-être même espérait-il abolir ainsi les classes et détruire l'espèce d'esprit de corps qui pouvait les diviser dans les assemblées publiques. Au reste, le passage relatif à cette prétendue rogation de Gracchus est très-obscur, altéré peut-être, et, de plus, l'ouvrage dont il est tiré n'inspire aucune confiance. Sa date est inconnue, et suivant toute apparence c'est le travail de quelque rhéteur qui se sera essayé à imiter le style de Salluste. Le moyen, en effet, de croire que Salluste osât adresser de tels lieux communs sur le mépris des richesses et les vertus républicaines à un homme aussi positif que César, qui connaissait et ses mœurs, et ses profusions, et sa rapacité?

veux parler de l'émancipation de l'Italie; projet qu'il avait conçu de lui-même pour réparer la faute de son frère, ou que peut-être Fulvius lui avait suggéré. S'il réussissait, plus de limites à sa puissance. Disposant du vote de tous les alliés, il aurait commandé en maître dans les comices. Pour s'opposer à ce dessein, le sénat avait eu recours à la tactique qu'il avait employée contre Tibérius : c'était de gagner un des tribuns; et cette fois il choisit l'homme le plus propre à le seconder. M. Livius Drusus s'était déclaré le défenseur du sénat; mais, ne doutant pas qu'une opposition ouverte ne lui attirât aussitôt le sort d'Octavius, il s'appliquait à disputer à son rival la faveur populaire; en un mot, il le combattait par ses propres armes. Gracchus proposait-il la fondation de deux colonies italiennes, Drusus demandait que l'on en établît douze, où seraient inscrits les citoyens les plus nécessiteux[1]. Le premier faisait décréter que les terres concédées aux colons seraient soumises à une faible redevance. Drusus, au contraire, voulait que la république leur donnât

---

[1] Je suppose que ces colonies étaient fondées hors de l'Italie; Drusus y voyait un moyen d'affaiblir les alliés en éloignant une portion considérable de leur jeunesse remuante. Plut. *C. Gracchus*, 9.

des terres à titre gratuit. En même temps il s'efforçait de diviser les Italiotes en accordant des faveurs particulières à quelques peuples; tel est du moins le but d'une de ses rogations, qui, assimilant les soldats latins aux Romains, interdisait aux généraux de prononcer contre eux la peine de mort ignominieuse[1]. D'ailleurs Drusus affectait un grand désintéressement. L'institution des colonies nouvelles donnait lieu à la nomination de triumvirs pour les partages, charges très-avantageuses et alors très-recherchées. Il déclara qu'il n'en accepterait aucune, et qu'il renonçait à toute indemnité pour les enquêtes ou les voyages qu'il ferait par ordre de la république. Chaque fois qu'il proposait une rogation populaire, il avait grand soin d'annoncer qu'il avait consulté le sénat et obtenu sa pleine approbation. Bientôt cette conduite adroite porta ses fruits. Satisfaits d'avoir du pain à bon marché, et comptant sur les partages des terres que leur promettait l'établissement des douze colonies de Drusus, les plébéiens ne montrèrent plus les mêmes dispositions à seconder Gracchus dans son projet d'émancipation de

---

[1] Plut. *C. Gracchus*, 9. Cette rogation ne fut sans doute pas adoptée. V. la mort de Turpilius, condamné aux verges par Metellus, *nam civis ex Latio erat*. Sallust. *Jugurtha*, 69.

l'Italie. Peut-être même, sentant leur condition de citoyens romains devenir tous les jours plus avantageuse, furent-ils moins disposés que jamais à la partager avec des hommes qu'ils s'accoutumaient à regarder comme d'une espèce inférieure.

Caïus avait compris une des fautes de son frère, qui n'avait pas su ménager les Italiotes. En se déclarant leur protecteur, il en fit une autre, car il blessa l'orgueil national de ses concitoyens, aussi chatouilleux peut-être chez le prolétaire de Rome que chez le sénateur. Il prévit la résistance, et prit ses mesures pour emporter la question de l'émancipation de haute lutte. Par son ordre, au jour des comices, une immense multitude d'Italiotes devait se rendre à Rome en suppliants; mais soixante mille suppliants auraient aisément dicté les suffrages. Un danger si pressant tira le sénat de sa léthargie. Le consul C. Fannius Strabon[1] fit publier un sénatus-consulte enjoignant à tout étranger de quitter Rome et sa banlieue plusieurs jours avant les comices. En vain Gracchus essaya-t-il de rendre vain ce décret en promettant son appui comme tribun aux Italiotes qui encourraient des poursuites pour désobéissance au sénatus-consulte. Les magistrats romains, dans

A. d. R. 632.

leurs provinces, s'opposaient au voyage menaçant de ces peuples de pétitionnaires; ils avaient des troupes pour les arrêter. On s'aperçut bientôt que Gracchus affectait une assurance que le réveil du sénat lui avait fait perdre, et il se démentit honteusement en laissant mettre en prison, sous ses yeux, un Italiote son hôte, qu'il avait retenu par ses promesses. A cet aveu de son impuissance, tomba en un instant ce prestige de force qui en imposait à ses adversaires, et qui parfois l'aveuglait lui-même. Timidement défendue, sa rogation fut rejetée par une majorité considérable.

Peu après, Gracchus partit pour l'Afrique en qualité de triumvir. Il allait, en exécution d'une de ses lois, établir une colonie de six mille Italiotes[1] sur l'emplacement de Carthage. On doit supposer que cette mission, qui n'avait qu'une médiocre importance, était dans les usages du temps une nécessité à laquelle il ne pouvait se soustraire, et peut-être ses adversaires saisirent-ils avec empressement cette occasion de l'éloigner[2]. Son absence le faisait

---

[1] App. *Civ.* I, 24.

[2] On voit dans Tite-Live, XXIX, 20, un autre exemple de voyage entrepris par des tribuns du peuple, en vertu d'un sénatus-consulte. « Hoc facto S. C. cum tribunis plebis actum

oublier, et son collègue Fulvius, qu'il laissait à Rome comme le second chef de son parti, allait, par sa violence et ses mœurs décriées, le compromettre à son insu, de la manière la plus fâcheuse[1].

Après avoir accompli rapidement les premiers actes, essentiellement religieux, usités lors de l'installation d'une colonie, C. Gracchus se hâta de revenir à Rome[2], pour demander un troisième tribunat.

D'après le texte même de la loi qu'il avait dictée à Papirius Carbon, sa poursuite était indue; car, depuis le rejet de l'émancipation italienne, il n'y avait aucune mesure importante dont il eût à solliciter l'accomplissement, et le seul prétexte qu'il pût alléguer, c'était l'organisation de la colonie Junonia[3]; tel était

« est, ut compararent inter se, aut sorte legerent, qui duo
« cum prætore et legatis irent. »

[1] Je suis ici l'autorité de Plutarque, *C. Gracchus*, 10. Appien rapporte que Fulvius accompagna Gracchus dans son voyage. Mais le fait me paraît peu probable; du moins c'eût été de leur part une faute trop grossière de laisser à Rome leur parti sans un chef pour le diriger.

[2] Son voyage ne dura que 70 jours. Plut. *C. Gracchus*, 11.

[3] Il ne peut être question de son projet sur la réorganisation du sénat, car ses adversaires ne le combattirent qu'au sujet de la colonie nouvelle. App. *Civ.* I, 24.—Junon, ou la *Dea cœlestis*, était la divinité tutélaire de l'ancienne Carthage.

le nom donné par lui à la colonie qui devait s'élever sur les ruines de Carthage.

A peine de retour à Rome, il se hâta de quitter sa maison du mont Palatin, pour en prendre une autre dans un quartier habité par le bas peuple. C'était une flatterie dont il espérait que les plébéiens lui sauraient gré, et en même temps une mesure de précaution, utile dans un temps de troubles. Pour ressaisir son ascendant sur la multitude, il n'est pas de petit moyen qui lui parût à dédaigner et dont il ne fît usage. On connaît le goût effréné des Romains pour les combats de gladiateurs. Un des derniers actes de sa charge fut de faire abattre les échafauds que les riches avaient fait élever pour voir à leur aise un de ces spectacles, car alors il n'y avait pas de cirque permanent à Rome. Une place publique servait à ces fêtes sanglantes, et les spectateurs y assistaient sans distinction de rang[1]. A la

---

[1] Plut. *C. Gracchus*, 12. Ce ne fut que longtemps après, que des places distinctes furent assignées aux différentes classes du peuple. Vers l'an 675, les rangs et les sexes étaient encore confondus, comme le prouve la curieuse anecdote d'une dame romaine faisant à Sylla une déclaration d'amour pendant un combat de gladiateurs. Plut. *Sul.* 35. Cependant, en 560, une tentative avait été faite par les censeurs pour donner aux sénateurs des places séparées. Liv. XXXIV, 44. Il semble que cette innovation n'eut point de suite.

vérité, rien ne pouvait être plus agréable au peuple que de voir un tribun s'occuper ainsi de ses plaisirs ; mais, en revanche, les collègues de Gracchus, les gens riches, et même tous ceux qui étaient en état de payer une place commode, en conçurent un vif ressentiment, et ce frivole motif lui fit perdre plus d'un ami. On attribue même à cette seule imprudence l'échec qu'il éprouva peu après dans les comices, où il ne put parvenir à se faire élire cette fois [1]. Furieux, Gracchus quitta le Forum, en disant aux jeunes patriciens qui le raillaient de sa défaite, « Que bientôt il les ferait rire à la façon de Sardaigne [2]. »

Aux comices consulaires suivants, le premier consul nommé fut L. Opimius, son adversaire déclaré [3], qui annonçait ouvertement le projet de faire casser les lois semproniennes, et particulièrement celle qui instituait la colonie Junonia. Réduits à la condition d'hommes privés, Gracchus et Fulvius

---

[1] On accuse les collègues de Gracchus, qui présidaient au dépouillement du scrutin, de l'avoir falsifié. Depuis la loi Gabinia, rendue en 615, les suffrages ne se donnaient plus à haute voix, mais s'inscrivaient sur des tablettes.

[2] Allusion à l'effet produit par une herbe vénéneuse de la Sardaigne, qui donnait, dit-on, la mort en causant la convulsion du rire. Sall. *Frag.* LII, 155. Solin. IV, 4.

[3] A. d. R. 633.

voyaient leurs ennemis s'affermir au pouvoir, et déjà ils n'avaient plus que la ressource d'une émeute. Fulvius depuis longtemps s'y préparait sans scrupule, et s'efforçait d'y entraîner son ancien collègue, excité d'ailleurs dans le même sens par ses amis et une partie de sa famille. Déjà quantité d'Italiotes, soldats déguisés en ouvriers, arrivaient à Rome, embauchés, dit-on, par la fameuse Cornélie, mère des Gracques [1]. Fulvius ne doutait pas que le peuple ne prît parti aussitôt qu'il verrait ses anciens tribuns à la tête d'une troupe déterminée.

D'abord, de part et d'autre, on se rendit au Forum, pour se compter, et se préparer à une lutte qui paraissait inévitable. Presque tous les citoyens y venaient armés de poignards, ou de styles à écrire, assez longs et assez solides pour devenir des instruments de mort au besoin [2]; les querelles fréquentes et meurtrières de la place publique avaient fait inventer cette arme à l'usage spécial des comices.

Opimius demandait la suppression de la colonie Junonia, au nom de la politique et de la religion. « Les ruines de Carthage, ses campagnes désertes,

---

[1] Plut. *C. Gracchus*, 13.
[2] Plut. *ibid.*

« devaient, disait-il, rappeler à jamais aux nations
« étrangères le sort réservé aux ennemis de la répu-
« blique. Scipion avait voué cette rivale de Rome
« aux dieux Mânes et à la Terre, et c'était un sacri-
« lége de ranimer ce cadavre. » Puis il cherchait à
effrayer les esprits superstitieux par le récit de prodiges récents qui marquaient le courroux céleste.
Entre autres, il lisait sérieusement des lettres d'Afrique annonçant que des loups avaient emporté les
jalons de la colonie. A ces déclamations, Fulvius en
opposait d'autres. Pour une satisfaction de vanité,
le sénat priverait-il six mille alliés fidèles d'un territoire fertile qu'ils avaient arrosé de leur sang? Ces
lettres d'Afrique n'étaient que de grossières impos-
tures, et les véritables loups qui emportaient les
jalons, c'étaient les sénateurs qui voulaient faire
mourir de faim leurs compatriotes. Pendant que
Fulvius haranguait la multitude, Gracchus, flottant
entre cent résolutions contraires, s'était retiré sous
un portique voisin du Forum, d'où il observait les
mouvements de l'assemblée, entouré d'un groupe
de clients. Près de lui vint à passer un licteur d'Opimius, portant les entrailles d'une victime sacrifiée
par le consul; c'était peut-être un des menus profits
de son emploi. Cet homme s'avançait en criant :
« Place, mauvais citoyens ! » En apercevant Grac-

chus, il étendit vers lui la main avec un geste de bravade, encore usité en Italie, et auquel les gens de la campagne de Rome répondent aujourd'hui par un coup de couteau. Il tomba aussitôt percé de vingt coups de stylet, malgré les efforts de Gracchus pour le sauver. A l'instant la foule s'émeut ; la plupart, croyant que le combat va s'engager immédiatement, prennent la fuite ; on se pousse, on crie, on se menace. Gracchus s'épuise en vains efforts pour se faire entendre ; mille clameurs confuses couvrent sa voix. Enfin Fulvius l'entraîne, abandonnant le Forum à Opimius, qui fait placer le cadavre de son licteur sur un brancard magnifiquement orné. Un cortége de sénateurs l'accompagne, et cette pompe funèbre passant dans les principales rues de Rome, semble appeler sur Gracchus la vengeance de tous les bons citoyens.

De part et d'autre la nuit se passa en préparatifs. D'un côté, Fulvius, voyant la guerre déclarée, enivrait son monde, et lui distribuait des armes enlevées aux Gaulois, suspendues dans sa maison, comme un témoignage de son triomphe. Sa troupe se composait de ces Italiotes enrôlés par Cornélie, de ses clients et de ses esclaves. Gracchus, toujours irrésolu, ne donnait aucun ordre, et loin d'animer ses partisans, se renfermait seul dans sa maison, en proie à un morne abattement. Dans l'autre camp, Opimius n'était point oisif. Il rassemblait des soldats, établissait des corps de garde, s'assurait des principaux quartiers, et convoquait le sénat dans le temple de Castor, au centre de la ville. Là, il avait établi son quartier général sous la protection d'un corps d'archers crétois, troupe étrangère, qui se rendait probablement à l'une des armées romaines, et qu'il avait arrêtée dans sa marche, prévoyant bien une lutte inévitable.

Au lever du soleil, Fulvius, traînant à sa suite Gracchus consterné de son audace et sans énergie pour le seconder ou pour le retenir, se saisit du mont Aventin, cette forteresse naturelle de la liberté plébéienne. Là, il commença à se retrancher dans un temple de Diane, appelant le peuple aux armes, promettant même la liberté aux esclaves qui viendraient le joindre. Déjà sa troupe s'élevait à quelques milliers d'hommes; mais la plupart étaient sans armes. Les boucliers et les sabres gaulois d'une partie de ses adhérents, les cris de guerre que poussaient ses mercenaires italiens, loin de lui rallier la populace de Rome, inspiraient une sorte d'horreur, car le peuple voit toujours avec un sentiment de haine une troupe étrangère intervenir dans ses querelles intestines.

Pour conserver jusqu'au bout les apparences de la légalité, le sénat somma Gracchus et Fulvius de venir rendre compte de leur conduite dans le temple de Castor. Tandis que Fulvius veut commencer le combat, que Gracchus s'efforce d'entrer en accommodement, les soldats d'Opimius s'assurent des principaux débouchés, contiennent les esclaves et resserrent l'insurrection sur le mont Aventin. Une émeute qui se défend est déjà vaincue. Après quelques heures passées en pourparlers inutiles, Opimius donna le signal de l'attaque. Il suffit de quelques décharges de ses archers pour disperser cette multitude sans ordre. Ce ne fut point un combat, mais une boucherie. Les soldats du consul s'attachaient surtout à la poursuite des deux tribuns, car il avait promis de payer leurs têtes au poids de l'or. C. Gracchus, réfugié dans un bois sacré, sur l'île du Tibre, se fit tuer par un esclave qui seul ne l'avait pas abandonné. Pour Fulvius, il se cacha quelques moments dans la maison d'un plébéien son client. Mais le quartier était cerné ; Opimius menaçait d'y mettre le feu si l'on ne lui livrait le proscrit. Alors l'hôte de Fulvius, effrayé, mais n'osant violer ouvertement les droits de l'hospitalité et du patronage, fit dénoncer par un tiers la retraite du malheureux tribun, qui fut massacré sur-le-champ. On pilla sa maison

et celle de C. Gracchus, et les soldats étrangers
firent main basse sur tous leurs adhérents. Lorsqu'ils furent las de tuer, les bourreaux leur succédèrent. Quelques malheureux, convaincus d'être les
amis ou les clients de Gracchus, furent jugés sommairement et aussitôt étranglés. On n'épargna pas
même un fils de Fulvius, enfant de quinze ans,
arrêté avant le combat, au moment où, le caducée
à la main, il s'avançait en parlementaire [1]. Trois
mille cadavres qui jonchaient les rues de Rome
furent jetés dans le Tibre, et défense fut faite aux
veuves des morts de porter leur deuil [2]. Enfin, ras-
sasié de vengeance, le sénat fit purifier la ville, et
en mémoire de cette horrible tragédie, un temple,
dédié à la Concorde, s'éleva dans le Forum arrosé de
tant de sang. Par cette amère dérision, le sénat rappelait aux plébéiens et leur impuissance et le châtiment
qui attendait leurs tentatives pour secouer le joug.

On ne peut voir sans étonnement ces alternatives
étranges d'audace et de faiblesse, qui tour à tour

---

[1] En considération de son âge, la clémence romaine lui accorda de choisir un genre de mort. Plut. *C. Gracchus*, 17.

[2] Licinia, veuve de Gracchus, fut privée de son douaire.
Cet acte de basse vengeance est d'autant plus à remarquer,
que, dans les mœurs romaines, les femmes étaient toujours
épargnées au milieu des réactions politiques.

élèvent ou abaissent les deux factions ennemies. Tantôt le sénat accepte les lois les plus dures des tribuns, qui semblent les maîtres absolus de la république; tantôt, déployant une vigueur soudaine, il les écrase comme les plus vils adversaires. A cette époque, le sénat ne formait plus une caste séparée du peuple; c'était une réunion de fonctionnaires incessamment renouvelée par l'adjonction des hommes que la faveur populaire élevait aux honneurs. Mais cette assemblée possédait d'immenses richesses et renfermait dans son sein presque tous les hommes capables et expérimentés. L'esprit de corps et des intérêts communs les unissaient dans toutes les circonstances où leur autorité était compromise. Toutefois, le peuple exerçait une influence souveraine dans les élections et la rédaction des lois. Armés d'un pouvoir immense, ses tribuns, d'un seul mot, annulaient toutes les décisions du sénat. Mais, aussi, le sénat avait toujours une place réservée aux ambitieux; il pouvait les détacher de la cause populaire en se les incorporant; aristocratie d'autant plus puissante qu'elle se recrutait sans cesse dans les rangs mêmes de ses ennemis. Toujours une partie des tribuns était à sa disposition, et l'art de séduire ses adversaires était un de ses principaux moyens de succès.

D'un autre côté, cette masse colossale qu'on appelait la plèbe romaine se composait de deux éléments distincts dont la division détruisait toute la force. Dans l'un se trouvaient les citoyens possédant quelque patrimoine, et à ce titre soumis au recrutement; la plupart laboureurs et soldats, endurcis aux travaux des champs, habitués aux armes et aux dangers. Dans l'autre, on ne voyait que des prolétaires subsistant d'une chétive industrie ou des libéralités de leurs patrons. Les premiers, campagnards, accoutumés à l'obéissance des camps, voyaient toujours sous la toge des sénateurs la pourpre de leurs généraux. Les autres, vivant à Rome presque en mendiants, témoins assidus des querelles politiques, passant leur vie au Forum, ne respectaient aucun rang, et ne connaissaient d'autre autorité que celle des orateurs qui leur promettaient des terres ou des distributions de blé. Unies, ces deux portions du peuple romain étaient invincibles. L'habileté du sénat consistait à les diviser. Pour y parvenir, il suffisait de gagner les campagnards ou seulement de les écarter. Une guerre, un riche butin à partager, les travaux de l'agriculture, changeaient les dispositions ou la nature même d'une assemblée populaire.

Tibérius avait les intentions les plus pures : il aimait sincèrement sa patrie. Il avait sondé la plaie qui lui rongeait le cœur, et peut-être avait-il trouvé pour la guérir un remède efficace dans le rétablissement des lois liciniennes. Malheureusement, entraîné par la fougue de la jeunesse, sans avoir mesuré ses forces, il voulut déraciner tout d'un coup des abus qu'il aurait dû miner lentement. Ses mesures d'exécution, empreintes d'une rigueur exagérée, devinrent impraticables. Puis, la résistance de ses adversaires l'ayant conduit à des actes de violence, lui enleva l'appui de tous les gens de bien et le jeta dans les bras des hommes les plus dangereux et les plus criminels. Depuis la déposition d'Octavius, ses ennemis purent, avec un semblant de raison, le dénoncer comme un tyran qui ne cherchait qu'à satisfaire son ambition personnelle.

Son frère commença sa carrière, mû par un sentiment aveugle de vengeance et de haine. Il n'eut qu'un but, celui d'abaisser le sénat. Moins désintéressé que Tibérius, il ne montra ni sa douceur ni sa modération, et cependant il ne sut pas plus que lui trouver de l'énergie lorsqu'il fallut en venir à une lutte décisive. Les deux frères eurent une même fin parce que leurs fautes furent les mêmes. Ils ne s'appuyèrent que sur la populace urbaine. Hommes de tribune, ils ne pouvaient, il est vrai, commander qu'aux habitués du Forum. Hommes de guerre, ils se seraient attaché les soldats, les campagnards, et peut-être eussent-ils pu avec leur épée réformer la république. Il n'y a qu'un général qui puisse accomplir une révolution.

§ IV.

Malgré la sanglante catastrophe qui venait d'anéantir la faction populaire, les lois des Gracques subsistaient toujours, protégées par les intérêts nouveaux qu'elles avaient créés. Les chevaliers conservaient le pouvoir judiciaire, les tribuns le droit de se faire réélire, le peuple la taxe du blé. Quant à la loi agraire, le seul de ses articles qui fût exécuté, ou peut-être exécutable, à savoir, celui qui interdisait la vente des biens domaniaux [1], portait à tous les citoyens un trop notable préjudice, pour qu'on ne cherchât pas à l'abroger. Peu après la mort de C. Gracchus, cette restriction fut abolie sans que le peuple s'y opposât ; car dans la situation des choses, elle était plus onéreuse que profitable pour la plupart des petits propriétaires. Souvent hors d'état de cultiver leurs champs, ils n'en retiraient aucun fruit, et cependant restaient soumis à payer un loyer au

---

[1] App. *Civ.* I, 27.

trésor public. Mais ce n'était point assez; mutilée, sans force, la loi Sempronia n'en restait pas moins une arme redoutable sous la main de quiconque se serait senti assez d'audace pour en demander l'exécution. Un tribun obscur, Sp. Thorius[1], excité sans doute par le sénat, proposa et obtint son abrogation complète; il eut même l'adresse de persuader à la multitude qu'il réalisait les intentions de son auteur. Thorius permit la possession d'un nombre illimité de jugères sur le domaine public, mais en même temps il décréta que la redevance à laquelle ces biens étaient soumis[2], au lieu d'entrer dans le trésor de la république, serait répartie entre tous les pauvres plébéiens, qui, d'après la loi Sempronia, auraient dû prendre part au partage des terres. C'était instituer une taxe des pauvres. On conçoit facilement que cette loi fut bien accueillie par une populace affamée et paresseuse, qui croyait obtenir plus que C. Gracchus ne lui avait promis. En effet, Thorius leur donnait le revenu sans le travail. Toutefois, leur illusion fut d'assez courte durée. Bientôt l'épuise-

---

[1] Il y a quelque incertitude sur ce nom. Cfr. Cic. *Brut.* 36.—App. *Civ.* I, 27, et la note de Schweighæuser.

[2] Tib. Gracchus avait supprimé la redevance; mais sans doute elle était restée exigible jusqu'à la nouvelle répartition des terres prescrite par sa loi. App. *Civ.* I, 11.

ment du trésor, causé probablement par les désastreuses invasions des Cimbres, obligea de donner une nouvelle destination aux revenus du domaine, et de les appliquer en entier aux besoins de la guerre.

Un autre effet de l'imminence du danger fut de suspendre pour un temps toutes les divisions intestines. Plébéiens et sénateurs, Italiotes et Romains, comprirent que s'ils ne s'unissaient contre l'ennemi commun, ils seraient tous engloutis dans une ruine générale. Dès l'année 641, une masse innombrable de barbares, Cimbres et Teutons, avaient insulté les frontières orientales de la république, et battu le consul Cn. Papirius Carbon au pied des Alpes noriques. Mais ce torrent qui menaçait de tout renverser sur son passage, disparut aussi subitement qu'il s'était montré, et changeant de direction, alla se précipiter sur la Gaule. Là, les hordes cimbriques, attaquées à plusieurs reprises par les Romains, lorsqu'elles s'approchaient de leur province transalpine, défirent successivement trois armées considérables, et tuèrent deux consuls. En 649, les barbares franchirent la frontière qu'ils avaient respectée jusqu'alors, et firent essuyer à la république, sur les bords de l'Arausio, une défaite qui ne peut se comparer qu'aux désastres d'Allia ou de Cannes.

Le consul Cn. Mallius et quatre-vingt mille de ses soldats restèrent sur le champ de bataille. Heureusement, après chaque victoire, les Cimbres s'éloignaient du territoire de la république, et la laissaient respirer quelque temps, soit que le nom de Rome les frappât encore d'une terreur secrète, soit que le pillage étant le seul but de leurs expéditions, ils ne voulussent attaquer l'Italie qu'après avoir épuisé les provinces qu'ils laissaient derrière eux. Cette fois, ils se dirigèrent sur l'Espagne, mais ils annonçaient qu'à leur retour ils marcheraient sur Rome.

Tous les yeux se tournèrent alors vers un homme, naguère ignoré, qui, parvenu au consulat à force de basses intrigues, avait tout d'un coup révélé le génie d'un grand capitaine. C. Marius venait de terminer la guerre de Numidie, et ramenait captif le roi Jugurtha, qui pendant six ans avait, ou vaincu, ou acheté, ou lassé les plus habiles généraux de Rome. Depuis longtemps, la légion romaine, que Pyrrhus et Annibal avaient admirée, passait pour un chef-d'œuvre d'organisation militaire, auquel il était impossible de retoucher. Toutefois, dans les grades inférieurs, où il avait servi longtemps, Marius en avait observé les imperfections, et devenu consul, il les réforma. Partout, depuis la tactique jusqu'aux derniers détails de l'équipement du soldat[1], sa vieille expérience trouva d'utiles améliorations à introduire. Ses réformes eurent une plus grande portée, car elles réagirent sur la constitution de la république, qu'il altéra en admettant dans les légions la classe des prolétaires, jusqu'alors exclus de la milice; devenus soldats, ils acquirent une importance nouvelle. Artisans, mendiants, vagabonds, il avait enrôlé pour la guerre de Numidie tous les jeunes hommes robustes, se souvenant du mot de Pyrrhus, qui ne demandait que des hommes forts, parce qu'il en savait faire des soldats. Cette mesure, au reste, était une nécessité à laquelle il en fallait venir tôt ou tard, car la classe moyenne, composée des cultivateurs campagnards, supportant autrefois presque seule tout le fardeau du recrutement, s'épuisait de jour en jour, et bientôt la république eût été réduite à ne se défendre qu'avec des soldats étrangers.

[1] Plut. *Marius*, 25;—Plin. X, 5;—Festus, 171;—Frontin, IV, 7. Les changements introduits par Marius consistèrent principalement à donner à tous les légionnaires un armement uniforme, et à substituer dans les manœuvres la division en cohortes, à la division en manipules. Bien que les noms de *hastati*, *principes* et *triarii* aient subsisté longtemps après lui, il est évident que toute la légion se composa désormais d'infanterie pesamment armée.

Les Cimbres laissèrent à Marius près de trois ans pour organiser son armée, et pendant ces trois années, et deux autres encore, il conserva toujours le consulat, car on était persuadé que seul il pouvait sauver Rome attaquée par des ennemis si redoutables. Il justifia cette confiance. En 652, il battit complétement auprès d'Aquæ Sextiæ les Teutons, qui se dirigeaient sur l'Italie par la route des Alpes maritimes; et, l'année suivante, repassant les monts, il extermina dans les plaines de Vercellæ les Cimbres, qui, s'étant séparés des Teutons, avaient franchi les Alpes rhétiennes et envahi la Gaule transpadane.

Dans cette guerre de géants, les Italiotes se montrèrent braves et dévoués. Il est vrai que la grandeur du péril rendait alors moins injuste et plus doux le gouvernement de la république. Un moment, les Marses avaient paru disposés à profiter des malheurs de Rome pour secouer le joug; mais le danger commun, le sentiment de nationalité et d'orgueil qui unissait tous les peuples libres de la péninsule, enfin, l'adresse et le crédit de L. Cornélius Sylla, chargé de recruter dans leur pays, leur avaient fait préférer la domination romaine à l'alliance des barbares[1].

---

[1] Plut. *Sul.* 4.

De son côté, Marius s'était fait aimer des alliés. Il honora et récompensa leur bravoure. Il donna le droit de cité romaine à plusieurs militaires italiens. Sur le champ de bataille de Vercellæ, il accorda le même droit en masse à tout le contingent de Camerinum, composé de deux cohortes, dont l'admirable résistance avait décidé le succès de la journée [1]. Ces récompenses inusitées, qui pouvaient exciter les prétentions de tous les Italiotes, furent sévèrement blâmées par le sénat, qui reprocha au consul d'avoir fait citoyens romains des montagnards de l'Ombrie, que leurs traités avec la république plaçaient au dernier rang des alliés [2]. — « Au milieu du tumulte des armes, répondit Marius, je n'ai pu me rappeler la lettre des traités [3]. » Les soldats de Camerinum conservèrent le droit de cité; mais l'opposition du sénat montrait aux Italiotes qu'ils ne devaient pas compter sur sa reconnaissance, et qu'ils rencontreraient à jamais dans ce corps une inflexible rigueur.

C'étaient toujours parmi les tribuns du peuple qu'ils trouvaient des protecteurs, car pour gouverner

---

[1] Val. Max. V, 8.

[2] Les Ombriens s'étaient mêlés aux Gaulois cisalpins.

[3] Val. Max. loc. cit.—Plut. *Mar.* 28.—Cicéron, *Pro Cor. Balbo*, 46, soutient qu'un général peut récompenser ainsi les services rendus par des alliés ou même par des étrangers.

les comices ces magistrats ambitieux avaient sans cesse besoin de masses dévouées. Peu après la défaite des Cimbres, L. Apuleius Saturninus devint le patron des alliés. Il était arrivé au tribunat par une violence inouïe ; au milieu du Forum, il avait fait tuer son compétiteur, et sa faction l'avait proclamé, après avoir mis en fuite les citoyens qui s'opposaient à son élection. On dit que Marius, qui venait d'obtenir son sixième consulat[1] en achetant les suffrages, avait mis à sa disposition pour cette émeute ses soldats licenciés, tirés, comme on l'a vu tout à l'heure, de la dernière classe du peuple. Saturninus s'annonçait comme le successeur des Gracques, et fort de l'appui que lui prêtait Marius, il se flattait de ressusciter leurs lois agraires, et probablement de faire triompher les projets de Caïus sur l'émancipation de l'Italie. Toutefois il semble qu'il ne voulût arriver que par degrés à cette grande mesure, et qu'il espérait y préparer les esprits en favorisant et en augmentant les naturalisations individuelles. Tel est, je crois, l'esprit d'un plébiscite qu'il fit passer, par lequel il investissait Marius du pouvoir de faire trois citoyens romains dans chaque colonie jouissant du droit du Latium[2]. C'était encore un moyen de lé-

---

[1] A. d. R. 654.

[2] V. Cic. *Pro Cor. Balbo*, 21, 48. *Dixit* (L. Antistius)

galiser et d'étendre les récompenses que Marius avait promises à ses soldats italiens pendant la guerre cimbrique. L'un des principaux adhérents de Saturninus, C. Servilius Glaucia, cherchait par des mesures semblables à se rendre agréable aux alliés. Dans une loi qu'il fit adopter contre les concussionnaires, il introduisit une disposition spéciale pour accorder le droit de cité romaine à tout Latin qui parviendrait à convaincre de malversation un magistrat de la république[1]. Les lois de Saturninus relatives à l'éta-

fundum populum Spoletinum non esse factum. — Videbat enim populos, de suo jure, non de nostro fundos fieri solere ; sed cum lege Apuleia coloniæ non essent deductæ, qua lege Saturninus C. Mario tulerat ut in singulas colonias ternos cives romanos facere posset, negabat hoc beneficium, re ipsa sublata, valere posse. On ne sait si ce passage s'applique aux colonies *latines* fondées par Saturninus, ou bien à toutes les colonies existantes qui se trouvaient régies par le même droit. Cette dernière opinion me paraît la plus vraisemblable, car les auteurs qui mentionnent les colonies de Saturninus, les placent dans les provinces, Appien dans la Gaule, Aurélius Victor dans la Grèce, la Macédoine, la Sicile, l'Afrique.

[1] La date de la loi Servilia est incertaine. Le plus grand nombre des auteurs la rapportent à l'année 654, pendant le sixième consulat de Marius, Glaucia étant alors préteur. M. Klenze (cité par Orelli, *Index legg.* p. 270) remarque qu'à cette époque toutes les mesures soutenues par le parti démocratique étaient converties en plébiscites, et par conséquent

blissement de colonies nouvelles étaient également toutes favorables aux Italiotes. Le territoire de plusieurs cités de la Gaule que les Cimbres avaient envahi, étant devenu, à ce qu'il prétendait, une partie du domaine de la république, depuis que Marius en avait chassé les barbares[1], Saturninus y envoyait

qu'elles ne devaient pas être présentées par un préteur, car ce magistrat convoquait seulement des comices par centuries. A l'appui de son opinion, M. Klenze aurait pu citer ce mot de Glaucia : « Lorsqu'on vous présente une rogation, disait-il au « peuple, écoutez seulement le début. Si cela commence par ce « préambule : *le dictateur, le consul, le préteur, le maître de* « *la cavalerie,* soyez assurés que cela ne vous regarde pas. « Faites seulement attention à la formule finale : *quiconque à* « *l'avenir...* et prenez bien garde qu'on n'y glisse quelque « disposition pénale à votre préjudice. » Cic. *Pro Rab. Post.* 6. Suivant M. Klenze, toute loi *populaire*, à cette époque, n'était présentée que par un tribun, et, en conséquence, il suppose que celle-ci fut rendue pendant le tribunat de Glaucia, dont par approximation il fixe la date entre les années 648 et 654. Mais peut-on dire que la loi *Servilia de pecuniis repetundis* fût une loi populaire? Les seules dispositions nouvelles qu'elle ait introduites sont celles qui regardent les Latins. Or, elles étaient loin d'être agréables à la populace romaine. — Quelle que soit la date de cette loi, on remarquera que la question de l'émancipation des alliés se mêle à tous les débats politiques, et l'on en peut conclure combien elle préoccupait alors tous les esprits.

[1] Aux yeux des Romains, les Gaulois, leurs sujets, avaient

des colonies latines, c'est-à-dire, ayant le droit du Latium, et composées d'Italiens[1]. C'était un acheminement à la naturalisation complète des Italiotes, que de les élever en quelque sorte d'un degré, en les assimilant aux Latins. Mais à Rome, le peuple était trop avide de distributions de terres pour voir avec plaisir une mesure profitable seulement à ses alliés; aussi la loi Apuleia fut-elle, au rapport des historiens, aussi odieuse au sénat qu'au peuple. On a peine à comprendre quel pouvait être l'intérêt de Saturninus. Peut-être obéissait-il à un ordre de Marius, qui avait fait quelques promesses aux contingents italiens dans sa dernière campagne. Peut-être était-ce de sa part une première tentative pour se concilier l'affection des alliés ; tentative qui couvrait des projets plus vastes et qu'il est impossible de pénétrer aujourd'hui. Enfin, et cette dernière conjecture s'accorde avec le caractère du tribun, on peut supposer qu'il avait été gagné par des spéculateurs, ou par des sénats de villes italiennes. Pour un

perdu tous droits sur ce territoire en se laissant dépouiller par les Cimbres; en outre, plusieurs peuples gaulois s'étaient rendus coupables d'avoir bien accueilli les barbares, avec lesquels ils avaient des rapports de mœurs et d'origine. Ce crime méritait une confiscation.

[1] App. *Civ.* I, 29, in fine.

homme de cette espèce, l'appât du gain était le mobile le plus puissant. Quoi qu'il en soit, sa loi passa, mais après une émeute sérieuse dans laquelle les soldats licenciés de Marius chassèrent du Forum les partisans du sénat et les plébéiens que Saturninus n'avait pu entraîner. Dans ces scènes de désordre, Marius joua le rôle le plus odieux[1]. D'abord, affectant une grande horreur pour les violences de Saturninus, il excita les sénateurs et surtout Metellus, autrefois son bienfaiteur, maintenant son ennemi particulier, à protester contre la loi nouvelle. Puis, lorsqu'il les vit compromis de la sorte, il se rétracta avec impudence, laissant à Metellus le choix de se déshonorer en imitant sa bassesse, ou d'encourir les peines très-sévères portées par Saturninus contre les sénateurs qui refuseraient leur adhésion à son plébiscite[2]. Metellus n'hésita point et s'exila.

En vertu de la loi Papiria[3], Saturninus se fit proroger le tribunat. Il semble qu'il sentit le besoin de donner à sa faction l'appui d'un nom plus populaire que le sien, car il essaya de rallier les débris du parti des Gracques en supposant un fils de Tibérius

---

[1] Plut. *Mar.* 30. Anecdote de ses conférences avec le sénat et Saturninus.

[2] V. Onomasticon Tull. Orelli, *lex Apuleia*, p. 137.

[3] V. § III.

recueilli par ses soins, puis élevé dans la retraite. On dit qu'un de ses affranchis, suivant Appien, un esclave fugitif, s'était chargé de jouer ce rôle; mais il fut démasqué par Sempronia, la veuve de Scipion Émilien et la sœur des Gracques[1].

Saturninus ne connaissait qu'un moyen de réussir, c'était d'assassiner quiconque lui résistait. Prévoyant qu'un de ses adversaires, C. Memmius, allait être nommé consul, il le fit poignarder sur la place publique par des bandits qu'il avait à ses ordres. Puis, accompagné de Glaucia et d'une troupe de désespérés, il s'empara du Capitole, dont il fallut faire le siége en règle. En sa qualité de consul, Marius fut chargé de commander les troupes qu'on dirigea contre ce furieux. D'abord, l'attaque fut si mollement conduite, qu'il fut évident pour tout le monde que le consul le ménageait à dessein. Mais le peuple s'étant joint aux soldats et ayant coupé les conduits qui amenaient l'eau dans le Capitole, les insurgés mirent bas les armes, et se rendirent à Marius par une espèce de capitulation dans laquelle il leur promit la vie sauve. Provisoirement il les fit enfermer dans la curie Hostilia; mais la populace escalada l'enceinte, et, dé-

---

[1] Aurel. Victor. *Saturn.* — App. *Liv.* 1. 32.

couvrant le toit, assomma à coups de tuiles Saturninus, Glaucia et ses complices, sans qu'aucune tentative fût faite par Marius ou par le sénat pour les sauver, ou du moins pour les punir dans les formes légales.

Rien de plus obscur que cette révolte ou cette conjuration, à laquelle tout porte à croire que Marius ne fut point étranger, mais qu'il se hâta d'abandonner dès qu'elle n'eut plus de chances de succès. Sans doute, il avait intérêt à ce que le secret des conjurés pérît avec eux. Toute insurrection allègue des griefs vrais ou prétendus, arbore un drapeau quel qu'il soit. Ici l'histoire ne nous a conservé aucune trace des desseins de Saturninus. Si l'on en juge par la tendance que révèlent celles de ses lois qui nous sont connues, il n'est point improbable que l'émancipation italienne fut son cri de ralliement; du moins, la fureur de la populace et le soin qu'on prit à cacher le motif de la révolte, s'expliqueraient assez naturellement par cette hypothèse.

Une espèce de fatalité semblait peser sur la question italienne. Chaque tentative malheureuse en augmentant le nombre de ses ennemis, éloignait d'autant plus une solution favorable. Les alliés avaient vu le sénat et le peuple se réunir pour résister à leurs prétentions. A la vérité, ils pouvaient bien trouver encore parmi les ambitieux de Rome des hommes de talent prêts à prendre leur défense, mais il était évident que la masse de la nation se révoltait à l'idée d'associer à sa grandeur ceux qu'elle regardait comme des sujets indociles. Une seule cause peut-être retenait une explosion que les esprits prévoyants regardaient comme imminente : c'était la facilité que trouvaient alors tous les Italiotes riches et en état d'avoir des protecteurs à Rome, pour éluder les lois relatives au droit de bourgeoisie, et se soustraire ainsi aux charges accablantes qui pesaient sur leurs villes. Le sénat, présumant trop de sa puissance, voulut fermer la seule issue qui restât à ce flot de griefs longtemps accumulés ; il l'obligea de rompre ses digues.

On a vu qu'une loi ou plutôt qu'un traité permettait aux Latins d'obtenir le droit de cité romaine, en établissant leur domicile à Rome, pourvu qu'ils laissassent des enfants dans leur ancienne patrie. Mais cette restriction n'était pas rigoureusement observée, et les magistrats chargés de faire les recensements se montraient d'autant plus faciles pour ces émigrés, que les guerres continuelles de la république diminuaient la population de Rome d'une manière alarmante. Quant au reste des alliés, ils parvenaient également à changer de patrie et à se procurer une condition meilleure. Les uns, par une vente simulée, livraient comme esclaves leurs enfants à un citoyen romain qui les affranchissait aussitôt. D'autres profitaient de l'établissement de colonies romaines pour s'y rendre et s'y faire inscrire au nombre des colons. Il paraît que cette permission était rarement refusée, car on voit qu'en 558 on l'accordait à tous les Italiens qui n'avaient pas pris parti pour les Carthaginois[1]. J'ai déjà cité l'exemple remarquable de la colonie de Frégelles, qui seule avait reçu quatre mille familles samnites ou péligniennes[2]. Enfin la vigilance des censeurs ne pouvait empêcher qu'à chaque dénombrement un certain nombre d'Italiotes établis à Rome depuis quelques années ne se fît inscrire à la dérobée dans quelque tribu de la ville[3].

Il fut un temps où les villes alliées réclamaient avec énergie contre ces émigrations, car malgré les pertes de citoyens qu'elles éprouvaient ainsi, elles

---

[1] Liv. XXXIII, 2

[2] Liv. XLI, 8.

[3] Le cens n'ayant lieu que tous les cinq ans, on conçoit que dans une grande ville, on pût sans peine en imposer aux censeurs. En 662, M. Perperna fut nommé consul. Il était, dit-on, d'origine grecque et n'avait pas été naturalisé. Val. Max. III, 4, 5; — Pigh. Ann.

n'en étaient pas moins obligées à fournir le même contigent militaire. Vers l'année 577, le sénat prit des mesures pour mettre un terme à cette espèce de fraude, et particulièrement pour défendre les ventes simulées au moyen desquelles on éludait la loi. Le consul C. Claudius Pulcher publia un décret portant : « que tous les Latins ou Italiotes qui, à dater de la censure de M. Claudius et de T. Quinctius[1], auraient été inscrits sur les rôles des alliés, retourneraient chacun dans sa ville avant les calendes de novembre. » Le même sénatus-consulte prescrivit, en outre, que tout individu qu'on mettrait en liberté affirmerait par serment « que celui qui l'affranchissait ne le faisait pas dans la vue de lui fournir les moyens de changer de cité[2]. » Mais cette loi comme tant d'autres ne fut pas longtemps observée, et les mêmes fraudes se renouvelèrent plus fréquemment encore lorsque la question de l'émancipation italienne devint l'objet de débats animés. A cette époque, la religion du serment avait perdu beaucoup de son empire, et les patrons des Italiotes, surtout les partisans des Gracques, ne se faisaient aucun scrupule de favoriser de tous leurs efforts les émigra-

---

[1] A. de R. 565.
[2] Liv. XLI, 9.

tions de leurs clients. Après l'émeute avortée de Saturninus, elles se multiplièrent au point d'attirer l'attention du sénat, qui voulut remettre en vigueur les édits de Claudius. Les consuls L. Licinius Crassus et Q. Mucius Scævola[1] renouvelèrent la défense d'émigrer d'une ville dans une autre, et obligèrent ceux d'entre les alliés qui cherchaient à se faire passer pour Romains, à retourner dans leurs villes[2]. Ce décret fut exécuté sans opposition; mais il porta au comble l'irritation des Italiotes. Les émigrés rentrés dans leurs cités, la rage dans le cœur et ne respirant que vengeance, faisaient partager à leurs compatriotes les sentiments qui les animaient. Il semblait que la honte de leur bannissement rejaillît sur leur nation tout entière[3]. Déjà dans beaucoup de villes marses ou samnites, on disait tout haut qu'un seul moyen restait aux alliés d'assurer leur indépendance, c'était de la conquérir par l'épée. Les circonstances étaient favorables. Une grande partie de la jeunesse italienne rentrée dans ses foyers[4], or-

---

[1] A. de R. 659.

[2] Cic. *Pro Cor. Balbo*, I. — *Fragm. or.* p. 449. Ed. Orel. — Ascon. *In Corn.* 98.

[3] Cic. *Pro Sestio*, 13.

[4] Depuis la défaite des Cimbres, près de dix années s'étaient écoulées sans que la république eût éprouvé le besoin de met-

gueilleuse de ses victoires sur les barbares, apprenait en frémissant les insultes qu'en leur absence les magistrats romains avaient prodiguées à leurs compatriotes. Leur indignation s'exhalait en plaintes plus violentes que celles des émigrés. A l'école de Marius s'étaient formés des officiers habiles qui brûlaient de montrer qu'ils ne le cédaient en rien aux généraux de Rome. En un mot, une armée nombreuse, aguerrie, et des chefs expérimentés se trouvaient tout prêts à servir la révolution qui se préparait.

Plus d'un obstacle retardait encore ce dénouement terrible. Le plus difficile à surmonter, c'était

tre sur pied des armées nombreuses, par conséquent d'éloigner les contingents italiens de leurs pays. Contenir les incursions des Thraces, réprimer une révolte d'esclaves en Sicile, achever la soumission de quelques tribus celtibériennes, voilà les seules opérations militaires des généraux romains pendant cette période de dix années, et comparativement c'était presque un état de paix. Il y avait à cette époque en Italie une grande quantité de soldats licenciés.—M. Keferstein, *De bell. Mars.* p. 34, remarque que les Italiotes se trouvant en contact, dans la guerre cimbrique, avec les prolétaires romains enrôlés par Marius, durent perdre un peu de leur estime pour les légions romaines, les trouvant ainsi composées ; mais il me paraît probable que Marius ne s'était pas borné à enrôler les prolétaires romains, et que cette mesure s'était étendue à toute l'Italie.

la division des peuples de l'Italie, résultant non-seulement de la différence des mœurs et des langues, mais encore de la différence des intérêts. L'alliance romaine avait enrichi plusieurs villes, et leur prospérité les rendait moins sensibles à la honte du joug. D'anciennes inimitiés de peuple à peuple n'avaient pu s'éteindre encore dans le sentiment d'une humiliation commune. Tandis que quelques cités foulées par les proconsuls ne demandaient qu'à courir aux armes, d'autres, gouvernées avec douceur, ne se souvenaient plus aussi vivement de leurs anciens griefs. A ne considérer la situation de l'Italie que sous un point de vue général, on y pouvait reconnaître trois partis bien tranchés. Dans le sud, les nations de race sabellique, péniblement domptées, fières et belliqueuses, paraissaient disposées à se ranger avec enthousiasme sous le drapeau de l'indépendance. Au centre de la Péninsule, le Latium, à demi romain, n'avait que peu de griefs à venger, peu d'avantages nouveaux à conquérir. Ses villes étaient devenues des faubourgs de Rome, et ses habitants avaient perdu leur antique nationalité. Enfin, dans le nord, les Ombriens et les Étrusques s'étaient facilement accommodés du gouvernement de la république. Ils lui devaient d'avoir repoussé les Cimbres de leurs frontières, de contenir les Gaulois, leurs dangereux voisins. Les nobles étrusques surtout voyaient avec terreur se grossir une tempête qui les menaçait à l'égal des Romains, car ils étaient oppresseurs comme eux, et le cri de liberté pouvait soulever leurs serfs et fonder dans leur pays cette égalité qui commençait à régner dans les républiques italiennes.

Outre ces divisions qui séparaient les différents peuples, il en existait d'autres dans chaque ville. Depuis un temps immémorial, toute cité italiote comptait deux partis hostiles l'un à l'autre. Presque partout c'était la vieille querelle des patriciens et des plébéiens; ailleurs, la faction qui s'était déclarée pour les Carthaginois s'était perpétuée dans un parti hostile à Rome, tandis que leurs adversaires avaient gardé le souvenir des récompenses qui avaient payé l'attachement de leurs ancêtres à la république. Toutes ces divisions, la politique romaine les avait entretenues soigneusement; mais des injures et des espérances communes tendaient tous les jours à les détruire.

§ V.

Après la publication de la loi Licinia et Mucia, quelques hommes hardis profitèrent du premier moment d'exaspération qui suivit le retour des émigrés, pour jeter les fondements d'une ligue secrète de tous les peuples de l'Italie contre la domination romaine. Le Marse Q. Pompædius Silon, capitaine illustre dans sa patrie, passe pour avoir le premier conçu ce grand dessein[1]. Il fut assurément l'un des chefs les plus actifs et les plus entreprenants de cette vaste conjuration, qui bientôt compta des affiliés dans presque toutes les villes italiotes, et jusqu'aux portes même de Rome, car quelques Latins se laissèrent entraîner[2]. Les meneurs, allant de ville en ville, recrutaient des partisans et se faisaient donner des otages. D'ordinaire, c'étaient les enfants des principaux citoyens que, sous un prétexte, on envoyait au loin dans la maison de quelque conjuré. Ourdies avec la plus grande prudence, ces trames s'étendirent sur le Samnium, la Lucanie, et presque toutes les provinces du sud et de l'est de l'Italie, sans attirer l'attention du sénat, alors préoccupé des querelles du Forum. D'ailleurs, l'éventualité d'une

---

[1] Flor. III, 18. Ce cognomen de Silo est latin, et signifie Camard. On verra d'autres exemples de l'étonnante facilité avec laquelle les Italiens aussi bien que les Romains acceptaient les sobriquets les plus ridicules.

[2] Omne Latium. Florus, III, 19. Exagération évidente, à moins qu'il n'ait voulu ainsi désigner les villes italiotes ayant le jus latinum.

guerre avec la république était encore un secret pour la plupart des conjurés, et parmi les chefs même, un grand nombre ne croyaient pas que le moment fût venu d'en appeler aux armes. Ceux qui avaient des griefs personnels à venger, et surtout les préfets des contingents licenciés, opinaient pour les mesures les plus violentes; mais les vieillards et la plupart des sénateurs italiens croyaient encore possible d'obtenir, sans effusion de sang et par de simples démonstrations, cet affranchissement, objet de tous leurs vœux. Malgré leurs espérances tant de fois déçues, ils comptaient toujours sur les efforts de leurs patrons à Rome, et se flattaient que quelque orateur, plus heureux que les Gracques, fléchissant à la longue l'orgueil romain, préviendrait une catastrophe dont ils ne se dissimulaient pas que les conséquences pourraient être la division et l'affaiblissement de l'Italie. Cette supériorité que l'Italie romaine avait conquise dans le monde au prix de son sang, ils voulaient la conserver; et pourvu que le sénat de Rome devînt la diète de l'Italie, ils eussent volontiers laissé à la ville des sept collines l'honneur d'être leur capitale.

A cette époque, les alliés avaient pour patron avoué M. Livius Drusus, qui, plus qu'aucun de ses prédécesseurs, paraissait avoir affermi son crédit sur le peuple. Fils de ce Drusus que nous avons vu l'adversaire de C. Gracchus, il avait hérité des talents et de l'immense clientèle de son père. Encore très-jeune, il s'était cru appelé à de hautes destinées, et pour jouer le premier rôle dans sa patrie, il n'y avait rien qu'il ne fût disposé à entreprendre. Toutefois la persuasion intime qu'il avait de son propre mérite, son orgueil excessif, donnaient à son ambition une certaine grandeur qui le distinguait de ces factieux, tels que Saturninus, dont les violences avaient pour seul motif une basse cupidité. Drusus voulait qu'on lui crût les vertus des beaux temps de la république. Son architecte lui présentait le plan d'une maison qu'il allait faire bâtir, et lui faisait remarquer que ses voisins ne pourraient avoir vue dans l'intérieur. — « J'en voudrais une, » dit-il, où mes concitoyens pussent voir toutes mes » actions [1]. — Ses mœurs, cependant, démentaient le rigorisme de ses paroles. Obligé, pour se faire des partisans, à des largesses au-dessus de sa fortune, d'ailleurs naturellement fastueux, on l'accusait d'actions honteuses où l'avait entraîné le besoin d'argent [2]. Si ces accusations étaient fondées, il les faisait taire par sa forfanterie et son audace à se targuer de

---

[1] Vell. Pat. II, 14.

[2] Aur. Victor. *Cum pecuniâ egeret, multa contra dignitatem fecit.*

toutes les vertus qu'il n'avait point. Il se comparait naïvement aux anciens héros de Rome, et il avait fini par en imposer même aux plus incrédules. Dès son début dans les affaires, il avait renchéri sur les profusions que ses prédécesseurs jetaient à la populace, et il se vantait qu'après lui, sauf le ciel et la boue, rien ne resterait à donner[1]. S'il aimait son pays, c'est qu'il le regardait comme sa propriété. Il disait : « Ma république, » et il s'indignait que d'autres osassent s'en occuper[2]. Moins passionné que les Gracques, il ne haïssait personne, parce que nulle part il n'aurait cru pouvoir rencontrer son égal. Il avait reçu peut-être de son père un attachement traditionnel pour le sénat[3], c'est-à-dire, pour ce qu'on appellerait aujourd'hui *le gouvernement;* ou plutôt, comme tous les ambitieux à vues élevées, il comprenait la nécessité de fortifier le pouvoir, parce qu'il espérait bien l'obtenir un jour. Il défendait le sénat contre le peuple et contre les chevaliers ; mais

---

[1] Aur. Vict.—Flor. III. 19. *Nihil se ad largitionem ulli reliquisse, nisi si quis aut cœnum dividere vellet aut cœlum.*

[2] Aur. Vict. *Quid tibi, inquit, cum republicâ nostrâ?*

[3] Vell. Pat. II, 13. *Cum senatui priscum restituere cuperet decus.*—Cic. *De Or.* I, 7. *Drusi tribunatus pro senatus, auctoritate susceptus.* — *Pro Mil.* 7. *M. Drusus senatus, propugnator.*—Cfr. Ascon. *in Cornel.* 99.

c'était à la condition que le sénat lui obéît en tout, qu'il fût toujours prêt à humilier son orgueil devant le sien ; et ce qu'il y a de plus extraordinaire, c'est que ce corps, si jaloux de ses priviléges, si susceptible lorsqu'on attentait à son autorité, se sentit subjugué par une fierté plus grande encore que la sienne. Un jour que Drusus était au Forum, on l'avertit que le sénat le mandait dans le lieu ordinaire de ses séances. — « Dites-lui, répondit-il, que je l'attends dans la curie Hostilia ; elle est plus près d'ici. » Et les sénateurs n'hésitèrent point à s'y rendre [1].

Tel était l'homme que les Italiotes avaient pris pour l'avocat de leur cause, et dans lequel la plupart d'entre eux avaient placé une confiance sans bornes. Dans une maladie qui le mit en danger, toutes les villes de la Péninsule firent des vœux solennels pour sa guérison [2]. Il semblait qu'à son salut fût attaché le sort de l'Italie, tant il avait su leur inspirer cette foi en son génie, qui faisait le trait le plus saillant de son caractère. En promettant aux alliés sa toute-puissante intervention, il avait reçu d'eux en retour l'engagement d'une obéissance aveugle, qui allait

---

[1] Val. Max. IX, 5, 2.
[2] Aur. Vict.

jusqu'à le servir dans tous ses desseins particuliers, avant même qu'il portât aux comices la grande question, qui seule avait toutes leurs sympathies.

Au reste, il fallait toute l'assurance de Drusus pour la reproduire devant le peuple; car, à l'exception de quelques politiques, qui voyaient dans l'émancipation italienne le seul moyen de prévenir des malheurs imminents, sénateurs et plébéiens la croyaient contraire à l'honneur national, et il leur semblait que partager le nom de Romain c'eût été l'avilir. L'anecdote suivante montre quelle était la force de l'opinion publique à cette époque, puisqu'elle pénétrait jusque dans la maison même du patron des alliés. Drusus logeait chez lui des députés des villes italiotes, et entre autres Q. Pompœdius Silon, ce Marse auteur de la ligue des alliés. Jouant un jour avec un des neveux de son hôte, enfant de quatre ans, Pompœdius s'avisa de lui demander, avec une gravité comique, sa voix pour l'émancipation des Italiens. En vain il lui promit tous les jouets chers à son âge; rien ne put lui arracher un mot, un signe de consentement. Alors le Marse le portant près d'une fenêtre élevée, et le tenant suspendu en dehors, le menaça d'une voix terrible de le lâcher s'il ne se disait l'ami des Italiotes; mais l'enfant résista à cette épreuve[1], et son inflexibilité fit faire à Pompædius de pénibles réflexions sur le caractère de ce peuple qui allait décider du sort de sa patrie. Il est vrai que cet enfant était M. Caton; mais ses jeunes préjugés contre les Italiotes n'étaient que l'expression de cette haine instinctive et populaire contre l'étranger, de ce patriotisme farouche et exclusif que chaque Romain suçait avec le lait, pour ainsi dire, et qu'il n'abandonnait qu'avec la vie.

D'ordinaire, les tribuns, et surtout ceux qui aspiraient à la réputation de réformateurs, présentaient à la fois une série de rogations, souvent sur des objets fort différents, mais dont l'ensemble formait en quelque sorte l'exposé complet du système politique qu'ils avaient l'intention de faire prévaloir [2]. C'est ainsi qu'ils ralliaient autour d'eux les intérêts divers auxquels chacun de leurs édits devait satisfaire.

---

[1] Plut. *Cat. Min.* 2.

[2] Cela s'appelait *per saturam ferre.* Fest. — L'an de Rome 656, les consuls Q. Cœcilius Metellus et T. Didius avaient fait rendre une loi pour détruire cet abus. Elle prescrivait que toute rogation sur un sujet déterminé serait présentée à part, et qu'avant qu'il en fût délibéré, elle serait affichée pendant trois nundines. Il paraît que Drusus méprisa cette loi. V. Cic. *Pro Domo*, 16.

C'était une tactique rendue triviale par les Gracques, de faire précéder toute rogation sujette à débats par des dispositions populaires, telles que l'établissement de colonies, des distributions de terres ou de blé. Drusus n'eut garde d'y manquer. On a vu que son père avait proposé la fondation de douze colonies, projets restés pour la plupart sans exécution; son fils les reprit, en y ajoutant de nouveaux avantages pour les futurs colons. Il faut remarquer que la plupart de ces colonies devaient être installées sur les territoires ombrien ou étrusque [1]; et il n'est pas invraisemblable que le choix des lieux lui avait été suggéré par ses hôtes italiotes, qui trouvaient ainsi une occasion d'irriter contre la république les deux peuples qui jusqu'alors avaient montré beaucoup de tiédeur pour leur cause. Au reste, les rogations relatives aux colonies n'étaient que l'exorde obligé de deux projets plus sérieux, et qui devaient assurer le pouvoir de Drusus; c'étaient l'émancipation des alliés et la réforme de l'ordre judiciaire. Il

---

[1] App. *Civ.* I, 36. Τυρρηνοί τε καὶ Ὀμβρικοί.... τοῦ νόμου φανερῶς κατεβόων. Le voisinage d'une colonie romaine était toujours onéreux pour les anciens habitants du pays. D'ailleurs les Étrusques et les Ombriens auraient été obligés de résigner les terres qu'ils tenaient à ferme du domaine de la république, et de les céder aux nouveaux colons romains.

attachait la plus haute importance à cette dernière rogation, dont la réussite devait, pensait-il, lui assurer une influence souveraine sur le sénat; car il croyait se l'attacher par la reconnaissance, en lui rendant une partie de son autorité. Dix ans auparavant, C. Gracchus avait ôté le pouvoir judiciaire aux sénateurs pour le donner aux chevaliers : Drusus annonçait l'intention de remettre les choses sur l'ancien pied. D'autre part, le sénat se trouvant considérablement réduit, il voulait doubler le nombre de ses membres en lui adjoignant autant de chevaliers; c'est dans ce sénat ainsi reconstitué qu'à l'avenir les juges auraient été choisis. Mais Drusus ne voyait pas qu'en rendant au sénat une prérogative qu'il n'avait abandonnée qu'à regret et qu'il regardait encore comme sa propriété, il l'humiliait et l'offensait par une adjonction qui détruirait son homogénéité et son ancien esprit de corps. En même temps il s'aliénait l'ordre équestre, pour lequel les trois cents places nouvelles de sénateurs ne paraissaient point une compensation suffisante à la perte de leurs fonctions judiciaires, partagées par tout le corps, et qui dans l'effroyable corruption de ce temps lui assuraient une clientèle considérable et la facilité de se livrer aux plus scandaleuses exactions. S'apercevant un peu tard que les deux ordres allaient se réunir pour lui susciter une opposition formidable, Drusus, à l'exemple de Tib. Gracchus, avait pris ses mesures pour déconcerter ses adversaires en les frappant de terreur. Il avait mandé à Rome une multitude d'Italiens ; et à la vue de ces masse, prêtes à lui obéir aveuglément, il ne doutait pas que toute tentative d'opposition ne fût abandonnée. De leur côté, les consuls avaient appelé des députés étrusques et ombriens qui devaient accuser Drusus et protester contre l'établissement de ses colonies, espérant ainsi opposer les alliés les uns aux autres, repousser les rogations coloniales au nom des intérêts étrusques, et, en dépouillant les lois de Drusus de leurs clauses les plus populaires, préparer le rejet de tout le reste.

Drusus avait connaissance de la ligue qui se formait en Italie, soit qu'il l'eût devinée, soit que ses hôtes lui en eussent fait la confidence. Il est certain que parmi les Italiotes, le parti modéré, qui fondait son espoir sur le crédit du tribun, avait intérêt à éviter toutes violences jusqu'à ce qu'il eût été statué sur ses rogations, et je penche à croire que certains chefs prudents des conjurés lui révélèrent le complot tramé par les plus impatients de leurs compatriotes. Profitant des Féries latines, dont l'époque approchait, ils devaient assassiner les deux consuls et une partie du sénat pendant le sacrifice solennel qui avait lieu, suivant l'usage, sur le mont Albain. A cette cérémonie assistaient les députés de toutes les villes du Latium, et une grande quantité de spectateurs s'y donnaient rendez-vous de toutes les provinces de l'Italie. Le moment était bien choisi pour un soulèvement, et il paraît que Pompædius Silon s'était chargé de le soutenir par une troupe résolue qui devait se rendre aux fêtes avec des armes cachées[1]. Soit par un sentiment de générosité qu'explique le caractère de Drusus, soit par un calcul de modération qu'il faisait avec quelques-uns des chefs italiotes, le tribun fit avertir les consuls[2] de se tenir sur leurs gardes. C'était d'ailleurs un indice effrayant de l'exaspération des alliés, et qui devait naturellement ouvrir les yeux au sénat sur la grandeur du péril et sur l'unique moyen de le conjurer. L'histoire se tait sur les suites de cette révélation, qui, du reste, ne changea rien aux dispositions des partis.

Pompædius cependant s'était mis en marche avec plusieurs milliers d'hommes, la plupart gens perdus de dettes ou esclaves fugitifs. Sous ses vêtements

---

[1] Cfr. Flor. III, 19. — Diod. Sic. frag. e lib. XXXVII, p. 612. — Aur. Victor, *Liv. Drus.*

[2] Aur. Victor, ibid.

chacun portait une épée. C. Domitius, sénateur romain, rencontra cette espèce d'armée, et, suivant Diodore de Sicile[1], il parvint par son éloquence à lui faire rebrousser chemin, et à convaincre Pompœdius que pour obtenir l'affranchissement de l'Italie il devait s'en remettre à la prudence du sénat. Il est plus probable qu'il apprit au Marse la découverte du complot, les mesures prises par les consuls, et qu'au nom de Drusus il le conjura de renoncer à sa téméraire entreprise.

C'est avec de tels préliminaires que le débat s'engagea dans Rome sur les rogations de Drusus; et il roula principalement sur les modifications que le tribun apportait à la constitution du sénat et de l'ordre judiciaire. Le succès d'une de ses rogations entraînait nécessairement la réussite de toutes les autres, car des deux côtés on faisait un essai de ses forces, et il ne s'agissait plus que de savoir où était l'avantage du nombre. Au nom du sénat, le consul Philippus, au nom des chevaliers, Servilius Cœpion, tribun du peuple, attaquèrent avec violence le projet de loi, que Drusus défendit avec l'emportement qu'excitait en lui toute contradiction. Il menaça Cœpion de la roche Tarpéienne, et fit saisir à la gorge

---

[1] Diod. Sic. p. 612.

et jeter en bas de la tribune le consul qui avait osé l'interrompre[1]. La présence des Italiotes qui encombraient les rues de Rome avait frappé les esprits d'une terreur profonde. Si l'opposition des consuls et des chevaliers se prolongeait, il n'était douteux pour personne qu'elle n'amenât une émeute effroyable; mais on la retardait de concert, car elle allait livrer la ville à la fureur de cette multitude d'étrangers qui ne déguisaient plus leurs intentions hostiles.

Un soir, après des débats animés, Drusus regagnait sa maison, escorté d'un grand nombre de ces Italiotes qui lui formaient comme une garde imposante. Il passait sous un portique obscur, lorsqu'on l'entendit s'écrier qu'il était blessé, et aussitôt il tomba mortellement atteint d'un coup de couteau dans le ventre. L'assassin s'était perdu dans la foule. Peu d'heures après, Drusus rendait le dernier soupir, conservant jusqu'au bout son inflexible orgueil. « Quand Rome trouvera-t-elle un citoyen comme moi ? » Il expira en prononçant ces mots.

[1] Flor. III, 19. — Val. Max. IX, 5, 2. — Aur. Vict. — Le consul fut serré avec tant de violence, que le sang jaillit de sa bouche et de ses yeux. « C'est du jus de grive, » s'écria Drusus. Voilà un échantillon de l'éloquence parlementaire des anciens.

Ce meurtre fut trop utile à ses adversaires pour qu'il ne leur fût pas imputé. Il ranima aussitôt leurs espérances et leur audace. Désormais sans chef, les Italiotes regagnaient précipitamment leurs provinces. Un sénatus-consulte déclara les rogations de Drusus non avenues comme présentées au mépris de la loi Cæcilia et Didia [1]. Les chevaliers éclataient en bravades contre les amis du tribun, et tout le peuple, respirant après le départ des étrangers, ne songeait qu'à les punir de la frayeur qu'avaient causée leur présence et leurs menaces. Bientôt Q. Varius, tribun du peuple, proposa de déclarer coupable de haute trahison tout Romain convaincu d'avoir recherché l'appui des alliés ; tout Italiote qui s'immiscerait dans les affaires de la république. Les chevaliers, l'épée nue à la main, entouraient l'urne aux suffrages et dictaient le vote des tribus [2]. La loi Varia adoptée, ils s'empressèrent de la mettre à exécution en intentant des procès criminels à plusieurs sénateurs illustres. Calpurnius Bestia, Cotta, Mummius l'Achaïque, furent contraints de s'exiler, tous partisans connus de l'émancipation italienne.

Je viens d'esquisser l'histoire des quarante an-

---

[1] V. plus haut p. 114, note 2. — Cfr. Cic. *Pro Domo*, 16. — *De legg.* II, 6, — Ascon. *In Corn.* 99.

[2] App. *Civ.* I, 37.

nées qui précédèrent la guerre sociale. Pendant cette période on ne sait ce qui doit étonner davantage, ou la patience de l'Italie, ou l'aveuglement de Rome. Spectacle étrange, en effet, que celui de nations puissantes, belliqueuses, demandant aux intrigues du Forum une indépendance que le nombre et le courage semblaient leur assurer ; tandis qu'une cité médiocre, toujours en proie à l'anarchie, s'épuisant par ses triomphes mêmes, s'obstine, en présence d'un danger imminent, à refuser les concessions qui pouvaient conjurer la tempête! Cette patience d'un côté, cette opiniâtreté de l'autre, ont leur cause dans les différences d'organisation politique qu'on remarque chez les peuples rivaux. Longtemps l'émancipation fut chez les Italiens le rêve de la noblesse ; chez les Romains, elle fut toujours une question d'orgueil national.

Les gouvernements de l'Italie étaient tous plus ou moins aristocratiques, et, ainsi que je l'ai déjà fait observer, leurs constitutions, demeurées immobiles sous le protectorat de la république, s'étaient pétrifiées, s'il est permis de s'exprimer ainsi, au point où la conquête romaine les avait surprises. La noblesse, c'est-à-dire les familles puissantes de l'Italie, façonnées par une longue servitude, s'étaient accoutumées à ne chercher qu'auprès de leurs patrons à Rome les moyens de conserver ou d'accroître leur pouvoir local. Toutes leurs manœuvres, tous leurs efforts n'avaient qu'un but, celui de se concilier des protecteurs puissants dans la métropole dominatrice, de même que, dans le moyen âge, les petits seigneurs établissaient leur pouvoir féodal sous la protection d'un prince redouté. La vie des nobles italiotes se consumait dans l'intrigue, et ils avaient fini par perdre la conscience de leurs forces. Tels furent les hommes qui d'abord réclamèrent l'émancipation de la Péninsule, non point sans doute par un sentiment de justice générale et pour assurer le bonheur de leurs petites nations, mais plutôt afin d'acquérir pour eux-mêmes ces avantages, objets de leur envie, dont jouissaient les riches de Rome. Dans le principe, je le suppose, leurs demandes furent toutes personnelles. La question de l'émancipation, née de la crainte d'un nouveau partage du domaine, indique suffisamment que l'intérêt de l'aristocratie italienne fut le premier à s'émouvoir. Mais à force de faire retentir de ses plaintes la tribune de Rome, la noblesse italiote les popularisa parmi les masses qu'elle dominait. Si ses réclamations furent vaines auprès des Romains, elles furent recueillies dans toutes les villes alliées par les classes inférieures, et, bientôt unanimes, elles devinrent le cri de nations entières. Ce n'était pas en vain que ces foules de clients, ouvriers ou laboureurs, se rendaient à Rome, de toutes les parties de la Péninsule, pour écouter et soutenir au besoin les harangues de C. Gracchus ou de Saturninus; envoyés par l'aristocratie de leurs cités, ils allaient à la grande ville comme des mercenaires qui vont remplir une tâche à laquelle ils ne sont point intéressés ; ils revenaient du Forum pleins d'idées nouvelles d'indépendance et d'égalité, jaloux des libertés romaines, jaloux encore des spectacles et des distributions de blé, et brûlant de conquérir une position aussi avantageuse que celle des Romains. Lorsque tous les Italiotes, quelle que fût leur position sociale, furent initiés à la vie politique, et par leurs nobles et par les tribuns de Rome, lorsque tous virent dans l'émancipation un remède à leurs maux, l'explosion ne se fit pas longtemps attendre.

A Rome, tout le pouvoir résidait de fait, aussi bien qu'en Italie, entre les mains d'un petit nombre de familles; mais entre ces familles existait une lutte animée qui entretenait un mouvement intellectuel dans la société romaine, auquel les peuples italiens restèrent longtemps étrangers. L'institution du tribunat suffisait pour éveiller continuellement l'attention du peuple sur les plus hautes questions politiques, et le prolétaire, s'il ne contribuait pas d'une manière bien efficace à la rédaction des lois, n'ignorait aucun des motifs qui en déterminaient la proposition. Sous ce rapport, il faisait partie intégrante du gouvernement, et les harangues de ses tribuns, aussi bien que celles de leurs adversaires, exaltaient en lui le sentiment de son orgueil et la conscience de sa supériorité sur le reste des hommes. Entre la plèbe romaine et les nations italiotes, il y avait une barrière aussi haute qu'entre le maître et l'esclave. Céder aux alliés une partie de ses droits, c'eût été, aux yeux du dernier plébéien de Rome, s'avouer vaincu par des ennemis dont on lui redisait chaque jour la défaite; c'eût été renoncer en quelque sorte à une propriété qui, pour n'être qu'une satisfaction d'amour-propre, ne lui en était pas moins précieuse.

DEUXIÈME PARTIE.

Un récit complet des événements de la guerre sociale offre plus d'une difficulté. D'ordinaire lorsqu'on écrit l'histoire d'une époque ancienne, on a pour ainsi dire à restaurer un édifice plus ou moins mutilé par le temps, mais dont les formes restent encore reconnaissables et se peuvent déduire des parties qui ont subsisté. Ici, au contraire, ce ne sont que des ruines tellement éparses et confuses, qu'en les rassemblant on a toujours la crainte d'en altérer la disposition primitive. Aucun historien n'a laissé de détails précis sur les opérations militaires, sur les délibérations politiques de ces temps de trouble et d'anarchie. Parmi ceux dont les ouvrages sont parvenus jusqu'à nous, les uns se bornent à indiquer sommairement les événements principaux, mais sans fixer leur ordre chronologique, sans marquer les lieux qui en ont été le théâtre, quelquefois sans désigner les peuples ou les généraux qui durent y prendre part. Une interminable suite de combats innommés, sans résultats décisifs, un champ de bataille de deux cents lieues, douze ou quinze chefs de chaque côté, des noms défigurés par leur transcription en latin ou en grec, ajoutent encore à la difficulté de se reconnaître dans ce chaos. Il faut glaner çà et là dans vingt auteurs différents quelques passages isolés, et leur chercher une place dans l'ordre des événements. C'est à force de comparer les uns aux autres ces fragments dispersés que l'on parvient à les réunir, à les grouper, à en recomposer un ensemble. Il faut sans cesse contrôler par l'examen de bonnes cartes les mouvements indiqués plutôt que décrits dans les livres, tenir compte du temps, des distances, rechercher les anciennes voies de communication, apprécier les obstacles naturels. Un écueil est à éviter, et ce n'est pas le moins dangereux. Dans l'absence de documents exacts, on n'est que trop tenté de pousser à l'extrême l'interprétation des textes insuffisants, et d'inventer des événements pour expliquer ceux que constatent des autorités respectables.

Tel est le travail que je vais aborder, et si la conscience des difficultés qui se présentent à chaque pas peut me préserver de quelques erreurs, j'ai l'espérance de ne point tomber dans celles où l'esprit de système et la confiance dans mes forces pourraient m'engager involontairement.

§ VI.

A la nouvelle de la mort de Drusus et de l'exil de ses amis, un cri de fureur s'éleva dans toute l'Italie, et les plus timorés cessèrent de parler de soumission et de patience. Désormais ce n'était qu'à la pointe de l'épée que les alliés devaient réclamer leur affranchissement. Naguère ils demandaient à partager les droits des citoyens romains; maintenant ils voulaient les abaisser à leur niveau. Les principaux des conjurés cherchèrent seulement à contenir la fureur de leurs compatriotes assez de temps pour en rendre l'explosion plus terrible. La plupart des peuples de race sabellique, les plus belliqueux de l'Italie, s'étaient unis en secret par des serments et des sacrifices solennels, et n'attendaient, pour courir aux armes, que le signal de leurs chefs. A cette époque, le matériel nécessaire pour une campagne n'était point aussi coûteux, aussi long à préparer qu'il l'est devenu depuis l'usage des armes à feu. Presque tous les hommes libres possédaient un bouclier, une épée, des javelots. D'ailleurs, les villes alliées étant obligées d'équiper leurs contingents, devaient avoir des arsenaux sous la garde de leurs magistrats municipaux. D'autres magasins militaires beaucoup plus vastes étaient conservés dans des villes fortifiées, probablement colonies romaines, sous la protection de garnisons permanentes, composées quelquefois d'auxiliaires que, depuis quelque temps, la politique du sénat appelait en grand nombre en Italie[1]. On pouvait espérer qu'une surprise réussirait contre ces garnisons disséminées, dont la vigilance s'était endormie par suite d'une longue soumission; l'important, c'était que le complot éclatant sur tous les points à la fois, la république ne sût de quel côté diriger ses redoutables légions.

Les conjurés s'occupèrent en même temps de constituer leur confédération, et pour le cas d'une réussite immédiate, et pour celui d'une longue résistance; en un mot, ils songèrent à se donner un gouvernement central. On ne sera pas surpris de leur voir adopter les formes de l'administration romaine; car, de tout temps, la première action d'esclaves révoltés fut d'imiter leurs maîtres. D'ailleurs, tout en détestant la tyrannie de Rome, leurs chefs voyaient fort bien que l'Italie devait sa prépondérance dans le monde à la direction unique que lui avait imprimée son orgueilleuse métropole. Loin de

---

[1] On se rappelle les archers crétois d'Opimius.

détruire le gouvernement romain, ils voulurent l'établir sur des bases plus fermes, le rajeunir, si l'on peut s'exprimer ainsi. Dans leurs discordes intestines, leurs adversaires leur avaient donné un exemple qu'ils surent mettre à profit. Les plébéiens n'avaient pas aboli les droits des patriciens, ils en avaient exigé le partage. Semblablement les Italiotes ne voulurent pas supprimer les priviléges exclusifs de la nation romaine; mais ils prétendirent faire partie de cette nation; conserver l'empire du monde, mais l'exploiter au profit de toute l'Italie au lieu de Rome seule, tel fut le but qu'ils se proposèrent.

L'administration des affaires générales fut remise à un sénat composé de cinq cents membres [1], choisis, suivant toute vraisemblance, parmi les plus actifs d'entre les conjurés. On ignore d'après quelles bases chaque nation italienne devait être représentée dans cette diète générale; mais il y a beaucoup d'apparence que l'on n'y eut égard ni à la population ni aux richesses, à l'importance politique en un mot, mais seulement au fait d'une ancienne existence comme peuple libre et indépendant. Tel était autrefois le principe qui régissait les ligues italiennes avant leur destruction par les Romains [2]. En outre,

---

[1] Diod. Sic. XXXVII, eccl. I, p. 538.

[2] Οἱ δ' ἐγγραψάμενοι ταῖς συνθήκαις ταῦτα πρόβουλοι, καὶ τοὺς

on observe dans tous les mouvements insurrectionnels que le plus petit peuple, du moment qu'il a reconquis sa liberté, a tellement grandi à ses propres yeux, qu'il croirait reprendre un nouveau joug, s'il reconnaissait la supériorité, même très-réelle, d'un autre peuple ; à plus forte raison si ce peuple a été son compagnon d'esclavage. Dans la première exaltation des esprits qui suit un grand mouvement politique, l'indépendance la plus complète est un besoin pour les faibles, un devoir pour les puissants; et un sentiment commun donne aux premiers une susceptibilité inquiète, aux autres une noble générosité. On a donc lieu de croire que dans ce sénat italien chaque nation obtint un suffrage égal.

Il est difficile d'indiquer exactement les peuples qui durent y envoyer leurs mandataires. La plupart des historiens désignent nominativement tous les peuples autrefois confédérés des Marses, comme les plus ardents à se soulever contre Rome. Cinq petites nations, les Marses, les Péligniens, les Vestins, les Frentaniens, les Marrucins, habitants d'âpres montagnes, à l'est du Latium, pauvres, mais braves et aguerris, étaient entrés les premiers dans la ligue et l'avaient fondée, pour ainsi dire. Au nord, leurs voi-

ὅρκους ὀμόσαντες ἀπὸ τούτων τῶν πόλεων, ἦσαν ἄνδρες, Ἀρδεατῶν, κ. τ. λ. Dionys. V, 61.

sins les Picentes; au midi, les Samnites et les Lucaniens, s'y joignirent avec empressement. Une même origine et des mœurs semblables rendaient facile l'union de ces huit peuples [1]. Pourtant, on doit faire entre eux une distinction importante. Les Marses et

[1] Quelques médailles de la guerre sociale présentent *huit* guerriers divisés en deux groupes égaux étendant leurs épées vers une truie que tient un jeune homme agenouillé au pied d'une enseigne militaire. Le nombre des guerriers qui prêtent le serment d'alliance correspond, suivant Eckhel et M. Millingen, à celui des nations confédérées contre Rome. Je ne partage pas cette opinion, et j'ignore pourquoi ces deux savants ont fixé à huit le nombre des peuples italiotes. Sur ce point les auteurs ne nous offrent que les renseignements les plus vagues : Tite Live cite neuf peuples coalisés contre Rome; Velleius nomme sept chefs; Appien, douze peuples et autant de chefs. En réunissant tous les auteurs qui ont traité de la guerre sociale, on trouve quatorze chefs, peut-être quinze; mais pour une nation il y a souvent plusieurs chefs, et, en revanche, on ignore les noms des généraux ou des magistrats qui ont gouverné quelques-unes des petites républiques connues pour avoir pris part à la guerre. Ainsi, par exemple, qui pourrait nommer les chefs des Vestins ou des Péligniens? Il faut ajouter que d'autres médailles montrent quatre guerriers ou même deux seulement. Si l'on observe que dans toutes ces compositions les groupes sont partagés également, on pensera peut-être qu'il ne faut pas attacher un sens trop précis au nombre des personnages, et que l'artiste ne s'est occupé que de l'arrangement pittoresque.

leurs confédérés, ainsi que les Picentes, avaient reconnu de bonne heure la suprématie de Rome, plutôt par entraînement moral que par la force des armes. Satisfaits longtemps du poste d'honneur qu'ils avaient dans les armées de la république, ils s'étaient montrés alliés fidèles dans les temps les plus difficiles. Après la bataille de Cannes, ils avaient repoussé les séductions d'Annibal. Les peuples du Samnium et de la Lucanie, au contraire, avaient toujours été les irréconciliables ennemis des Romains. Vingt défaites n'avaient pu lasser leur courage opiniâtre, et jamais ils n'avaient perdu une occasion de secouer le joug. Entre eux et les Romains, c'était une haine à mort. Les Marses étaient entraînés à la guerre par l'ambition de leurs chefs; mais depuis le préteur jusqu'au berger montagnard, il n'y avait pas un Samnite qui n'aspirât à laver dans le sang des oppresseurs de sa patrie la honte d'un long esclavage[1].

---

[1] Il faut encore tenir compte de la différence de langage qui existait à cette époque entre les peuples alliés, différence qui complétait les deux grandes divisions que je viens d'établir. Les Marses paraissent avoir adopté de bonne heure les caractères romains et la langue latine, ou du moins un dialecte qui s'en rapprochait beaucoup, tandis que les Samnites conservèrent jusque sous les empereurs l'idiome osque. On peut noter les surnoms purement latins des deux chefs marses :

Outre ces huit peuples qui formaient, pour ainsi dire, la tête de la ligue, beaucoup de cités italiotes y avaient donné leur adhésion, ou n'attendaient, pour s'y affilier, que le moment où se lèverait un drapeau d'indépendance. Un premier succès, les confédérés l'espéraient du moins, déterminerait la coopération des Étrusques et des Ombriens, qu'ils avaient jusqu'alors sollicités inutilement de faire cause commune avec eux. Quant à la Campanie, à l'Apulie et au Bruttium, il paraissait facile d'y déterminer un soulèvement, ces provinces étant en quelque sorte soumises à l'influence du Samnium.

On ne sait si elles eurent des représentants à la diète générale, mais il est vraisemblable qu'ayant mis sur pied des troupes considérables, elles obtinrent une place distinguée dans les conseils de la ligue.

Diodore de Sicile et Strabon rapportent qu'en imitation des institutions de Rome, on nomma dans le sénat italiote deux consuls annuels, ayant chacun une province déterminée [1], avec six lieutenants ou

---

Q. Pompædius *Silo* et P. Vettius *Scato*, et la légende ITALIA sur les médailles attribuées aux Marses, tandis que les deniers samnites portent pour légende le mot VITELIU (Italie), en caractères osques, ou le nom d'un de leurs principaux chefs, Papius Mutilus, suivi du mot *Embratur*, c'est-à-dire Imperator.

[1] Strab. V, 369. — Diod. XXXVII, 538-41 : Οὗτοι δὲ ἐνο-

préteurs sous ses ordres¹. Il est certain que deux

μοθέτησαν δύο μὲν ὑπάτους κατ' ἐνιαυτὸν αἱρεῖσθαι... ὑπατικὰς ἐπαρχίας ταύτας καὶ μερίδας ἀπέδειξαν· καὶ τῷ μὲν Πομπαιδίῳ προσώρισαν χώραν ἀπὸ τῶν Κερκώλων καλουμένων, μέχρι τῆς Ἀδριατικῆς θαλάσσης, τὰ πρὸς δυσμὰς καὶ τὴν Ἄρκτον νεύοντα μέρη.... Τὸ δὲ λοιπὸν τῆς Ἰταλίας τῆς πρὸς ἕω καὶ μεσημβρίαν νεύουσαν, προσώρισαν Γαΐῳ Μοτύλῳ. Cercoli est absolument inconnu. Je pense qu'il faut y substituer Circeii. Il résulte d'ailleurs de l'ensemble des faits, que Pompædius avait dans son gouvernement le Picenum, le pays des Marses, celui des Vestins, des Péligniens, des Frentaniens, des Marrucins, enfin l'Ombrie et l'Étrurie. Papius Mutilus commandait aux Samnites, aux Lucaniens, aux peuples de la Campanie, de l'Apulie, de la Calabre et du Bruttium. Il semble que ces deux chefs se soient partagé le Latium.

¹ On trouve en effet au moins quatorze chefs italiotes, mais en tenant compte de ceux qui ne jouèrent un rôle important que dans la seconde époque de cette guerre. Voici leurs noms, avec les variantes qu'ils présentent dans les différents auteurs :

1
{
Q. SILO (médaille de la guerre sociale.)
Q. Pompædius Silo (Liv. App. Strab. Diod. Oros.)
Poppædius (Vell.)
Ποπέδιος (Plut.)
Pompeius Sylo (J. Obsequens.)
Πουπήδιος Σίλων (Dion Cass*.)
} Marse.

* Le Pupidius Silon mentionné par Dion Cassius, liv. XLVIII, ch. xLI, est probablement un fils ou un neveu du fameux chef des Marses.

chefs suprêmes furent élus, l'un le Marse Q. Pom-

2 { P. Vettius Scato * (Cic.)
Ούέττιος Κάτων (App.)
Insteius Cato (Vell.)
T. Vettius (Eutrop.)
C. Vettius (Senec.) } Marse.

3 { C. PAAPI. — MVTIL. (Médailles samnites de la guerre sociale.)
C. Papius Mutilus. (App. Oros.)
Γ. Ἀπώνιος Μότυλος (Diod.)
Mutilius (Vell.) } Samnite.

4 { Marius Egnatius (Liv. Vell.)
Ἰγνάτιος ** (App.) } Samnite ou Campanien.

5 { L. Cluentius (App.)
A. Cluentius (Eut.)
Τιβέριος Κλεπίτιος (Diod.)
Juventius (Oros.)
NI. LVVII. MR. ? c'est-à-dire Numerius Luvius Marci filius (médaille samnite de la guerre sociale décrite par Swinton *Phil. trans.* t. 58, p. 253, et t. 63, p. 22. La transcription de Swinton est douteuse.) } Samnite ou Campanien.

* Ce cognomen est des plus étranges. Scato s'applique, suivant Forcellini, à celui *qui frequenter et ubique cacat, vel qui multus est in verbis vel argutiis.*

** On trouve enfin dans Appien un Trebatius, Samnite, mais ce nom est évidemment le résultat d'une erreur de copiste. Il ne se rencontre qu'une fois et dans une circonstance remarquable qui permet de rectifier le texte d'Appien par un passage correspondant de l'Epitome. Il est évident qu'il faut lire Marius Egnatius.

pædius Silon, l'autre un Samnite, C. Papius Mutilus[1], choix qui, pour le dire en passant, prouvent

6	Pontius Telesinus (Liv. App. Vell. Plut.)	Samnite.
7	{ Pontius Telesinus (Id. id. id. id.), frère du précédent.	} Samnite.
8	C. Judacilius (App. Oros.)..........	Picente.
9	{ M. Lamponius (App. Plut. Flor. Eut.) M. Ἀπώνιος (Diod.)	} Lucanien.
10	{ Herius Asinius (Liv. Vell.) Hierius (Eut.)	} Marrucin.
11	Gutta (App.).....................	Campanien.
12	{ T. Lafrenius (App.) Afranius (Flor.) T. Herennius (?) (Eut.) Francus (Oros.)	} Latin (?) V. Florus III, 18, ed. Duker.
13	{ C. Pontidius (Vell.) Γ. Ποντίλιος (App.) Obsidius (?) (Oros.)	} (?)
14	Π. Πρησευταῖος (App.).............	(?)

[1] Le cognomen de *Mutilus* présente en latin l'idée d'une blessure remarquable qui aurait valu ce surnom à un guerrier maltraité dans un combat, comme chez nous le duc de Guise reçut le sobriquet de *Balafré*. Mais si l'on tient compte des transformations que les mêmes racines subissent dans la langue osque et dans la langue latine, il paraît vraisemblable que le surnom de *Mutilus* est le même que celui de *Metellus*, si connu dans la famille Cæcilia. Metellus ou plutôt *Metallus* signifie mercenaire, comme le prouve ce passage curieux de Festus : « Metalli dicuntur in lege mili-

assez la prépondérance exercée de fait dans la confédération par les deux peuples qui lui donnèrent ainsi des généraux. Quant au titre même de consuls, et à la parfaite similitude de leur institution avec celle des consuls romains, on peut conserver quelques doutes à cet égard. Observons, en effet, que ces deux chefs ne furent point remplacés après la première année de la guerre. En outre, Diodore, dans la suite de son récit, se contredit lui-même en ne désignant Pompædius que comme préteur ou comme général.

« tari, quasi mercenarii. Accius *Annali* XXVII, calones fa-
« mulique metallique caculæque; a quo genere hominum
« Cæciliæ familiæ cognomen putat ductum. » Fest. p. 171.
On peut supposer avec beaucoup de probabilité que le mot osque *Mutilus* a le même sens, et le surnom de mercenaire, aventurier, a pu être donné chez les Samnites à un guerrier illustre qui se serait autrefois fixé chez ces peuples, grands appréciateurs du courage. Cette hypothèse acquiert un nouveau degré de vraisemblance, si l'on se rappelle que les Papius de Rome étaient originaires de Lanuvium. (Ascon. in Mil.) Les Papius Samnites avaient probablement la même origine. D'ailleurs leur établissement dans le Samnium paraît fort ancien, puisqu'on voit un Brutulus Papius (ne serait-ce point Mutilus?) livré par les Samnites aux Romains comme l'auteur d'une guerre, dès l'année 432. Liv. VIII, 39. Vir nobilis potensque erat. La facilité avec laquelle il fut livré serait un motif pour faire croire à son origine étrangère.

Enfin, Florus contribue à rendre son témoignage suspect, en citant comme un fait extraordinaire que les Ombriens, qui ne prirent qu'assez tard une part active dans la guerre, se nommèrent un sénat et deux consuls[1]. Ce passage est au surplus d'un haut intérêt historique, car il montre que chaque État de la ligue conservait une complète indépendance pour sa constitution intérieure, et que la diète générale n'avait à s'occuper que de la guerre et des mesures qu'exigeaient les intérêts communs.

En même temps que les villes italiennes conspiraient pour secouer le joug de Rome, une révolution intérieure se préparait aussi dans le sein de chaque cité. Je ne doute point qu'elle n'ait eu une tendance toute démocratique, du moins dans la plupart des provinces, et, à défaut de témoignages certains, j'espère porter ma conviction dans l'esprit du lecteur, en lui faisant remarquer dans le courant du récit, et le caractère brutalement féroce de l'insurrection chez plusieurs peuples [2], et les cruautés exercées contre les sénateurs de Rome, cruautés qui contrastent avec des ménagements envers les plé-

[1] Flor. III, 19. — *Umbros totus senatus et consules*..... Au reste, ce passage est très-controversé. Voir la note de Duker.

[2] App. *Civ.* I, 38.

béiens [1] ; le choix de quelques chefs étrangers, qui annonce une défiance ou une animosité singulière contre les magistrats nationaux [2]; la fidélité gardée à Rome par quelques-uns des principaux habitants des villes rebelles [3] ; enfin la répugnance des Lucumons étrusques à entrer dans la ligue, et la révolte désespérée de leurs paysans, qui, pour être tardive, n'en eut pas moins pour cause directe l'exemple des provinces du sud [4].

Rome allant cesser d'être la capitale de l'Italie, il fallait installer le sénat italien dans un centre d'où il pût surveiller la vaste entreprise qui se préparait. On choisit Corfinium, métropole des Péligniens, soit en raison de sa position forte et de ses remparts réputés imprenables, soit encore parce que, d'après des traditions qui se conservaient parmi les peuples de race sabellique, elle avait joué un rôle important dans leur histoire; enfin, une dernière considération, peut-être plus puissante que toutes les autres, dut être sa position à peu près centrale entre tous les peuples confédérés. Elle reçut le nom d'*Italia*

---

[1] App. *Civ.* I, 42.

[2] Diod. Sic. XXXVII, 612. — Oros. V. 18, p. 236.

[3] Vell. Pat. II, 16. — *Minucius Magius..... Decii Magii nepos Campanorum principis.*

[4] App. *Civ.* I, passim.

ou de *Viteliu*[1], qui indiquait sa destination nouvelle. Papius Mutilus et Pompædius se partagèrent les forces de la ligue; sous leurs ordres chaque peuple, chaque cité élut ses chefs; de toutes parts on rassemblait des armes, on prenait en secret le serment des soldats.

Malgré le mystère dont les confédérés s'efforçaient d'entourer leurs préparatifs, il était impossible de les dérober entièrement à l'observation des magistrats romains. L'échange des otages entre les différentes nations n'avait pu manquer surtout d'éveiller des soupçons, à une époque où les voyages étaient rares et les communications difficiles. Avant que les chefs des conjurés eussent achevé de mûrir leurs plans, une découverte fortuite amena une explosion partielle, et dès lors il fallut lever le masque et tenter la force ouverte, puisqu'il n'y avait plus désormais d'espérance de prendre les Romains au dépourvu.

Le sénat, inquiet des rumeurs vagues qui annon-

---

[1] *Viteliu* est le nom de l'Italie dans la langue osque, que parlaient les Samnites et quelques-uns de leurs confédérés. Velleius Paterculus II, 16, appelle *Italicum* la capitale des insurgés. La leçon *Italia* m'a paru préférable parce qu'elle se trouve sur les médailles de la guerre sociale qui portent des légendes latines.

çaient dans toute l'Italie une agitation extraordinaire, avait envoyé, sous différents prétextes, un grand nombre d'agents dans toutes les villes alliées, afin d'examiner l'état des choses et de sonder la disposition des esprits. Pour cette enquête il avait eu soin de choisir des sénateurs, patrons de villes italiotes, ou qui en connaissaient les principaux habitants. Un de ces commissaires reconnut dans une ville marse ou samnite le fils d'un riche citoyen d'Asculum, métropole des Picentes. Ses parents n'étaient point auprès de lui, et il semblait remis à la garde d'une famille étrangère. Il n'en fallut pas davantage pour lui révéler l'existence d'un complot auquel les Asculans et peut-être tous les Picentes prenaient part. Fort ému de sa découverte, il se hâta d'en donner avis au proconsul Q. Servilius [1]. Celui-ci accoutumé à tout faire trembler devant son seul regard, accourut à Asculum avec M. Fonteius, son

---

[1] Appien avance que l'Italie était divisée alors en provinces proconsulaires; ce fait n'est point encore suffisamment établi. Il serait possible qu'Appien eût confondu les époques en attribuant le pouvoir proconsulaire aux magistrats romains employés en Italie. On verra qu'après l'explosion de la guerre sociale, le sénat donna cette autorité à tous les généraux commandant des corps d'armée. Cfr. App. *Civ.* I, 38.

légat, sans autre escorte que ses licteurs et son cortége ordinaire de clients. Dans ce moment on célébrait dans Asculum une fête nationale, et tous les habitants étaient réunis dans le théâtre. Servilius fit interrompre les jeux, faire silence, et harangua la multitude. Déjà il taxait de perfidie les Asculans et les menaçait des vengeances de Rome, lorsque des huées et des clameurs séditieuses lui apprirent que le temps de la soumission était passé, et que ses faisceaux avaient cessé d'inspirer la terreur. Le peuple se jetant sur le malheureux proconsul et sur son légat, les mit en pièces; puis, animé par ce premier meurtre, il se répandit dans les rues, massacrant tous les Romains que des fonctions publiques ou des affaires privées avaient conduits dans Asculum [1].

L'insurrection des Picentes eut le caractère d'une révolte d'esclaves. On fit main basse non-seulement sur les Romains, mais encore sur ceux des habitants qui passaient pour attachés à la république. D'affreux supplices témoignaient de la fureur populaire : elle n'épargna pas même les femmes. Plusieurs de ces malheureuses qui appartenaient à des familles hostiles à la ligue, eurent les cheveux arrachés avec la peau de la tête [2].

---

[1] App. *Civ.* I, 38.
[2] Dio. Cass. frag. CXIII. — L'idée de cette horrible

Les insurgés n'avaient point de chefs, car en ce moment C. Judacilius, leur préteur désigné par la ligue, parcourait l'Apulie pour y recruter des partisans[1]. Dans les prisons d'Asculum se trouvait par hasard un Cilicien nommé Agamemnon, capitaine de pirates, arrêté par les flottes romaines et livré aux Picentes, sans doute parce qu'il avait commis des déprédations sur leurs côtes. Il suffisait qu'il eût été pris par les Romains pour que les révoltés le regardassent comme un ami. C'était un homme brave et audacieux, accoutumé dès son enfance à la guerre de partisans. Ils le nommèrent leur chef[2], et, sous sa conduite, ils se répandirent dans les environs, et commencèrent à piller et à saccager les terres du domaine de la république.

Les chefs des confédérés, éloignés pour la plupart, ainsi que Judacilius, de leur centre d'influence, n'apprirent pas la révolte d'Asculum avec moins de surprise que les Romains eux-mêmes. Mais l'alarme donnée, un seul parti leur restait, c'était de répandre partout la flamme qui venait de s'allumer. De

cruauté, qui n'était point dans les mœurs italiennes, fut peut-être inspirée aux Picentes par le voisinage des Gaulois, qui scalpaient ainsi leurs ennemis.

[1] App. *Civ.* I, 41.
[2] Diod. Sic. XXXVII, 612. — Oros. V, 18.

ville en ville l'insurrection se propagea avec une rapidité sans égale. Partout se levèrent comme par enchantement des bandes nombreuses, d'abord mal armées et sans discipline, mais qui reçurent bientôt une organisation régulière, et formèrent des légions redoutables. Chacun des chefs nommés par la ligue prit le commandement des levées en masse de la province où la révolte le surprit. Partout leur autorité était reconnue, et autour d'eux se ralliaient des soldats pleins d'enthousiasme, disposés à les suivre en tous lieux, pourvu qu'ils les menassent contre les Romains. En Apulie, Judacilius fait soulever Canusium, Venusia et d'autres villes moins importantes [1]; dans la Campanie, Marius Egnatius surprend Venafrum [2], place fortifiée, à la faveur des intelligences qu'il avait avec les habitants, et passe au fil de l'épée la garnison, composée de deux cohortes romaines; dans le Samnium, un préteur marse, P. Vettius Scaton [3], tombe à l'improviste sur le consul Sex. Julius Cæsar [4], qui, au premier bruit

---

[1] App. *Civ.* I, 41.

[2] Id. ibid.

[3] Cicéron l'appelle *Marsorum dux.* Phil. XII, 11.—Il est évident que c'est le même chef que Velleius Paterculus nomme Insteius Caton; Appien, Caton Vettius, et Sénèque, T. Vettius.

[4] Je place cet engagement vers la fin du consulat de L.

de l'insurrection, avait rassemblé quelques troupes et se portait à marches forcées au secours de la colonie romaine d'Aesernia, contre laquelle il prévoyait avec raison qu'allait se diriger le premier effort des Samnites. Scaton lui tua deux mille hommes, et, l'ayant contraint à une retraite précipitée, investit Aesernia [1].

En même temps Papius Mutilus, avec le gros de l'armée samnite, se jetait dans la Campanie, s'emparait de Stabies, de Liternum, de Salerne, de Nola. La garnison de cette dernière ville se défendit quelques jours dans la citadelle, mais, gagnée par le Samnite, elle livra ses chefs et passa sous les drapeaux du vainqueur; ce qui donne lieu de croire

Marcius Philippus et de Sex. Julius Cæsar; car, outre qu'Appien le mentionne immédiatement après la révolte d'Asculum, il est naturel de supposer que le premier effort des Samnites dut se porter contre les Romains d'Aesernia établis sur leur territoire. Appien a confondu, dans le cours de son récit, les deux consuls Sextus et Lucius Cæsar. Le premier, que je suppose battu par Vettius Scaton, déposa le consulat aux calendes de janvier, l'an de Rome 664, époque où le second entra en charge. Ce jour répond au 12 novembre de l'année Julienne. V. l'Art de vérifier les dates. Il paraît donc que l'insurrection éclata dans l'automne de l'an de Rome 663, 91 avant J. C.

[1] App. *Civ.* I, 41.

qu'elle se composait en majorité de soldats italiotes ou étrangers. Les citoyens des villes conquises, les prisonniers, les esclaves même des Romains[1], grossissaient l'armée samnite. Mutilus menaçant de saccager les villes de la Campanie qui ne lui enverraient pas leurs contingents, les obligea de lui fournir en peu de jours jusqu'à dix mille hommes de pied et mille chevaux[2]. Enfin, en Lucanie l'insurrection obtenait un égal succès. Les peuples de ce pays se soulevaient à la voix de leur compatriote M. Lamponius, brûlaient les cantonnements des Romains[3], et forçaient leur chef M. Licinius Crassus à s'enfermer dans Grumentum, après un combat dans lequel il perdit huit cents de ses soldats[4].

Dans la première fureur de la révolte, les Italiotes, surtout les Samnites et les Picentes, se montrèrent impitoyables. Tous les sénateurs, tous les riches propriétaires romains qui tombèrent en leur puissance furent indistinctement massacrés, quelques-uns dans d'horribles supplices. Papius Mutilus

---

[1] App. *Civ.* I, 42. — Cette conduite, analogue à celle des Asculans, fournit une nouvelle preuve du caractère éminemment démocratique de l'insurrection italienne.

[2] App. ibid.

[3] Front. *Strat.* II, 4, 16.

[4] App. *Civ.* I, 41.

fit mourir de faim les officiers de la garnison de Nola [1]. Judacilius fut aussi cruel pour ses prisonniers en Apulie [2]; les Marses au contraire montrèrent de la générosité dans leurs succès [3]. Partout cependant on égorgea les magistrats romains qui ne se hâtèrent pas de se dérober par la fuite à la vengeance populaire. Un petit nombre évita la mort, quelques-uns sauvés par des femmes ou par leurs hôtes italiens [4]. Quant aux soldats étrangers, et même aux plébéiens de Rome, on les contraignait d'entrer dans les rangs des insurgés, qui affectaient de ne faire la guerre qu'au sénat, c'est-à-dire à la caste privilégiée à laquelle appartenaient tous les honneurs [5]. Pourtant, aussitôt après leur prise d'armes, les confédérés essayèrent de traiter avec Rome. Ils envoyèrent des ambassadeurs offrant la paix, à condition que le droit de cité romaine leur serait accordé ; mais le sénat, toujours grand devant l'ennemi, refusa de les recevoir, et déclara qu'il

---

[1] App. *Civ.* I, 42.
[2] Id. ibid. 43.
[3] Cela semble résulter des termes mêmes du récit de Cicéron racontant l'entrevue de Sex. Pompée et de Vettius Scaton. *Mediocre etiam odium.* Phil. XII, 11.
[4] Liv. *Epit.* lib. LXXII.
[5] App. *Civ.* I, 43.

n'examinerait leurs griefs que lorsqu'ils auraient mis bas les armes [1].

Vers la fin de l'année 663 [2], le Picenum, toute la confédération des nations sabelliques sous l'influence immédiate des Marses, toute la Lucanie, une grande partie des districts de la Campanie et de l'Apulie, enfin tout le Samnium et même plusieurs villes ou colonies latines avaient pris les armes et adhéraient à la ligue italienne. Au milieu des populations insurgées, quelques colonies et même quelques cités alliées demeuraient fidèles et résistaient à la tempête. Pinna, dans le pays des Vestins, après s'être défendue quelque temps avec courage, fut prise d'assaut et impitoyablement saccagée [3]. Firmum, ville des Picentes, bravait les efforts des insurgés à la faveur de ses excellentes fortifications [4]. Aesernia résistait à Vettius Scaton, Grumentum à Lamponius, Acerræ dans la Campanie, à la principale armée des Samnites. Les alliés en voulaient surtout aux colonies romaines établies sur leur territoire; et quoique mal pourvus du matériel nécessaire pour des siéges, ils s'opiniâtraient à

---

[1] App. *Civ.* I, 39.
[2] Automne de l'an de J.-C. 91.
[3] Diod. Sic. XXXVII, 612.
[4] App. *Civ.* I, 47.

l'attaque de villes bien fortifiées, au lieu de se diriger de concert contre Rome. Mais chaque peuple avait une injure particulière à venger ; et il haïssait plus encore que les Romains du Capitole, ces colons qui l'avaient dépouillé de ses terres, et lui faisaient éprouver chaque jour des outrages nouveaux. Cette faute des confédérés donna le temps à la république de se remettre de sa surprise, de rassembler ses troupes et d'appeler de nombreux auxiliaires.

Le courage du peuple romain ne l'abandonna pas dans ces difficiles circonstances. Chaque citoyen quitta la toge pour prendre le sagum, comme dans les nécessités les plus pressantes. Le *justitium* fut prononcé, et toute affaire civile cessa en présence des préparatifs militaires. Après avoir mis la ville en état de défense, et réuni les légions, les deux nouveaux consuls L. Julius Cæsar et P. Rutilius Lupus, revêtus par le sénat de pouvoirs extraordinaires, sortirent de Rome après s'être partagé l'Italie et les opérations de cette guerre. En raison du grand nombre de points menacés, il fallut diviser les troupes en corps détachés et leur donner des chefs investis d'une autorité suffisante pour agir au besoin sans attendre les ordres des consuls. A chacun de ces magistrats on adjoignit donc cinq légats ayant les pouvoirs proconsulaires. Rutilius dut s'opposer

aux Marses et aux Picentes avec ses légats : c'étaient
C. Marius son parent, le vainqueur des Cimbres,
qui passait pour le plus habile général de ce temps;
Cn. Pompéius Strabon, le père du grand Pompée,
Q. Cæpion, C. Perperna et Valérius Messala. Contre les Samnites et les Lucaniens, L. Cæsar dirigeait
cinq corps d'armée commandés par P. Lentulus,
son frère utérin [1], T. Didius, Licinius Crassus, si
malheureux en Lucanie, M. Marcellus, enfin L.
Cornélius Sylla, que nous verrons bientôt exercer
une influence extraordinaire sur les destinées de
l'Italie et sur celles de tout le monde romain [2].

Il s'en fallait de beaucoup, au reste, que chacun
de ces généraux eût un corps d'armée en état d'agir
immédiatement. Au nord, Rutilius, Marius et Perperna opéraient contre les Marses, le premier dirigeant le corps de gauche et Perperna la droite.
Q. Cæpion, Cn. Pompée et Valérius demeuraient
en seconde ligne, chargés probablement d'organiser
une réserve. Quant à L. Cæsar, il paraît qu'il tenait toutes ses troupes réunies sous son commandement immédiat, dans l'espoir de frapper un grand
coup en Campanie. Plus tard, son légat, L. Sylla,

[1] C'est l'opinion de Freinsh. LXXII, 9.
[2] App. *Civ*. I, 40.

entra en campagne avec un corps séparé, menaçant à la fois les Marses et les Samnites, et manœuvrant de manière à maintenir les communications entre l'armée du nord et celle du midi.

Outre les troupes nationales, les consuls avaient encore sous leurs ordres les contingents de presque tout le Latium, et ceux même de quelques peuples italiens demeurés fidèles, au nombre desquels on cite les Hirpins [1] qui, cependant, étaient de race sabellique et dans toutes les guerres précédentes avaient fait cause commune avec les Samnites. Enfin, une grande quantité d'étrangers arrivaient de toutes les parties du monde au secours de cette Rome si puissante au dehors, au dedans si menacée. L'Afrique envoyait une nombreuse cavalerie numide; la Gaule cisalpine, dix mille auxiliaires levés en quelques jours dans cette belliqueuse province par Q. Sertorius [2], qui dirigeait en même temps sur les armées romaines un matériel et des approvisionnements immenses.

L'hiver se passa dans ces préparatifs. Au printemps, les troupes de la république se déployaient au pied des Apennins. Rome occupant à peu près

---

[1] Vell. Paterc. II, 16. — Dans la campagne suivante, les Hirpins se joignirent aux Samnites ou furent envahis par eux.

[2] Plut. *Sert.* 4. Il était questeur dans la Gaule cisalpine.

le centre de leur ligne d'opérations, elles recevaient facilement les recrues, les approvisionnements et les ordres du gouvernement central. Quant aux détachements isolés dans les provinces insurgées, la plupart pouvaient être ravitaillés par les flottes romaines. Pour les alliés, au contraire, les communications étaient plus difficiles; car, entre les deux points extrêmes de la confédération, le Picenum et la Lucanie, elles n'avaient lieu qu'au travers des montagnes, souvent avec des peines et des dangers infinis. Il en résultait pour les généraux de la ligue la presque impossibilité de combiner leurs opérations, tandis que les Romains, concentrés et appuyés aux places fortes du Latium, pouvaient rapidement se porter en masse sur les points les plus faibles de la ligne ennemie. De chaque côté, plus de cent mille hommes allaient se disputer ce vaste champ de bataille. Pour les deux armées, mêmes armes, même tactique, et aussi même courage. Il paraît que les Italiotes n'avaient qu'une faible cavalerie, tandis que celle des Romains était nombreuse ; mais depuis longtemps ce service était presque exclusivement abandonné à des auxiliaires, en général numides ou gaulois [1]. L'infanterie légère

---

[1] Il n'est plus guère question de cavaliers romains, à plus

aussi ne se composait que d'étrangers, parmi lesquels les archers crétois et les frondeurs baléares avaient acquis une réputation méritée. Enfin, les Romains avaient des flottes, et disposaient d'un matériel considérable. Les confédérés, au contraire, manquaient de vaisseaux, ainsi que de machines de guerre et d'ingénieurs pour les siéges. Ayant échoué dans leurs premières attaques par surprises, ils n'avaient pour réduire les villes occupées par des garnisons ennemies, d'autre moyen que de les affamer.

Les premières opérations devaient avoir la plus grande influence sur les résultats de cette guerre. En effet, les succès des Romains devaient retenir dans l'obéissance toutes les villes qui ne s'étaient point encore déclarées pour la ligue, leurs revers pouvaient être suivis d'un soulèvement général, qui s'étendrait même aux provinces tributaires. La Gaule cisalpine inspirait particulièrement de vives inquiétudes. La fidélité des auxiliaires envoyés par Serto-

---

forte raison de chevaliers, dans les armées de la république, depuis l'organisation qu'elles reçurent de Marius. Du temps de César, il n'y avait plus de cavaliers attachés aux légions. Pour avoir une escorte de cavaliers sûrs, César fut obligé de faire monter des fantassins de la dixième légion sur les chevaux de ses cavaliers gaulois. Cæs. *Gal.* I, 42.

rius était douteuse ; et il paraît que pour les éloigner davantage de leur pays, on avait jugé à propos de les diriger sur l'armée de L. Cæsar.

§ VII.

Au nord comme au midi, la campagne s'ouvrit à l'avantage des confédérés [1]. Sur les frontières des Marses, un chef italien nommé P. Presenteïus [2] surprit l'avant-garde de Rutilius, commandée par Perperna et composée de dix mille hommes. Il en tua quatre mille, et le reste se dispersa en jetant ses armes. Le consul, pour faire un exemple, destitua son légat malheureux, et incorpora les débris de sa division dans celle de Marius.

Dans la Campanie, L. Cæsar s'avançait pour faire

---

[1] Consulat de L. Julius Cæsar Strabo et de P. Rutilius Lupus. An de Rome 664 ; 91 et 90 avant J. C.

[2] Ce nom, qui ne se trouve que dans Appien, *Civ.* I, 41, est probablement corrompu. On ne peut s'expliquer autrement pourquoi dans le reste du récit il n'est plus question d'un chef aussi distingué. Son nom est orthographié Πρησενταῖος, tandis qu'il devrait être écrit Πραισενταῖος, qui serait la transcription régulière du latin *Præsenteius*. — Peut-être faut-il lui substituer celui de Marius Egnatius ou bien de Vettius Scaton.

lever le blocus d'Acerræ, assiégée par les Samnites. Outre ses légions, il conduisait les dix mille Gaulois de Sertorius et une nombreuse cavalerie numide. La plupart de ces cavaliers avaient servi sous Jugurtha, et probablement son successeur, en les donnant aux Romains, avait saisi l'occasion de se débarrasser des hommes qui avaient montré le plus d'attachement à l'ennemi de sa famille. Papius Mutilus n'ignorait pas cette circonstance et sut en profiter. A Venusia, lorsque Judacilius avait chassé les Romains, il avait trouvé un fils de Jugurtha amené en Italie avec son père, mais épargné probablement en considération de sa jeunesse; suivant l'usage romain, on le gardait dans une ville de guerre. Ce jeune homme, nommé Oxintha, fut aussitôt envoyé au camp du rusé Samnite. Là, Papius le revêt de la pourpre, lui donne des armes magnifiques, et l'accablant de caresses, l'exhorte à se montrer digne du sang dont il sortait. Dès qu'il parut avec son costume national devant les coureurs numides, ces cavaliers le reconnurent et s'empressèrent de se réunir à celui qu'ils nommaient leur roi[1]. En peu de jours la désertion fit de tels progrès parmi ces Africains, que le consul

---

[1] App. *Civ.* I, 42.

fut obligé de les éloigner du théâtre de la guerre.

Enhardi par ce premier succès, Papius osa attaquer L. Cæsar dans son camp. La valeur des Samnites allait triompher, et déjà ils avaient arraché les palissades des lignes romaines, lorsqu'une vigoureuse sortie de la cavalerie du consul les mit en désordre et les obligea de se retirer avec une perte considérable[1]. Toutefois l'armée romaine avait été maltraitée également; car Cæsar ne se croyant pas en mesure de repousser une nouvelle attaque, s'éloigna sans avoir atteint son but, qui était de secourir Acerræ. Pendant le peu de jours que les deux armées se trouvèrent en présence, Papius essaya encore, et avec succès, de débaucher ses auxiliaires gaulois; car bientôt nous verrons des soldats de cette nation parmi les troupes samnites[2].

Après la défaite de Perperna, Marius conseillait à Rutilius de se tenir sur la défensive, et de ne pas hasarder ses jeunes légions dans une bataille contre les Marses, qui passaient pour les plus braves des Italiotes, et dont le courage était encore exalté par un premier succès. Il lui représentait qu'il fallait laisser le soldat s'habituer sous le drapeau, se faire à la dis-

---

[1] App. *Civ.* I, 42.
[2] App. *Civ.* I, 50.

cipline; que l'armée romaine, fortement retranchée, pouvait lasser l'ennemi en l'attendant dans ses lignes; enfin, qu'en traînant la guerre en longueur, il donnerait aux Marses le temps de se repentir de leur révolte, lorsqu'ils verraient les maux qu'elle attirait sur leur pays[1].

Rutilius était, comme son parent, un soldat de fortune. Dans le poste élevé où l'avait porté la faveur populaire, il s'imaginait n'être entouré que d'envieux de sa gloire. Marius lui-même lui était suspect; s'il lui conseillait la temporisation, c'était, dans la pensée de Rutilius, pour se rendre nécessaire, se faire donner un septième consulat, et terminer lui-même une guerre facile. Il n'eut donc garde de suivre ces sages conseils, et marcha rapidement contre les Marses, qui l'attendaient sur les bords du Liris, commandés par Vettius Scaton[2].

La plus grande indiscipline régnait dans l'armée romaine. Les soldats, qui aimaient leur général parce qu'il sortait des rangs du peuple, détestaient leurs officiers parce qu'ils étaient nobles, et Rutilius, qui partageait leurs préjugés, les encourageait à la déso-

---

[1] Cfr. Dion Cass. frag. CXII. Oros. V, 18.

[2] App. *Civ.* I, 43, ἐπὶ τοῦ Λίριος. — Tolenus Fluvius, Oros. V, 18. C'est le Garigliano.

béissance. Telle était l'incurie qu'il mettait à se garder, que chaque jour les espions des Marses entraient dans son camp, observaient toutes ses dispositions, et en rendaient compte à leur général ; le consul, cependant, loin de soupçonner la vérité, écrivait au sénat que les jeunes patriciens, qu'on lui avait donnés pour tribuns, le trahissaient et livraient ses plans de campagne à Scaton [1].

Ainsi commandée, l'armée romaine s'avança vers le Liris [2], et jeta deux ponts sur cette rivière sans que l'ennemi cherchât à s'y opposer. Rutilius avait divisé ses forces. Son corps principal, sous son commandement immédiat, campait devant le pont, en amont du Liris : Marius, avec le reste de ses troupes, devant l'autre pont, assez éloigné du premier. Sur la rive opposée, Scaton avait le gros de ses troupes en face de Marius, et faisait observer l'armée du consul par un faible détachement. Informé du moment où Rutilius se disposait à passer la rivière, il quitte son camp de nuit, et n'y laissant qu'une garde suffisante pour masquer son mouvement, il se dirige sur le premier pont. Arrivé à la

[1] Dio Cass. frag. CXI.
[2] Probablement au-dessous de Céprano, car plus haut le Garigliano pourrait facilement être passé à gué. On doit supposer que le but de Rutilius était de débloquer Acsernia.

pointe du jour, le 4 des ides de juin[1], il trouve le consul sur la rive gauche avec une partie de ses légions, s'avançant en toute assurance, comme celui qui ne comptait avoir affaire qu'aux troupes peu nombreuses qu'il avait reconnues la veille. Scaton profitant du désordre des Romains les attaque brusquement, les culbute dans la rivière et les met dans une déroute complète. Le Liris engloutit un grand nombre de fuyards, et des soldats qui avaient passé le pont bien peu parvinrent à s'échapper. Rutilius, blessé à la tête et perdant tout son sang, fut sauvé à grand'peine, il alla expirer à quelques milles du champ de bataille.

Marius se tenait immobile dans son camp, lorsque les cadavres et les armes romaines qu'entraînait la rivière lui apprirent le désastre des siens. Il jugea que Scaton l'avait trompé, et sur-le-champ prit son parti avec la décision d'un vieux capitaine. Traversant à son tour le Liris, il attaqua les Marses, et emporta leur camp sur le faible détachement qui le défendait. Lorsque Scaton en fut instruit, Marius était établi en force sur la rive gauche; l'armée italienne dut se replier[2]. Cependant, tout l'honneur de la journée

---

[1] Ovid. *Fast.* VI, 564. Le 11 mai 90. Voy. l'Art de vérifier les dates.

[2] Cfr. App. *Civ.* I, 43.—Oros. V, 18.

était pour les Marses. Ils avaient battu l'armée consulaire, et leur perte était médiocre comparée à celle de l'ennemi. D'ailleurs, en se retirant, ils trouvaient derrière le Liris une ligne de montagnes, où ils pouvaient prendre une position inexpugnable. De fait, le passage du Liris par Marius ne fut qu'une démonstration hardie pour cacher la honte de l'armée consulaire. Les Marses, réunis aux Vestins, reprirent bientôt l'offensive, et insultèrent le camp de Q. Cæpion, qui avait rallié les troupes de Rutilius[1].

En même temps qu'on recevait à Rome la nouvelle de la retraite de L. Cæsar, un long convoi de blessés arrivait de l'armée du Nord. Venait ensuite une litière ensanglantée, entourée de licteurs tenant leurs faisceaux renversés : c'était le corps du consul qu'on rapportait à sa famille. Une foule d'esclaves suivaient, chargés de brancards où l'on voyait les cadavres des sénateurs et des chevaliers tués sur les bords du Liris. Depuis la seconde guerre punique, jamais si triste pompe n'avait traversé les rues de Rome. Les plus illustres maisons étaient plongées dans le deuil; l'inquiétude et l'abattement se peignaient sur tous les visages. Dès le début de

---

[1] Liv. *Epit.* lib. LXXIII.

cette guerre, la fleur de la jeunesse avait été moissonnée à trois journées de Rome. En voyant les blessures encore saignantes de leurs proches, les sénateurs reconnaissaient les coups du glaive espagnol ou du terrible pilum, ces armes romaines qui avaient cessé d'être la possession exclusive des Romains. Ils en avaient trop bien appris l'usage à leurs ennemis, et l'orgueil national n'avait jamais été jusqu'à croire que les Marses leur cédassent en courage. Pendant que la ville retentissait des cris et des sanglots des femmes, que partout s'allumaient des bûchers funèbres, quelques vieillards se demandaient avec effroi si les jours néfastes d'Allia et de Cannes étaient revenus, et si le Capitole n'était pas condamné à tomber sous les coups de ceux qui l'avaient paré de tant de dépouilles étrangères.

Au milieu de la consternation générale, le sénat sut montrer du calme et de l'impassibilité. Il voulut éviter le retour de ces scènes de douleur, et, comme s'il se fût résigné sans crainte à de nouvelles pertes, il ordonna qu'à l'avenir les généraux qui mourraient les armes à la main seraient ensevelis au lieu où ils auraient succombé[1]. De leur côté, les alliés adoptèrent le même usage; il semblait que de part et

---

[1] App. *Civ.* I, 43.

d'autre on se préparât à une guerre d'extermination.

On ne pouvait donner un successeur au consul mort, sans rappeler à Rome son collègue pour y présider les comices; mais, dans les circonstances présentes, on sentit qu'il ne pouvait sans danger quitter un instant le commandement de son armée. Rutilius ne fut donc point remplacé.

L'armée du Nord resta sans chef suprême : Marius continuait à manœuvrer séparément, montrant une grande prudence, et apportant tous ses soins à éviter une affaire décisive. Son collègue Q. Cæpion, au contraire, semblait avoir hérité de la témérité de Rutilius. Fier d'un succès léger qu'il venait d'obtenir, il se crut un grand général, et pressant avec vigueur les Marses qui se retiraient, il cherchait à engager au plus tôt une action générale.

Jusqu'alors, Q. Pompædius n'avait point paru sur les champs de bataille. Retenu probablement à Corfinium pour l'installation de la diète[1], il avait dirigé

---

[1] Les alliés faisaient à Corfinium de grands travaux pour changer cette petite ville de province en une seconde Rome. Ils y construisirent une vaste curie, un immense forum, ἀγοράν εὐμεγέθη. Diod. Sic. XXXVII, 538 et suiv.—Ce détail est des plus curieux. Il jettera quelque jour, en effet, sur la forme de gouvernement adopté par la ligue. Que les Italiotes

de loin les opérations de ses lieutenants. Mais lorsque Cæpion s'avança sur le territoire marse, il prit

aient bâti un palais pour leur sénat, c'est-à-dire pour les députés des villes italiennes, rien de plus simple. Mais un vaste forum, ce n'était point apparemment pour l'usage seul des Corfiniens qu'ils le construisirent. Ce devait être le forum de la ligue. Quelle était sa destination? Dans leur fureur de copier leurs anciens maîtres, les Italiens n'auraient-ils pas emprunté à Rome des usages qui auraient dû répugner à leur nouvelle situation politique? Tout le système des élections chez les Romains était fondé, comme on sait, sur une idée religieuse, à savoir, qu'on ne pouvait nommer des magistrats que dans un certain lieu consacré, sur lequel, apparemment, à l'exclusion de tout autre, descendaient les inspirations des dieux. En l'année 706, la majorité du sénat romain réunie dans le camp de Pompée n'osa point créer de nouveaux consuls, ni même faire des sénatus-consultes. *L'herbe pure* du Capitole leur manquait. Or, il semble que les alliés aient voulu, eux aussi, avoir un terrain consacré, pour y faire leurs élections, y tenir leurs comices. En un mot, ils auraient décidé que les populations se déplaceraient et feraient de longs voyages lorsqu'elles voudraient jouir de leurs droits politiques. Quand toute l'Italie eut obtenu le droit de suffrage, les comices se tinrent toujours exclusivement à Rome. On voit que le système d'élections adopté aujourd'hui dans tous les gouvernements constitutionnels est un perfectionnement qui, de même que beaucoup d'idées simples, ne se rencontre pas du premier coup.

une résolution qui, si elle n'annonce pas sa loyauté, prouve du moins sa hardiesse et son courage.

Cæpion avait déjà poussé l'ennemi au pied de ses montagnes, lorsque arrive aux portes de son camp un transfuge, accompagné de deux jeunes enfants revêtus de robes prétextes et portant la bulle d'or, signe distinctif des jeunes gens de condition. Des mulets les suivaient, chargés de lingots d'or. Introduit dans la tente du général romain, le transfuge jette le manteau qui le couvre. — « Je suis, dit-il, Q. Pompœdius Si-
» lon, le préteur des Marses. Voici mes deux fils; voici
» ma fortune. C'est moi qui ai soulevé l'Italie contre
» Rome, moi qui ai réuni sous un même drapeau
» vingt nations autrefois rivales. Pour prix de mes
» efforts, ce sénat italiote, qui me doit tout, m'ôte
» le commandement suprême qui m'était dû. Il me
» proscrit. Je renonce à une injuste patrie, et je
» veux mériter les bienfaits de ta république. Vois
» si tu veux employer un soldat qui a déjà servi
» Rome, et qui brûle de punir des ingrats. Je te re-
» mets ces enfants et cet or; ils t'assureront de ma
» fidélité. »

Ces enfants qu'il livrait comme les siens à Cæpion, c'étaient deux jeunes esclaves. Par un dévouement dont on trouve dans leur condition plus d'un exemple à cette époque, ils s'étaient associés à son entreprise audacieuse. Les lingots d'or n'étaient que du plomb doré.

La ruse, toute grossière qu'elle était, trompa complétement le général romain. Persuadé que la connaissance qu'avait Pompædius du pays et des plans des alliés lui assurerait une victoire facile, il s'empresse d'accueillir ses offres, il écoute sans méfiance les rapports mensongers que Pompædius lui fait sur la situation et les projets de l'ennemi. Bientôt, sous sa conduite, l'armée romaine s'engage dans les montagnes. Cæpion marchait à l'avant-garde avec son guide, qui lui faisait remarquer le désordre de l'armée italiote, surprise, comme il semblait, par son attaque inopinée. La victoire paraissait devoir être le prix de la course, et les Romains gardaient à peine leurs rangs, persuadés qu'ils n'auraient qu'à ramasser le butin. Tout à coup Pompædius se dérobe à son escorte et s'élance sur un tertre élevé. Il pousse un cri de guerre aussitôt répété par dix mille voix. De tous côtés paraissent des armes et des enseignes italiennes. Chez les Romains, une terreur panique succède à une confiance aveugle. Ils se débandent et jettent leurs armes. En vain Cæpion essaye de les rallier. Il tombe percé de coups. La déroute est générale et les Marses se rassasient de carnage.

Ce qui échappa à cette sanglante défaite fut recueilli par Marius, et le sénat, appréciant un peu tard la circonspection du vieux capitaine, lui conféra le commandement supérieur de l'armée du Nord [1].

Dans la Campanie, les armes romaines essuyaient un autre revers. L. Cæsar, malade, et porté en litière, s'aventurait dans des défilés où sa nombreuse cavalerie, fort redoutée des Samnites, ne pouvait lui être d'aucune utilité. Surpris par Marius Egnatius dans sa marche sur Aesernia [2], il perdit beaucoup de monde, et ne se dégagea qu'avec peine. Sa retraite fut encore plus malheureuse. Au passage du Vulturne, sur lequel il avait eu l'imprudence de n'établir qu'un seul pont, les Samnites taillèrent en pièces toute son arrière-garde, et de trente-cinq mille hommes qu'il avait amenés, la moitié seulement parvint à trouver un abri derrière les remparts de Teanum [3]. L'histoire se tait sur l'origine

---

[1] App. *Civ.* I, 44.

[2] Je présume que L. Cæsar, partant de Capoue, passa le Vulturne au-dessus d'Alifæ, afin d'arriver sur Aesernia du côté du midi, par une route dans les montagnes des Samnites Pentriens, parallèle à la partie de la voie latine qui mène de Teanum à Capoue. Oros. V, 18.

[3] App. *Civ.* I, 45.

du vainqueur de Cæsar, mais, d'après la conformité des noms, j'éprouve quelque plaisir à supposer que ce Marius Egnatius était un fils du préteur de Teanum, battu de verges trente ans auparavant sous les yeux de ses concitoyens. La Providence permet quelquefois ces tardives et terribles réparations.

A la nouvelle des premiers succès obtenus par les confédérés, tout le sud de l'Italie se déclara pour eux, et des soulèvements partiels eurent lieu dans l'Étrurie, qui jusqu'alors avait paru indifférente à ce grand mouvement. L'Ombrie, excitée sans doute par les chefs des Picentes, adhéra à la ligue de Corfinium et s'insurgea. Il ne paraît pas toutefois que la révolte de ces peuples ait eu le caractère effrayant de celle des Samnites et des Marses; car pour les contenir il suffit de quelques corps détachés. Un lieutenant de Cn. Pompée, A. Plotius, marcha contre les Ombriens, et un préteur, L. Porcius Caton, fut détaché contre les Étrusques [1]. Cependant l'armée de réserve, organisée par Cn. Pompée, se trouvait prête à entrer en campagne. Elle fut dirigée contre le Picenum, et envahit cette province du côté du nord, probablement après avoir traversé l'Ombrie [2]; ce qui donnerait lieu de croire qu'elle

---

[1] *Epit.* 74.
[2] App. *Civ.* I, 47.

ne rencontra pas de grands obstacles de ce côté. Firmum devint le centre des opérations de Cn. Pompée ; position avantageuse, qui séparait les Picentes des Ombriens, et les empêchait de se porter mutuellement secours. Trois chefs des confédérés se réunirent contre lui : Judacilius avec les Picentes, Vettius Scaton [1] avec une division marse, et T. Lafrenius, à la tête d'un corps de Latins ou d'Italiotes. Une bataille fut livrée auprès du mont Fiscellus, sur la limite du Picenum, de la Sabine et de l'Ombrie ; les alliés furent vainqueurs et obligèrent Pompée à se renfermer dans Firmum. Lafrenius demeura pour assiéger ou plutôt pour bloquer cette place. Vettius Scaton rejoignit la grande armée des Marses, et Judacilius se dirigea, suivant toute apparence, sur l'Ombrie [2].

[1] Correction proposée par Schweighæuser au lieu de Ούεντίδιος, inconnu. App. *Civ.* I, 47.

[2] Cfr. *Epit.* 74. — Oros. V, 18. — App. *Civ.* I, 47-49. — Une grande obscurité règne sur ces opérations. J'ai indiqué la marche probable de Pompée, sur ce seul fait, qu'après la bataille du mont Fiscellus, il se replia sur Firmum. Or, c'est un principe qu'une armée battue reprend le chemin par lequel elle est venue pour livrer bataille. Il me paraît impossible que Pompée, pour arriver à Firmum, ait suivi la route de la Sabine, car il eût prêté le flanc aux Marses et

Cependant C. Marius, en présence de la principale armée des Marses, se tenait prudemment renfermé dans ses lignes, s'efforçant de rétablir le moral de ses troupes, fort ébranlé par deux défaites successives. Pompædius, de son côté, redoutant le vainqueur des Cimbres, n'osait l'attaquer dans les fortes positions qu'il occupait ; de part et d'autre on évitait avec soin d'en venir à une action générale. Un jour les deux armées se trouvèrent si rapprochées, qu'une bataille semblait inévitable, lorsque, par une de ces terreurs paniques si fréquentes à la guerre, l'une et l'autre se retirèrent sans lancer un trait, et coururent s'enfermer dans leurs camps. « Je ne sais, disait Marius à cette occasion, qui sont les plus lâches, nos ennemis ou nous-mêmes. Ils n'osent nous regarder le dos ; nous n'osons leur regarder la nuque [1]. » Quelquefois Pompædius essayait de l'attirer au combat lorsqu'il se croyait le plus fort. « Si tu es un si grand capitaine, faisait-il dire à Marius par son héraut, pourquoi refuses-tu la bataille [2] ? » — « Et toi, répon-

aurait été arrêté par les Picentes dans les défilés des montagnes. Enfin, les eût-il passés, il se serait trouvé devant Asculum, centre des ressources du Picenum.

[1] Plut. *Mar.* 33.
[2] Plut. Ibid.

dait le Romain, toi qui te dis si habile, force-moi donc à combattre. » Une fausse manœuvre des Marses, ou peut-être l'absence momentanée de Pompædius, offrit enfin à Marius l'occasion qu'il avait attendue avec tant de patience. Attaquant l'ennemi à l'improviste, il le mit en déroute dans une action fort vive, où périt un des chefs de la ligue, Herius Asinius, préteur des Marrucins [1]. Les Marses, dans le plus grand désordre, furent rejetés sur les montagnes du Samnium, où ils trouvèrent pour les achever la division de L. Sylla, qui probablement dirigeait alors l'extrême gauche de l'armée du Midi. Tout l'honneur de la journée fut pour Sylla, qui, tombant sur un ennemi déjà vaincu, lui tua six mille hommes et fit un butin considérable [2]. On ne tint point compte à Marius de ses sages lenteurs, ni des difficultés qu'il avait eues à réorganiser les armées battues de ses collègues en présence d'un ennemi victorieux. Il semblait que ce fût le destin de Sylla de recueillir le fruit des travaux de Marius. Lieutenant de ce dernier dans la campagne de Numidie, il avait eu l'honneur de terminer la guerre

---

[1] Je pense que cette bataille eut lieu près du Liris, aux environs de Sora. *Epit.* 73. — App. *Civ.* I, 46. — Cfr. Plut. *Mar.* 33. — Oros. V, 18.

[2] App. *Civ.* I, 46.

en enlevant Jugurtha. En Italie, il lui ravissait la gloire de vaincre les Marses, qui se vantaient que jamais général romain n'avait triomphé d'eux, ni triomphé sans eux ¹.

Après sa victoire, Sylla, avec vingt-quatre cohortes, se porta rapidement sur Aesernia, et perçant au travers de l'armée samnite, il ravitailla la place, réduite alors aux dernières extrémités, puis il se replia sur ses premières positions ².

Cette pointe hardie eut encore un autre résultat; ce fut de diviser l'attention et les forces de l'ennemi, et de fournir à L. Cæsar l'occasion de prendre sa revanche. De Teanum, où il avait rassemblé ses réserves et rétabli la discipline dans ses troupes, le consul s'était avancé vers Acerræ, toujours assiégée par les Samnites et les Lucaniens. Après s'être longtemps observées, les deux armées en vinrent aux mains. Il paraît que les confédérés se laissèrent surprendre au moment où ils se disposaient à changer de camp. Ils perdirent huit mille hommes, et le reste de leur armée se dispersa en jetant ses armes ³.

---

¹ App. *Civ.* I, 46.
² Oros. V, 18.
³ App. *Civ.* I, 48. — *Epit.* 73. — Oros. loc. cit. — Appien suppose que cette bataille eut lieu l'année suivante.

Il ne semble pas que les Samnites fussent en ce moment commandés par Papius Mutilus. Au moment où une partie de leurs forces était battue en Campanie par L. Cæsar, un autre corps samnite faisait une attaque décisive contre Aesernia dont il se rendait maître. La garnison romaine, avec son commandant M. Marcellus, légat de Cæsar, demeurait prisonnière [1]. On croit démêler ici, de la part des Samnites, la même manœuvre que celle de Vettius Scaton sur les bords du Liris. Il y a lieu de supposer qu'ils portèrent le gros de leurs forces sur Aesernia, point éloigné du corps principal de l'ennemi ; qu'ils ne purent lui dérober la connaissance de ce mouvement, et que le détachement qu'ils laissaient dans leur ancienne position fut accablé par le nombre en l'absence de leur général en chef.

Quoi qu'il en soit, cette victoire assurait aux Romains une supériorité décisive dans la Campanie. L. Cæsar fut salué par ses soldats du titre d'Imperator ; l'espérance rentra dans le cœur des Romains et redoubla leur énergie. A la nouvelle de ce succès,

---

L'Epitome le contredit formellement. Il est évident qu'au lieu de περὶ τὸ Ἄσκλον, il faut lire περὶ Ἀχέρρας. V. sur ce point la note de Schweighæuser.

[1] *Epit.* 73.

ils déposèrent le sagum[1], comme si déjà l'issue de la guerre n'était plus douteuse.

Partout, en effet, les armes romaines reprenaient leur ancienne supériorité. On a vu qu'après leur victoire près du mont Fiscellus, les généraux alliés qui avaient battu Pompée, s'étaient séparés, laissant Lafrenius devant Firmum. Cependant une nouvelle armée romaine se portait, sous les ordres de Sulpicius, au secours de cette place. Tandis que ce dernier attaquait par derrière le camp des confédérés, Cn. Pompée faisait une vigoureuse sortie et les plaçait entre un double danger. Lafrenius, coupable de s'être laissé surprendre, se fit tuer en combattant avec courage; mais son camp fut pris et son armée détruite. Les Picentes ne pouvaient plus tenir la campagne, et, d'assiégé qu'il était naguère, Pompée put alors investir Asculum[2]. Cet heureux retour de fortune fit reprendre aux magistrats de Rome leurs robes prétextes et les autres insignes de leurs dignités, qu'ils avaient déposés en signe de deuil au commencement de la campagne[3].

Sur d'autres points encore elle se termina à l'a-

---

[1] Oros. V, 18. — *Epit.* 73.
[2] App. *Civ.* I, 47.
[3] *Epit.* 74. — Oros. V, 18.

vantage des Romains. Le préteur L. Porcius Caton arrêta la prise d'armes des paysans étrusques, et l'insurrection plus sérieuse de l'Ombrie fut également comprimée par A. Plotius[1]. Entre Marius et les Marses un nouveau combat eut lieu, mais sans résultats décisifs ; et de chaque côté l'on s'attribua la victoire. Tels furent les principaux événements militaires de l'année 664.

§ VIII.

Les deux partis avaient fait des pertes considérables, et probablement celles des Romains étaient supérieures à celles des alliés, car les premiers combattaient dans un pays ennemi, où, après une défaite, leurs traînards n'avaient plus de refuge. La désertion d'une partie de leurs auxiliaires avait encore contribué à diminuer leurs forces, au point que le besoin d'hommes avait contraint de former douze co-

---

[1] Cfr. *Epit.* 74. — Oros. V, 18. — App. *Civ.* I, 49. On lit dans l'Epitome : « *A Plotius legatus Umbros, Lucius Porcius prætor* Marsos, *cum uterque populus defecisset, prælio vicerunt.* » Il n'est pas douteux qu'au lieu de *Marsos* on ne doive lire *Etruscos*, car ce mot *defecisset* ne peut s'appliquer qu'aux Étrusques.

hortes d'affranchis[1]. Toutefois, ils étaient parvenus à circonscrire à peu près le foyer de l'insurrection, et à comprimer les mouvements isolés qui s'étaient manifestés dans d'autres provinces. Bien qu'ils eussent reçu des rois amis et des provinces sujettes, des subsides et des troupes auxiliaires, ils ne pouvaient se dissimuler que leur autorité était fortement ébranlée, et déjà les proconsuls ne trouvaient plus chez leurs sujets cette obéissance empressée à laquelle ils étaient habitués avant l'explosion de la guerre sociale. Une grande fermentation régnait dans la Gaule cisalpine. Au delà des Alpes, les Salyens avaient repris les armes[2]; en Asie, l'ambition de Mithridate préparait une guerre redoutable. Il était manifeste que le prestige de la grandeur romaine commençait à s'obscurcir, et que la prolongation de la lutte qui déchirait l'Italie pouvait amener la ruine totale de la république.

Dans ces circonstances, le sénat accueillit, sinon avec empressement, du moins avec résignation, les ouvertures de L. Cæsar, qui proposait d'accorder le droit de cité romaine à tous les alliés italiotes qui n'avaient point pris les armes contre la république. Pour les cités fidèles, c'était une récompense méritée et né-

[1] Cfr. App. *Civ.* I, 49. — *Epit.* 74.
[2] *Epit.* 73.

cessaire; quant aux peuples qui restaient spectateurs indécis de la lutte, on espérait les désintéresser complétement ; enfin, on se flattait que les insurgés, dans l'espoir d'obtenir les mêmes avantages par leur soumission, cesseraient une guerre dont ils souffraient à l'égal des Romains.

Les derniers succès obtenus par Sylla, par L. Cæsar, par Cn. Pompée, ôtaient à cette concession le caractère de nécessité qui coûtait à l'orgueil national. Vainqueur, le peuple romain, après avoir repris la toge, accueillait les réclamations des alliés; il faisait acte de justice, non de faiblesse. Déjà cette grande mesure avait été précédée par la naturalisation partielle de plusieurs chefs italiens qui avaient usé de leur influence pour maintenir leurs compatriotes dans le devoir, ou qui avaient pris les armes pour défendre la république[1]. Quelques-uns, honorés presque aussitôt de charges publiques, allaient servir de preuves vivantes de la bonne foi romaine[2].

Toutefois, l'émancipation décrétée solennellement sur la proposition de L. Cæsar cachait mal une jalousie inquiète contre les nouveaux citoyens. Au lieu de les répartir dans les anciennes tribus, on en for-

---

[1] Vell. II, 16, 4.
[2] Id. ibid.

mait un petit nombre de tribus nouvelles, qui ne prenant leur rang dans les comices qu'après les premières, n'auraient jamais pu exercer une grande influence sur les délibérations politiques[1]. On sait que l'usage était d'arrêter les opérations du scrutin aussitôt que la majorité s'était prononcée ; il en résultait que les tribus italiotes devaient être fort rarement appelées à donner leur suffrage, et que, dans tous les cas, elles restaient dans une infériorité complète vis-à-vis des Romains de naissance.

[1] Suivant Velleius Paterculus, les Italiens auraient été inscrits dans huit des trente-cinq anciennes tribus. « Itaque cum ita civitas Italiæ data esset, ut in octo tribus *contribuerentur* novi cives (voir dans Forcellini le mot *contribuo*), Cinna in omnibus tribubus eos se distributurum pollicitus est. » Vell. II. 20. — J'ai préféré la version d'Appien, d'abord parce que les détails dans lesquels il entre prouvent qu'il avait étudié la question ; puis, il est évident que le sénat ne voulut accorder aux alliés que le moins possible ; or, si les Italiotes avaient été inscrits dans huit tribus anciennes, où nécessairement ils auraient eu toujours la majorité, ils auraient pu être appelés quelquefois à donner le suffrage *prérogatif;* et l'importance superstitieuse que les Romains attachaient à ce vote me fait supposer qu'ils avaient pris des mesures pour se le conserver. Sur la création de tribus nouvelles, Appien ne laisse pas de doutes. Ἀλλὰ δεκατεύοντες ἀπέφηναν ἑτέρας, ἐν αἷς ἐχειροτόνουν ἔσχατοι.

Malgré cette restriction, la loi Julia, ainsi nommée d'après son auteur, suffit cependant à contenter tous les alliés demeurés fidèles. Bien plus, elle fut accueillie avec enthousiasme par plusieurs provinces, et surtout par l'Étrurie[1]. D'un état de servage, les paysans étrusques passaient tout d'un coup à la condition de citoyens romains, ils devenaient les égaux de leurs Lucumons. C'était plus qu'ils n'eussent osé attendre du triomphe des confédérés.

La loi Julia eut encore pour effet de refroidir singulièrement l'ardeur des Marses et de leurs voisins. A l'exception de leurs chefs, trop compromis pour espérer une réconciliation sincère avec Rome, ils ne montrèrent plus ni la même animosité ni la même vigueur. Les Samnites et les Lucaniens, qui combattaient plutôt pour satisfaire une haine nationale que pour conquérir une association avec des ennemis abhorrés, conservèrent leur énergie et leur acharnement.

A l'approche des élections, les généraux de la république se rendirent à Rome, pour la plupart,

---

[1] App. *Civ.* I, 49. — Quelques villes grecques, notamment Héraclée et Néapolis, paraissent avoir refusé le bénéfice de la loi Julia. (Cic. *Pro Bal.* 8). Dans ce parti, il y avait peut-être autant de crainte des Samnites que d'attachement à leurs anciennes institutions.

afin d'assister aux comices et d'y réclamer le prix de leurs exploits. L. Sylla obtint la préture et le commandement de l'armée destinée à faire la guerre aux Samnites. Cn. Pompée et L. Porcius Caton, nommés consuls, eurent pour mission, le premier de réduire les Picentes et d'observer l'Ombrie et l'Étrurie[1] ; le second, ayant pris le commandement de l'armée de Marius, dut attaquer les Marses et les autres peuples dépendant de leur confédération.

Les alliés avaient formé le plan d'une puissante diversion en Étrurie. Trompés sur les dispositions de cette province, ils se flattaient de l'insurger facilement et d'enfermer ainsi Rome dans un cercle d'ennemis. Dans cette intention, ils détachèrent quinze mille hommes de leurs meilleures troupes, qui,

---

[1] Suivant Appien, *Civ.* I, 48, L. Cæsar aurait dirigé, en qualité de proconsul et en conservant l'imperium, une partie de l'armée du Nord détachée contre Asculum. Ce fait, contredit par Orose et par l'Epitome, paraît peu vraisemblable. En effet, pourquoi aurait-on ôté à Cæsar le commandement de l'armée du Midi après qu'il venait de battre les Samnites? Pourquoi l'aurait-on donné pour collègue à Cn. Pompée, qui n'avait pas été moins heureux contre les Picentes? Tout se concilie par la correction généralement admise dans le texte d'Appien, à savoir, que la ville près de laquelle L. Cæsar mourut de maladie, n'est point Asculum, mais Acerræ, ou toute autre ville de la Campanie.

sous la conduite de Vettius, se dirigèrent sur l'Étrurie par un long circuit au travers des montagnes. Partant, suivant toute apparence, des bords du lac Fucin, cette expédition longea les Apennins, traversa la Sabine, et dut déboucher en Ombrie du côté de Spolète, pour de là gagner Clusium, alors la ville la plus importante de l'Étrurie. On ignore jusqu'où pénétra cette armée [1]. Outre les difficultés que la nature du pays et que la saison avancée [2] opposaient à sa marche, elle eut bientôt sur les bras les troupes de Cn. Pompée. D'ailleurs, au lieu de l'enthousiasme qu'il croyait exciter par sa venue, Scaton ne trouva chez les Ombriens et les Étrusques qu'apathie et répugnance. Alors, renonçant à s'aventurer au milieu d'une population indifférente, sinon hostile, il dut chercher à se replier sur le Picenum pour y faire sa jonction avec d'autres chefs des confédérés qui tenaient encore la campagne. Cette manœuvre réussit, et nous le trouvons bientôt non loin d'Asculum, en présence de l'armée romaine. Sans doute elle lui fermait le chemin de

---

[1] L'expression d'Appien est fort obscure : ἐς τὴν Τυρρηνίαν περιέπεμπον. *Civ.* I, 50.

[2] C'était au commencement de l'hiver. Fin de l'an 90, ou commencement de l'an 89 avant J. C. Commencement de l'année consulaire 665.

cette ville[1]; mais dans ses marches et contre-marches, il avait rallié plusieurs divisions italiotes et se trouvait à la tête de soixante-dix mille hommes. Pompée lui en opposait soixante-quinze mille, si toutefois ces nombres nous sont parvenus sans exagération[2]. Avant d'en venir aux mains, les deux généraux, retranchés dans leurs camps, suivant l'usage romain, s'observèrent quelque temps, hésitant l'un et l'autre à engager une lutte décisive, dont chacun sentait parfaitement les conséquences. Pompée essaya de parlementer; il offrit vraisemblablement les conditions acceptées déjà par une partie des cités italiotes; mais Scaton, qui avait souvent battu les Romains, voulait une émancipation plus complète que la loi Julia. Les conférences se prolongèrent, chacun, sans doute, devant en référer à son sénat. Avant la guerre, Scaton avait eu des liaisons d'hospitalité avec Sex. Pompée, frère du consul, personnage grave et respecté de tous les partis. Dans l'espoir que son influence pourrait rendre le Marse moins exigeant, le consul manda son

---

[1] Cela est évident par les suites de la bataille qui eut lieu. Les alliés furent rejetés sur les Apennins, au lieu d'être enfermés dans Asculum.

[2] Vell. Pat. II, 21. — Le passage est suspect d'interpolation.

frère de Rome pour l'aboucher avec le général ennemi. Cicéron, qui faisait alors ses premières armes, fut présent à cette entrevue, et nous en a conservé quelques détails pleins d'intérêt[1]. Elle eut lieu entre les deux camps. Scaton salua Sex. Pompée. « Quel nom te donnerai-je? dit celui-ci. — Appelle-moi ton hôte, répondit le Marse. Je le suis d'intention; par nécessité ton ennemi. » De part et d'autre on se donna des preuves de confiance et d'estime; mais aucun ne voulait céder de ses prétentions : tout accommodement devint impossible. Il fallut combattre, et la victoire se déclara pour les Romains. L'armée des alliés perdit ses plus braves soldats[2]; et

[1] Quo quidem memini Sex. Pompeium fratrem consulis ad colloquium Roma venire, doctum virum atque sapientem. Quem Scato quum salutasset : Quem te appellem? inquit. At ille: « Voluntate hospitem, necessitate hostem. » Erat in illo colloquio æquitas, nullus timor, nulla suberat suspicio, mediocre etiam odium; non enim, ut eriperent nobis socii civitatem, sed ut in eam reciperentur, petebant. Cic. *Phil.* XII, 11.

[2] Orose, V, 18, compte dix-huit mille morts et quatre mille prisonniers; Appien, *Civ.* I, 50, cinq mille morts seulement. Ils s'accordent d'ailleurs sur les circonstances de la retraite qui suivit la bataille. Si l'on admet les chiffres de Velleius Paterculus, la perte des confédérés, telle qu'elle est rapportée par Orose, ne paraîtra pas hors de proportion avec le nombre des combattants; mais je soupçonne qu'O-

le reste, dans le plus grand désordre, fut refoulé sur les montagnes. Alors commença pour ces troupes, déjà démoralisées, une retraite désastreuse. L'hiver régnait dans toute sa rigueur. Sans cesse

rose confond les deux batailles gagnées par Cn. Pompée, l'une près de Firmum, lorsqu'il était préteur, l'autre près d'Asculum, lorsqu'il était consul. On peut le supposer, en remarquant que parmi les morts il cite un *Francus*, général des Marses. A mon avis, il n'est point douteux que ce nom ne soit falsifié par un copiste, au lieu de celui d'Afranius ou de Lafrenius, qui, comme nous l'avons vu plus haut, commandait les alliés devant Firmum. L'importance de cette bataille de Firmum est attestée à la fois par l'Epitome et par Orose, d'accord sur ce fait, qu'à la nouvelle de la victoire, le sénat reprit les laticlaves et les autres insignes qu'on quittait dans les temps calamiteux.

On pourrait peut-être concilier les chiffres d'Appien et ceux d'Orose, en supposant que le premier ne compte la perte des alliés que dans la bataille près d'Asculum, et que l'autre y ajoute celle qu'ils firent dans leur retraite.

Quant au lieu où se livra la bataille, je ne puis proposer que des conjectures fort incertaines. Pour passer de l'Ombrie dans le Picenum, la route naturelle de Vettius Scaton me paraît être de remonter la vallée du Nar, d'entrer dans la Sabine, et laissant Nurcia sur la gauche, de se diriger sur Asculum par la vallée du Tronto. Ce serait donc au débouché de cette dernière vallée que Pompée l'aurait battu et rejeté dans l'Apennin.

harcelés par les vainqueurs, les Italiotes étaient obligés de suivre au milieu des neiges les crêtes des montagnes. La faim, le froid, la misère, les décimaient chaque jour. Les Romains rencontraient des cohortes entières arrêtées, immobiles sur la neige, et qui semblaient faire halte. En s'approchant, ils trouvaient les soldats couchés, ou appuyés sur leurs armes, les yeux ouverts, mais ne voyant rien. Ces malheureux étaient morts gelés [1]. Bien peu parvinrent, après mille dangers, à revoir leur patrie, et ce fut pour y porter le deuil et le découragement.

Vettius Scaton périt dans cette funeste expédition : on ne sait si ce fut dans la bataille ou dans la retraite; mais les circonstances de sa mort recueillies par Sénèque, méritent d'être conservées à l'histoire. Fait prisonnier par quelques soldats, on le conduisait au consul; un de ses esclaves, auquel personne ne faisait attention, marchait à ses côtés; tout d'un coup cet homme arrachant une épée à l'un des soldats de l'escorte, en frappe Scaton et le tue sur la place. « J'ai affranchi » mon maître! s'écria-t-il d'un ton de triomphe; à » mon tour, maintenant! » et il se passa l'épée au travers du corps [2].

[1] Orose, V. 18.
[2] Senec. *De ben.* III, 23.

La victoire de Pompée, et ses suites plus désastreuses encore pour les alliés, lui permirent de porter la plus grande partie de ses forces contre les peuples qui habitaient le littoral de l'Adriatique et les versants orientaux des Apennins. Leurs contingents étaient détruits, ou bien, réunis à l'armée de Pompædius Silon, ils faisaient tête au consul Porcius. Ils n'avaient de secours à attendre ni des Marses, aux prises avec ce dernier, ni des Samnites, vivement pressés par Sylla. Contre une armée nombreuse, exaltée par les succès, ils ne pouvaient opposer une longue résistance.

Une anecdote intéressante, que nous a conservée Valère Maxime, peut donner une idée des moyens employés par les généraux romains pour obtenir la soumission des villes alliées. Pinna, colonie romaine, dans le pays des Vestins, mais prise au commencement de la guerre, était maintenant assiégée par les troupes de Cn. Pompée. Dans la place se trouvait un jeune homme, surnommé Pulton[1], renommé pour sa bravoure et sa force prodigieuse; son vieux père était prisonnier des Romains. Des soldats amènent le vieillard chargé de chaînes, devant une bar-

---

[1] Le mangeur de bouillie ou de purée. C'est encore un sobriquet ridicule donné probablement à un homme très-robuste et de bon appétit comme un athlète.

rière dont Pulton avait la garde, et le chef des assiégeants, peut-être Pompée lui-même[1], appelant le jeune officier par son nom, lui annonce que s'il ne livre son poste, il va faire trancher la tête au prisonnier. Déjà les Romains avaient tiré le glaive, ils allaient frapper. La barrière s'ouvre, mais non pour les recevoir. Pulton sort. Seul il s'élance sur le groupe de bourreaux. En un clin d'œil il les abat ou les disperse. Le vieillard est libre, et son fils, plus heureux que lui, le ramène triomphant dans la place.

Ces traits isolés d'héroïsme ne pouvaient sauver les Italiotes. Il fallut céder au nombre. Les Vestins se soumirent les premiers[2]. Les Marrucins et les Péligniens se défendirent quelque temps encore dans leurs montagnes[3]; mais Pompée soumit tout le littoral de l'Adriatique, et deux de ses lieutenants pénétrèrent dans l'Apulie[4], diversion qui favorisait puissamment les entreprises de Sylla contre les Samnites.

A l'approche des légions romaines, la diète de Corfinium avait quitté précipitamment cette ville

---

[1] Romanus Imperator. Val. Max. V, 4, 7, ext.
[2] Liv. *Epit.* 75.
[3] Ils ne firent leur soumission que l'année suivante. *Epit.* 76.
[4] *Epit.* 75.—Diod. XXXVII, 538 et suiv.—App. *Civ.* I, 51.

pour chercher un refuge dans les murs de Bovianum[1], sous la protection des montagnes samnites. Nous la verrons bientôt encore obligée de choisir une retraite plus sûre. Laissant à ses légats le soin d'achever la conquête des provinces de la confédération marse, Pompée dirigea tous ses efforts contre Asculum.

Avant la défaite de Vettius Scaton, la fortune avait reparu pour un instant sous les drapeaux de Pompædius. Sans attendre la fin de l'hiver[2], le consul Porcius Caton était allé le chercher dans son pays, et l'avait battu dans quelques affaires d'avant-garde. Ces succès insignifiants lui inspirèrent un orgueil immodéré qui lui devint fatal[3]. Il avait pris le commandement de l'armée de Marius, et raillant la prudence de son prédécesseur, il s'était vanté d'apprendre à vaincre aux soldats dont celui-ci n'avait pas su mettre à profit la bravoure. Dans son armée servait le fils de Marius, qui recueillit ses paroles outrageantes, et s'en souvint au moment où il semblait que le consul allait réaliser ses orgueilleuses promesses. Porcius avait attaqué le camp des Marses, retranchés auprès du lac Fucin, et ses légions, encou-

---

[1] Aujourd'hui Bojano. App. *Civ.* I, 51.
[2] App. *Civ.* 50, τοῦ δ' αὐτοῦ χειμῶνος.
[3] Orose, V, 18.

ragées par son exemple, pénétraient déjà dans les lignes ennemies, lorsque le jeune Marius le frappa, dit-on, d'un coup mortel[1]. En voyant tomber leur général, les Romains perdent courage, l'ennemi reprend de l'audace. Pompædius, profitant du désordre des assaillants, les presse à son tour, les chasse de son camp et en fait un grand carnage. Mais cette victoire n'eut aucun résultat. Les événements du Picenum ouvraient aux lieutenants de Pompée tout le territoire de la confédération marse, et Pompædius, entouré d'ennemis, se consumait en efforts impuissants pour défendre un pays déjà découragé, abandonné par la plupart de ses chefs, épuisé d'hommes et ruiné par une guerre désastreuse.

§ IX.

Tournant maintenant nos regards vers la Campanie, nous trouvons en présence deux grandes armées; l'une commandé par L. Sylla, l'autre par un Samnite, L. Cluentius, dont le nom paraît ici pour la première fois[2]. A cette occasion, on ne peut s'em-

---

[1] Oros. V, 18.
[2] App. *Civ.* I, 50.—On voit dans Eutrope, V, 3, un A. Cluentius; dans Diodore, XXXVII, 538 et suiv., un Tibé-

pêcher de faire cette remarque, qu'on ne voit jamais en même temps les deux chefs, ou les deux consuls de la ligue, à la tête de ses armées. L'année précédente, Papius Mutilus commençait la guerre, et Pompædius n'y prenait part que longtemps après l'ouverture de la campagne, et lorsqu'il n'est plus fait mention de son collègue. Maintenant Pompædius combat tous les jours, et le général samnite semble disparaître de la scène. Ne pourrait-on pas expliquer leurs rôles alternatifs par une obligation que la constitution italiote aurait imposée à ses chefs? Tandis que l'un commandait les troupes, l'autre ne devait-il pas présider les délibérations du sénat?

L'armée romaine se dirigeait contre Pompéi. En même temps que Sylla se disposait à l'attaquer par terre, une flotte commandée par un de ses lieutenants, A. Postumius Albinus, suivait son mouvement en longeant la côte de Campanie. Arrivé près de Pompéi, Postumius mit à terre ses troupes de débarquement. Là, dans le camp qu'il occupait, éclata tout à coup une sédition dont la cause est restée ignorée. Les mutins accusaient Postumius de trahison, crime inconnu jusqu'alors dans les armées

rius Clepitius. La conformité des événements prouve que ces trois noms désignent un même personnage.

romaines. Ce fut en vain que le malheureux général essaya d'arrêter le désordre. Il eut beau supplier les soldats de l'écouter, de le juger même ; il fut lapidé sans miséricorde.

Quelque indisciplinées que l'on suppose les cohortes de Postumius, ce reproche de trahison élevé contre leur chef est trop étrange pour n'avoir pas été motivé, du moins par quelque apparence. Pour moi, je n'hésite point à croire qu'une défection eut lieu dans sa flotte et lui fut imputée par les séditieux. Vers le même temps, au rapport d'Appien [1], le sénat fit mettre en état de défense le littoral du Latium et de la partie de la Campanie que ses troupes occupaient. Or, les alliés n'avaient point de vaisseaux, et par conséquent, si une défection ne leur eût livré une flotte, nulle descente n'était à craindre sur les côtes du Latium. Si l'on se rappelle que les équipages des navires de guerre chez les Romains se

---

[1] Cfr. Liv. *Epit.* 75. — Oros. V, 18. — Val. Max. IX, 8, 3, Voir surtout ce passage d'Appien si remarquable : Ἡ βουλὴ... τὴν μὲν θάλασσαν ἐφρούρει τὴν ἀπὸ Κύμης ἐπὶ τὸ Ἄστυ. *Civ.* I, 49. — Appien, il est vrai, semble attribuer aux mouvements de l'Étrurie l'inquiétude du sénat et ses préparatifs de défense ; mais contre les Étrusques, c'eût été la rive droite du Tibre et non les côtes de la Campanie qu'il importait de fortifier.

composaient de matelots étrangers, de *socii navales*, la possibilité, la probabilité même d'une défection devient évidente, surtout du moment où, débarrassés de la présence des soldats romains, qui pouvaient les contenir, ces marins se trouvaient seuls, en quelque sorte, exposés aux séductions des Samnites.

Cette révolte, d'ailleurs, quelle qu'en soit la cause, montre ce qu'étaient devenues les armées romaines, si renommées autrefois pour leur discipline. A cette époque, elles se recrutaient parmi la plus vile populace, qui, de longue main, accoutumée aux émeutes du Forum, ne pouvait se plier à cette obéissance passive si nécessaire dans la milice. Malgré le paludamentum de leurs généraux, les soldats improvisés de ces temps malheureux ne voyaient en eux que des candidats pleins de souplesse, qui naguère avaient mendié leurs suffrages, et qui aux prochains comices redoubleraient de bassesses pour obtenir des honneurs nouveaux. Porcius Caton, quelque temps auparavant, avait failli être victime d'une sédition de ses troupes, excitée par je ne sais quel obscur orateur de carrefour, alors soldat dans son armée [1].

---

[1] Dio Cass. fr. 114. Porcius, suivant Dion, ne dut la vie qu'à une circonstance fortuite. « L'armée campait, dit-il, sur

A la nouvelle de la mort de Postumius, Sylla ne montra aucune indignation ; il dit froidement : « Ces hommes sont à moi, maintenant qu'ils ont commis un crime [1]. » Pour tout reproche, en les incorporant dans ses légions, il leur déclara que le sang d'un citoyen exigeait en expiation des flots de sang ennemi [2]. Ses soldats étaient pleins d'ardeur, lui rempli de confiance ; il n'hésita pas à donner tête baissée sur le camp de Cluentius, avant même d'avoir rassemblé toutes ses forces. D'abord il fut chaudement repoussé ; mais l'arrivée de ses réserves contraignit les Samnites à décamper et à découvrir Pompéi, dont il s'empara de vive force [3].

un sol argileux, fraîchement labouré, qui ne fournit pas de pierres aux soldats pour lapider le consul. Ils ne purent lui jeter que des mottes de terre, qui lui firent peu de mal. On s'étonnera peut-être que ces soldats indisciplinés ne songeassent point à faire usage de leurs armes pour se défaire de leur chef, mais, dans les idées superstitieuses des anciens, c'était un moindre crime de tuer un général à coups de pierres que de le menacer d'un glaive. Le lapider c'était en quelque sorte le tuer *religieusement*. Même superstition chez les Grecs. Voir dans l'Anabase, comment Cléarque faillit, deux fois, être assommé de la sorte. Xen. *An.* I, 3 et 5.

[1] Plut. *Sul.* 6.
[2] Oros. V, 18.
[3] Vel. II, 16.

Peu après, Cluentius ayant reçu un renfort de Gaulois, déserteurs sans doute des troupes de la république, accepta la bataille dans les environs de Nola. Elle commença par un combat singulier entre une espèce de géant gaulois et un nain numide. Ce dernier, qui était le champion de l'armée romaine, ayant tué son adversaire, les Gaulois, dit Appien, se débandèrent et s'enfuirent. Il est bien plus vraisemblable que ces mercenaires trahirent une seconde fois. Quoi qu'il en soit, la victoire de Sylla fut complète. L'élite de l'armée samnite resta sur le champ de bataille, et les Romains firent un carnage affreux des fuyards qui se pressaient aux portes de Nola. Cluentius périt bravement en faisant de vains efforts pour les rallier [1].

Après cette bataille, toute la Campanie reçut la loi du vainqueur, à l'exception de Nola, qui paraît avoir été l'une des plus fortes places de ce temps. Sans s'amuser à en faire le siége, Sylla voulant frapper ses ennemis au cœur, se porta sur le Samnium.

Pour couper les communications entre les Samnites et les Lucaniens, leurs plus fidèles alliés, il se jeta d'abord sur le pays des Hirpins, qui sépare les

---

[1] Appien porte la perte des confédérés à 50,000 hommes, chiffre évidemment exagéré. *Civ.* I, 50.

deux provinces. La terreur de son nom et la rapidité de sa marche en imposèrent aux habitants de cette contrée, jaloux d'ailleurs, comme il semble, des Samnites, et mal disposés pour la confédération italiote [1]. Ce ne fut que devant Aeculanum, leur capitale, que Sylla trouva de la résistance. Cependant cette ville n'avait point de murs, et pour toute défense une enceinte de palissades. A l'approche des Romains, les habitants, qui comptaient sur l'arrivée d'une armée de Lucaniens, essayèrent de gagner du temps à parlementer. Mais Sylla ne leur laissa qu'une heure pour se décider, et cependant ses soldats entassaient contre les palissades des faisceaux de sarments et des bottes de paille. L'heure était écoulée, et déjà la flamme brillait et gagnait les palissades, lorsque les Aeculans s'écrièrent qu'ils voulaient capituler. Il était trop tard. Le préteur les traita en rebelles, et la ville fut abandonnée à la fureur du soldat. Après cet exemple, le reste des Hirpins s'empressa de mettre bas les armes.

Pendant que Sylla réduisait les Hirpins, les lieutenants de Pompée pénétraient en Apulie. Le pré-

---

[1] Vell. Pat. II, 16. — Minatius Magius d'Aeculanum avait levé une légion pour les Romains, dans cette province, dès le commencement de la guerre sociale.

teur Cosconius prit d'abord et brûla Salapia, fit capituler la ville de Cannes, et mit le siége devant Venusia. Marius Egnatius [1] accourant avec une armée samnite au secours de cette place, força les Romains à se replier sur Cannes. Les deux armées se trouvèrent en présence, séparées par l'Aufide, non loin de cette plaine fameuse qu'Annibal avait inondée de tant de sang romain. Là, par une bravade héroïque, Marius Egnatius envoya son héraut à Cosconius, pour le défier à combattre en rase campagne, dans un lieu où nul obstacle naturel n'empêcherait les deux nations rivales de montrer leur valeur. Voici quelles étaient les conditions de ce singulier cartel. Le Samnite invitait son adversaire à passer l'Aufide, s'engageant à ne pas l'attaquer avant qu'il se fût mis en bataille sur l'autre rive, ou bien, à son choix, il le priait de reculer, afin de lui laisser à lui-même le loisir de traverser la rivière et de prendre ses dispositions pour cette espèce de duel. Le Romain, qui se piquait peu de loyauté chevaleresque, feignit d'accepter le dernier parti ; mais au passage même

---

[1] Cfr. Appien, *Civ.* 1, 52.—Liv. *Epit.* 75.—Dans Appien, le général samnite est un Trebatius, nom parfaitement inconnu, substitué sans doute par un copiste à celui d'Egnatius. J'ai suivi la leçon de l'Epitome.

de l'Aufide, il fondit avec toutes ses forces sur les Samnites, les culbuta et en tua ou noya un grand nombre [1]. Marius Egnatius périt dans cette journée, qui rendit les Romains maîtres de presque toute l'Apulie.

Après la soumission des Hirpins, Sylla chargeant un de ses légats de contenir les Lucaniens, envahit le Samnium, jusqu'alors respecté par les armes romaines. La grandeur du péril avait obligé Papius Mutilus à reprendre le commandement des troupes; et c'était sur l'habileté éprouvée de ce chef heureux jusqu'alors que le sénat italien fondait sa dernière espérance; mais cette fois encore la fortune de Sylla fut supérieure à celle de son rival. D'abord, par des manœuvres habiles, il parvint à attirer les forces principales des Samnites sur un point fort éloigné de celui qu'il voulait attaquer. Tout d'un coup, changeant de direction, il fit franchir à son armée des montagnes réputées inaccessibles, et, trompant tous les calculs de son ennemi par l'inconcevable rapidité de sa marche, il parut au cœur du Samnium quand celui-ci l'attendait encore à l'entrée des gorges qui séparaient cette contrée des provinces occupées par les Romains. Papius, surpris, essaya, mais

---

[1] Cfr. App. *Civ.* 1, 52.—Liv. *Epit.* 75.

en vain, d'arrêter ce torrent dévastateur ; vaincu dans un combat acharné, blessé grièvement à la tête, il fut entraîné dans la déroute générale et porté mourant à Aesernia, cette dernière conquête des Samnites, maintenant le dernier asile de leur liberté. Avec Papius, la diète italienne se hâtait de chercher un refuge dans les murs d'Aesernia ; car déjà Bovianum, où elle venait de s'installer à peine [1], était menacé par l'armée victorieuse. Malgré les trois citadelles qui défendaient cette ville, malgré la résistance désespérée de ses habitants, Sylla s'en rendit maître en quelques heures et la saccagea cruellement. Tant de revers, se succédant coup sur coup, n'abattirent point le courage indomptable des Samnites ; pour soumettre cette généreuse nation, il fallait l'exterminer. C'était en vain que Sylla portait le fer et le feu dans leurs villages, jamais il ne put les contraindre à demander la paix. Lassé lui-même de cette héroïque opiniâtreté, il laissa sa conquête imparfaite, et retourna à Rome, où l'approche des comices consulaires lui offrait le but promis à son ambition et la récompense de ses services [1].

En même temps qu'arrivaient à Aesernia les dé-

---

[1] App. *Civ.* I, 51.
[2] Fin de l'année consulaire 665. Automne de 89 av. J. C.

bris de l'armée samnite, Pompædius Silon, vaincu dans plusieurs rencontres par les légats de Cn. Pompée, abandonnait sa patrie inondée de troupes romaines; et, suivi d'un petit nombre de braves, échappés comme lui à vingt batailles, il se retirait sur la terre où la liberté italienne avait encore quelques défenseurs.

Vers la fin de l'année 665, la troisième de cette guerre, la grande confédération italienne était presque dissoute. La plupart des insurgés du Nord et de l'Est avaient fait leur soumission, ou bien renonçaient à l'espoir de prolonger leur résistance[1]. Dans ces provinces il n'y avait plus d'armée italienne, mais seulement des bandes désorganisées errant de montagne en montagne, poursuivies sans relâche par les cohortes romaines. A l'exception d'Asculum,

---

[1] **Deux tribuns du peuple, M. Plautius Silvanus et C. Papirius Carbon, contribuèrent puissamment à hâter la soumission de ces peuples, en étendant les effets de la loi Julia à tous les alliés, pourvu qu'ils fussent domiciliés en Italie, et qu'ils déclarassent dans un délai de soixante jours leur acceptation des droits de cité romaine. Cic.** *Pro Archia*, **1. Il semble que cette loi ne différait de celle de L. Cæsar qu'en ce qu'elle ne faisait point de distinction entre les alliés demeurés fidèles pendant la guerre, et ceux qui se soumettraient dans le délai indiqué.**

assiégé par Cn. Pompée et privé désormais de tout secours, il n'y avait plus une seule ville qui n'eût ouvert ses portes aux Romains, ou qui songeât à se défendre.

Dans le sud de la péninsule, les Samnites et les Lucaniens conservaient encore une attitude fière au milieu du découragement général. Bien que depuis la soumission des Hirpins ces deux belliqueuses nations se trouvassent en quelque sorte isolées, et hors d'état de concerter leurs efforts, elles n'en comptaient pas moins l'une sur l'autre, et savaient que leur résistance ne cesserait qu'avec la vie de leur dernier soldat. Des douze préteurs de la confédération, cinq seulement [1] avaient survécu à tant de désastres. Un des consuls ou des deux chefs suprêmes, Papius Mutilus, dangereusement blessé, était hors d'état d'exercer un commandement. Telle était la situation des affaires lorsque Pompædius se présenta devant la diète d'Aesernia.

Aussi magnanime que le sénat romain, qui, après

---

[1] Diod. Sic. XXXVII, 538 et suiv.—C'étaient, autant que je puis croire: les deux Pontius Telesinus, Samnites, M. Lamponius, Lucanien, Gutta de Capoue, enfin Judacilius d'Asculum. Ce dernier errait alors dans les Apennins avec les débris de ses troupes, et harcelait l'armée de Cn. Pompée qui assiégeait Asculum.

la bataille de Cannes, remerciait Varron de n'avoir pas désespéré de la république, la diète italienne accueillit le général marse, arrivant en fugitif, comme elle l'eût fait au retour d'une victoire. On lui déféra par acclamation le commandement suprême[1]; résolution d'autant plus remarquable, que cette assemblée se composait alors en grande majorité de Samnites, ou du moins presque toutes les troupes dont elle pût encore disposer appartenaient à cette nation. J'insiste sur ce fait, parce que d'ordinaire le malheur rend les hommes méfiants et injustes, et qu'il est beau de voir une nation conserver dans les revers le respect de ses chefs et le sentiment du devoir.

Toutes les forces des confédérés ne s'élevaient pas à plus de trente mille hommes, en y comprenant les fugitifs, Marses, Apuliens, Campaniens, qui avaient trouvé un asile dans les montagnes d'Aesernia. Pour grossir cette armée, chaque sénateur, chaque propriétaire samnite affranchit ses esclaves; on en forma un corps d'environ vingt mille hommes, qu'on arma du mieux qu'il fut possible dans cette extrémité. En épuisant toutes ses ressources, la diète ne parvint à équiper qu'environ mille chevaux[2].

[1] Diod. id. ibid.
[2] Diod. id. ibid.

D'après les pratiques militaires de cette époque, la cavalerie se trouvait, par rapport à l'infanterie, dans une proportion trop faible des trois quarts au moins[1].

Ce fut avec ces troupes, encore mal organisées, que Pompædius entreprit sa dernière campagne[2]. Il attaqua les garnisons romaines que Sylla avait laissées dans le Samnium, et les chassa successivement de toutes leurs positions. Les historiens romains, si soigneux de cacher leurs défaites, ne nous ont laissé aucun détail sur les derniers exploits de ce grand capitaine. On sait seulement qu'il s'empara de vive force de Bovianum, l'ancienne métropole des Samnites, à la suite d'un combat assez glorieux, comme il semble, pour que la diète, qu'il réinstalla peut-être dans cette ville, lui accordât les honneurs du triomphe, à l'exemple du sénat romain. Pompædius fit son entrée dans Bovianum, traîné sur un char, suivant le cérémonial usité par les généraux de la république, pompe bien inutile et presque déplorable dans la situation où se trouvaient les affaires des confédérés[3].

Dans le même temps, Lamponius obtenait de son

---

[1] La proportion ordinaire était d'un à dix ou à douze.
[2] Fin de l'année 665, ou commencement de 666.
[3] Pompeius Sylo, in oppidum Bovianum, quod ceperat,

côté un avantage sur les légions romaines. Le légat A. Gabinius ayant eu l'imprudence de l'attaquer dans un camp fortement retranché, fut battu, et perdit la vie dans cet engagement, à la suite duquel furent rétablies les communications entre la Lucanie et le Samnium[1].

Ces succès partiels ne pouvaient avoir d'autre résultat que de retarder pour quelque temps encore la soumission des provinces du Sud; ils n'avaient plus d'influence sur le sort de l'Italie. Désormais Rome avait repris son ascendant, et la pacification complète de la péninsule n'était plus, aux yeux du sénat, qu'une question de temps. A l'issue des comices, les consuls nommés, L. Sylla et Q. Pompée,

---

triumphans invectus, omen victoriæ hostibus dedit; quia triumphans in urbem victricem, non in victam invehi solet. Proximo prælio, amisso exercitu, occisus est. Jul. Obs. cap. 116. S'il était nécessaire de discuter des présages, on pourrait faire remarquer la fausseté de l'observation de Julius Obsequens. Bovianum était une ville samnite, reprise mais non pas vaincue. Toutefois, on pourrait supposer qu'après en avoir tué ou chassé tous les habitants, Sylla avait établi à Bovianum une colonie romaine; mais, outre qu'il n'existe aucune trace historique de ce fait, c'est attacher trop d'importance aux rêveries de Julius Obsequens, que de chercher à leur donner un fondement quelconque.

[1] *Epit.* 76.

n'eurent point pour mission de s'occuper de la guerre sociale. Pour éteindre les dernières flammes de l'insurrection dans le Nord, il suffisait de Cn. Pompée, à qui l'on conserva l'imperium, afin qu'après les fatigues de deux pénibles campagnes, il recueillît la gloire d'une conquête facile ; dans le Sud, de quelques légats jouissant de la faveur publique, à qui l'on voulait donner l'occasion de se distinguer. Déjà le sénat semblait avoir oublié les périls des années précédentes. L'Italie avait cessé d'exciter sa sollicitude, et maintenant il la portait sur les provinces les plus éloignées de son vaste empire. L'élite des légions reçut l'ordre de se préparer à passer en Asie pour attaquer Mithridate. Ce prince avait profité des embarras de Rome pour envahir des royaumes placés sous la protection de la république. Il avait battu deux de ses généraux, et pour déclaration de guerre, il avait fait massacrer en un jour tous les citoyens romains que le commerce avait appelés dans ses états.

Depuis longtemps la puissance de Mithridate, son ambition, ses grandes qualités, étaient célèbres parmi les Italiotes, et plusieurs de leurs chefs, qui avaient servi en Asie, avaient pu le connaître personnellement. Après leurs premiers revers, les confédérés s'étaient mis en communication avec ce prince, pour lui demander des secours et l'inviter à recommencer l'expédition d'Annibal avec de plus grandes chances de succès. Mais peut-être Mithridate n'était-il pas encore préparé, ou bien, tout entier à des conquêtes plus faciles, il recula devant l'idée d'une entreprise aussi gigantesque. Dans une réponse vague aux ambassadeurs des confédérés, il promettait de passer en Italie lorsqu'il aurait terminé la conquête des provinces asiatiques qu'il voulait réunir à ses états. De fait, il ne paraît pas que la diète ait obtenu de lui des secours d'hommes ou d'argent. Seulement, il accueillit avec faveur tous les Italiotes qui, désespérant de leur patrie, vinrent près de lui chercher un asile au delà des mers. Il en forma un corps de troupes qui, dans la suite, lui rendit de grands services[1].

Les préparatifs de cette guerre et les soins de l'administration intérieure occupèrent le sénat et les consuls pendant la plus grande partie de l'année 666, et cependant Cn. Pompée et ses lieutenants continuaient leurs opérations contre les débris des insurgés. Hâtons-nous de retracer les derniers événements de cette lutte acharnée. On a vu que Cn. Pompée, débarrassé de la confédération marse, avait

---

[1] Diod. XXXVII, 539.—Frontin, *Strat.* I, 3, 17.

réuni la plus grande partie de ses forces contre Asculum. Il rendait cette malheureuse ville responsable de la révolte dont elle avait donné l'exemple, et il avait juré d'y exercer de terribles représailles. Mais la garnison était nombreuse, les habitants remplis d'enthousiasme et d'espoir dans le succès de leurs alliés. A l'approche des premières troupes ennemies, ils ne montrèrent sur leurs murailles que des vieillards et des enfants, afin de persuader à Pompée que la ville, presque sans défense, pouvait être facilement emportée par un coup de main. Ce stratagème réussit. Déjà les Romains commençaient l'escalade en tumulte, lorsque les portes d'Asculum s'ouvrant tout à coup, une jeunesse nombreuse se précipita avec furie sur les assaillants, en fit un grand carnage, et les ramena en désordre jusque dans leur camp[1]. Cet échec donna plus de circonspection à Cn. Pompée. Il entreprit un siége en règle; des lignes de circonvallation, des terrasses formidables entourèrent Asculum. Toutes les machines de guerre connues à cette époque furent réunies contre ses remparts. Peu à peu les assiégés

---

[1] Frontin, *Strat.* III, 17, 8.—On a trouvé, dit Pighius, près de la ville d'Ascoli, plusieurs balles de plomb de forme ovoïde, qu'on lançait avec des frondes. Elles portaient cette inscription: FERI POM., Feri Pompeium.

apprirent les défaites successives des alliés; chez eux, le découragement succéda bientôt à l'audace. Une sortie imprudente, qui leur coûta beaucoup de monde, acheva de les abattre[1].

De tout temps les cités italiennes se divisaient en deux factions. Dans l'extrémité où les Asculans se voyaient réduits, le parti qui avait autrefois été persécuté pour son attachement aux Romains, commençait à relever la tête, et à se grossir de tous ceux qui n'étaient pas trop compromis pour désespérer de trouver grâce devant les magistrats de la république. Déjà l'on parlait tout haut de l'inutilité d'une défense prolongée; déjà l'on jetait les yeux sur quelques familles patriciennes pour les charger d'un message auprès du général romain, lorsque Judacilius fut instruit de ces menées. Indigné, il rassemble huit cohortes avec lesquelles il faisait la guerre de partisans dans les montagnes voisines. A la tête de cette troupe peu nombreuse, mais déterminée, il marche dans le plus grand secret contre le camp de Cn. Pompée; et d'abord, il fait prévenir les chefs d'Asculum de son dessein, et leur ordonne de faire une sortie générale aussitôt qu'il se présentera devant les lignes ennemies.

[1] Orose, V, 18.

Ce message de Judacilius, dont ils connaissaient le caractère inflexible, loin de ranimer l'espoir parmi les assiégés, les remplit de consternation; car, l'ayant à leur tête, il fallait vaincre ou mourir, et vaincre n'était plus possible. Lorsqu'il parut en poussant son cri de guerre, pas une voix n'y répondit du haut des remparts d'Asculum. Les habitants, découragés, et n'osant prendre un parti, le virent avec effroi faire des prodiges de valeur et lutter contre toute l'armée ennemie, espérant peut-être, par leur lâche immobilité, désarmer la vengeance des Romains. Judacilius s'aperçut qu'il était trahi, et sa fureur redoubla ses forces. Renversant tous les obstacles qui s'opposaient à son passage, il perça au travers des retranchements et des légions de Pompée, et suivi d'une poignée de braves, il parvint jusqu'aux portes d'Asculum, qu'on n'osa lui fermer. Son entrée dans la ville fut celle d'un vainqueur irrité; le proconsul lui-même pénétrant par la brèche n'eût pas été plus terrible ni plus menaçant. D'un coup d'œil, Judacilius reconnut que prolonger la résistance était chose impossible, avec ce peuple déjà vaincu par la misère et la désunion. Désormais il ne songea plus qu'à mourir libre et vengé. Les soldats qu'il amenait étaient dévoués et partageaient sa fureur. Par son ordre, ils massacrent tous les partisans de la faction contraire, tous ceux qu'il désigne comme des lâches ou des amis des Romains. Puis, dans le temple principal d'Asculum, il fait dresser un vaste bûcher sur lequel on entasse tous les meubles précieux, tous les objets qui auraient pu orner le triomphe de Pompée. Au sommet on place un lit funèbre. Dans le vestibule du temple un grand festin se prépare; Judacilius le préside, entouré de ses amis; il les exhorte à suivre l'exemple qu'il va leur donner. A la fin du repas, on lui apporte une coupe de poison, il la vide, et s'étend d'un air calme sur le lit funèbre. Aussitôt qu'il eut rendu le dernier soupir, ses soldats allumèrent le bûcher qui, en un instant, dévora le plus brave des Asculans et les dieux de sa patrie. Cn. Pompée, en entrant dans la ville, n'y trouva plus que des cadavres et des maisons enflammées où ses soldats se précipitèrent aussitôt, pour disputer au feu le misérable butin que Judacilius leur avait laissé. Des femmes, des enfants, dépouillés de tout, furent destinés à suivre le char de Pompée[1], qui vainqueur sans avoir

---

[1] Cfr. Pline, VII, 44. — A. Gell. XV, 4. — Les Asculans prisonniers furent conduits en triomphe à Rome; mais je doute qu'ils aient été vendus comme esclaves. On connaît la singulière destinée de Ventidius, l'un de ces prisonniers; on

combattu, revint au Capitole triompher d'Asculum, mais non de ses habitants[1].

La prise d'Asculum, qui rendait disponible la nombreuse armée des assiégeants, fut suivie de fort près par l'entière soumission de tous les peuples composant la confédération marse. Pompædius, il est vrai, essaya de ranimer le feu de l'insurrection en conduisant les Samnites dans des provinces plus qu'à demi subjuguées. Mais sa tentative impuissante fut une nouvelle calamité pour la nation généreuse qui lui avait confié sa dernière armée. Débouchant en Apulie, Pompædius fut obligé de livrer bataille dans les environs de Teanum[2], au préteur Métellus, qui avait succédé à Cosconius dans cette province. La défaite des alliés fut complète : Pompædius mourut bravement les armes à la main, comme tous ses col-

lui reprocha dans la suite d'avoir été garçon d'écurie, mais non pas d'avoir été esclave. Voici les expressions d'Aulu-Gelle, 15, 4, qui ne peuvent s'appliquer à un esclave : Eamque rem tam intoleranter tulisse populum Romanum, qui Ventidium Bassum meminerat curandis mulis victitasse, ut vulgo per vias urbis versiculi proscriberentur :

> Concurrite omnes augures, haruspices ;
> Portentum inusitatum conflatum est recens.
> Nam mulos qui fricabat, consul factus est.

[1] App. *Civ.* I, 48.
[2] Orose, V, 18.—Cfr. Appien, *Civ.* I, 53, et Liv. *Epit.* 76.

lègues. Les Apuliens et les Marses subirent la loi du vainqueur. Quant aux Samnites, toujours persévérants, ils regagnèrent leurs montagnes, où le vainqueur n'essaya pas de les poursuivre.

Après cette bataille, la diète italienne semble s'être dissoute. Tous les peuples du Nord ayant mis bas les armes, les Samnites et les Lucaniens ne combattaient plus pour la liberté de l'Italie, mais pour leur propre indépendance. Ils se choisirent pour généralissime le Samnite Pontius Telesinus, sous la conduite duquel nous les verrons encore entreprendre de grandes choses.

TROISIÈME PARTIE.

§ X.

A tant de combats sanglants succéda une espèce de trêve tacite. L'Italie était alors dans l'état d'un malade épuisé qui sommeille après de longues souffrances. Métellus observait les Samnites, mais ne les attaquait point. Dans la Campanie, les troupes qui se concentraient à Capoue pour l'expédition contre Mithridate, laissaient respirer les Lucaniens. On espérait que le sentiment de leur impuissance amènerait enfin ces deux nations à implorer la clémence de Rome; peut-être même des négociations furent-elles ouvertes à cet effet.

La république n'avait pas moins souffert que les alliés. Elle était épuisée d'hommes et d'argent. Sur le point d'entreprendre une guerre lointaine, qui exigeait de nouveaux sacrifices, elle avait intérêt à ménager des peuples qu'elle venait de vaincre, mais que de nouvelles injustices pouvaient, en les réduisant au désespoir, obliger à reprendre les armes. Si l'on n'étendit pas le bénéfice de la loi Julia à tous les Italiotes qui avaient fait leur soumission, du moins on leur fit espérer, sans doute, que dans un avenir prochain leur bonne conduite serait récompensée, comme l'avait été la fidélité de quelques autres nations [1]. Il ne paraît pas, qu'à l'exception d'un petit nombre de chefs, punis de mort comme rebelles [2], les magistrats romains aient sévi contre les vaincus. Le territoire des villes confédérées ne fut pas confisqué [3], et cependant la situation des finances obligeait le sénat, pour se procurer de l'argent, à vendre aux enchères des terrains situés aux environs du Capitole, et depuis un temps immémorial abandonnés aux pontifes, aux augures et aux ministres de la religion [4]. Cette modération dans la détresse indique suffisamment la situation de Rome et des provinces qui venaient de rentrer dans le devoir.

---

[1] Les expressions d'Appien sont trop obscures pour qu'on puisse y voir la preuve de l'émancipation immédiate des peuples qui avaient fait partie de la confédération. Voir *Civ.* I, 53, *in fine*.

[2] Orose, V, 18.

[3] Sauf, peut-être, celui d'Asculum

[4] Orose, V, 18.

§ XI.

Sylla fut désigné pour diriger la guerre contre Mithridate. C'était, dans les idées d'un Romain, la plus belle mission qu'on pût obtenir : beaucoup de gloire et un butin immense; toutes les ambitions s'y pouvaient satisfaire. Aussi l'on devine qu'une si riche proie devait exciter bien des envieux. Malgré son grand âge et sa santé ruinée, Marius s'était flatté qu'on le chargerait de cette importante expédition [1]. Il ne pouvait s'habituer à n'être plus le premier personnage de Rome, et frémissait en songeant que ses campagnes contre les alliés, laborieuses mais indécises, avaient diminué sa haute réputation militaire. Furieux de se sentir oublié, il haïssait surtout dans Sylla le général heureux qui lui avait dérobé sa vieille gloire. L'ambition de Marius avait quelque chose de bas comme son origine. Sur un champ de bataille, il trouvait du génie ; à Rome, ce n'était qu'un intrigant éhonté, jaloux de toutes les réputations, sans système politique, sans audace même,

---

[1] Pour prouver qu'il était encore en état de faire la guerre, il se livrait, tous les jours, publiquement dans le champ de Mars, aux exercices gymnastiques en usage parmi les jeunes Romains. Plut. *Mar.* 34.

car il s'effaçait toujours pour mettre en avant quelque factieux subalterne, auquel il prêtait, pour un temps, ce qu'il lui restait de crédit et de popularité.

Pour supplanter son heureux rival, que le sénat semblait avoir adopté pour son chef, Marius chercha un appui chez les Italiotes auxquels la loi Julia avait accordé le droit de cité, mais avec une réserve qui les annulait pour ainsi dire dans les comices. Son projet fut de les égaler de tout point aux Romains de naissance; et, s'il y parvenait, il croyait son pouvoir assuré. C'était reprendre les projets de Drusus. Suivant son usage, Marius suscita un P. Sulpicius, tribun du peuple, sa créature, qui proposa de répartir les nouveaux citoyens dans les trente-cinq tribus anciennes, ce qui leur eût donné un droit de suffrage égal à celui des Romains, ou pour mieux dire, ce qui eût fait passer dans leurs mains toute l'influence politique. La rogation de Sulpicius ranimait en quelque sorte la guerre sociale, ou plutôt la transportait dans Rome même. Aussi, les premières discussions furent des émeutes ; on se battit à coups de pierres dans le Forum ; le sang coula comme aux jours des Gracques ou de Saturninus[1].

[1] App. *Civ.* I, 55.

La plus grande partie et la plus énergique des anciens citoyens se trouvant alors aux armées, l'avantage du nombre était pour le tribun; mais les consuls, afin d'ajourner un vote dont l'issue leur semblait trop certaine, se servirent du pouvoir que leur accordaient les vieilles lois religieuses de la république; ils indiquèrent pour le reste de l'année des féries si nombreuses, que toute assemblée du peuple devenait impossible [1].

A cette espèce de supercherie, alors fort usitée, Sulpicius répondit par la violence. Suivi d'une multitude furieuse armée de poignards, il somma les consuls L. Sylla et Q. Pompée de retirer leur décret et de supprimer les féries illégales qu'ils venaient d'introduire. Dans le tumulte horrible qui s'ensuivit, un jeune homme, fils de Q. Pompée, et gendre de Sylla, fut massacré sous les yeux de son père. Q. Pompée s'enfuit, et Sylla, entouré de poignards, n'évita la mort qu'en promettant d'abolir les féries, aussitôt qu'il en aurait référé au sénat. Le sénat était impuissant pour résister; il se soumit, et aussitôt Sulpicius fit passer sa loi. D'autres rogations la suivirent de près, adoptées également par la violence. C'est ainsi qu'il fit décréter le rappel des patrons

---

[1] App. loc. cit.

des alliés, exilés en vertu de la loi Varia; enfin, pour couronner son œuvre, il en rapporta tout le prix à son véritable auteur; car, retirant à Sylla la conduite de la guerre contre Mithridate, il la fit adjuger par le peuple au vieux Marius.

A peine échappé aux poignards de Sulpicius, Sylla s'était empressé de quitter Rome et de courir à Capoue, rendez-vous des troupes qui allaient passer en Asie. La plupart des soldats avaient servi sous ses ordres pendant deux années, en Campanie et dans le Samnium; habituées au pillage et à la violence sous un chef qui leur permettait tous les excès, ces légions n'appartenaient déjà plus à la république; elles étaient devenues l'armée de Sylla. Aussi, lorsque, fuyant de Rome et presque proscrit, il leur raconta l'outrage fait à leur général, et leur demanda s'il pouvait compter sur leur fidélité, les soldats répondirent par acclamation : Marchons sur Rome ! comme s'ils eussent deviné la pensée qu'il n'osait encore leur révéler ; et presque aussitôt, pour lui donner une preuve de leur dévouement, ils massacrèrent le légat Gratidius, qui venait prendre au nom de Marius le commandement de ces troupes[1].

Cependant le projet de porter les armes contre

---

[1] Val. Max. IX, 7, 2.

la ville sacrée était encore quelque chose de si monstrueux, même à cette époque d'indiscipline et de désordre, que tous les officiers supérieurs s'arrêtèrent épouvantés devant l'idée d'une action jusqu'alors sans exemple. Dans les six légions réunies autour de Capoue, tous les légats, tous les tribuns, sénateurs, chevaliers ou plébéiens, déclarèrent qu'ils ne marcheraient pas contre Rome. Tous, à l'exception d'un questeur, abandonnèrent le consul ; mais les soldats le suivirent, d'autant plus redoutables que leur masse aveugle n'obéissait plus qu'à un seul chef [1].

---

[1] App. *Civ.* I, 57.—Je demande la permission d'insister sur ce fait, qui me paraît assez remarquable pour mériter qu'on en recherche les causes. Dans la milice romaine, il existait une ligne de démarcation infranchissable entre les soldats et le corps des officiers supérieurs, légats et tribuns. Sauf de très-rares exceptions, ces derniers appartenaient à des familles riches et considérées. D'abord, ils faisaient leurs premières armes en qualité de *contubernales* d'un général, c'est-à-dire d'attachés à l'état-major ; de cette position, sans passer par aucun des grades inférieurs, ils étaient nommés au commandement d'une légion ou d'un corps d'armée, soit par le peuple dans ses comices, soit par le général en chef. On remarquera que leur charge n'était que temporaire (car il n'y avait dans la république de fonctions permanentes que dans l'ordre religieux); en sorte que pour passer à des fonctions plus élevées, pour avancer en grade, en un mot, il était nécessaire

Au bruit de la marche de Sylla, Rome fut saisie d'effroi. Marius n'avait point d'armée. Il ne s'attendait pas à tant d'audace. D'abord, il essaya de faire parler l'autorité du sénat, espérant que cette assemblée, bien que sa prisonnière, aurait encore quelque influence sur l'homme qui se disait le dé-

qu'ils se rendissent agréables aux citoyens dont les suffrages dispensaient les honneurs.—Examinons maintenant la carrière de l'homme du peuple enrôlé comme simple soldat. Quelles que fussent ses prouesses, son avancement dépendait uniquement du bon plaisir du général, ou plutôt du tribun commandant sa légion. Or, cet avancement n'avait lieu que dans les grades inférieurs, depuis celui de trentième centurion, *decimus hastatus*, jusqu'à celui de premier centurion ou primipile, *primipilus*. Ce grade était en quelque sorte intermédiaire entre la classe des soldats et celle des tribuns. C'était là le dernier terme de l'ambition d'un soldat qui, n'ayant jamais quitté son drapeau, s'était fait remarquer par mille belles actions.

Le centurion, et même le primipile, perdait son grade lorsque sa légion était licenciée; et s'il était enrôlé de nouveau, il pouvait ne servir que comme simple soldat. A la vérité, ce cas était rare, mais non point absolument impossible. (Voir Liv. XLII, 34.)

Les observations précédentes, que je me propose de développer dans un travail spécial, suffisent pour faire apprécier la situation très-différente des soldats et des officiers supérieurs dans un moment de révolution. Les premiers défenseur de ses priviléges. Deux préteurs, Junius Brutus et Servilius, furent députés à Sylla avec mission de l'interroger sur ses desseins. Introduits dans son camp, au milieu des huées de la soldatesque, insultés à chaque pas, dépouillés de leurs insignes, ils remirent en tremblant au consul les dé-

pendaient de leur général, les autres, des comices populaires. Leurs intérêts comme leurs sentiments devaient donc être souvent opposés.

Je hasarderai encore une hypothèse sur le mouvement qui eut lieu dans l'armée de Sylla. Je ne doute point qu'elle ne comptât dans ses rangs une forte proportion de soldats italiotes, les uns enrôlés chez les peuples demeurés fidèles à la république, les autres chez les nations récemment soumises. On conçoit même qu'il était de l'intérêt du gouvernement d'éloigner de leur pays ces derniers surtout. Devenus Romains, ces soldats n'avaient plus comme autrefois des préfets de leur nation. Ils avaient des tribuns nommés dans les comices; or, ces tribuns devaient être tous Romains, car on a vu que les Italiotes n'avaient encore aucune influence dans les assemblées politiques. Il ne serait pas étonnant, dans ce cas, que les soldats n'eussent éprouvé aucun des scrupules de leurs officiers, lorsque Sylla les mena contre Rome. J'ajouterai que la manière dont Sylla, de retour de son expédition en Asie, fut reçu par les peuples de l'ancienne confédération marse, prouve qu'il avait dans son armée beaucoup de soldats de ces provinces, et qu'il était parvenu à se les attacher complétement.

pêches dont ils étaient chargés. Sylla répondit « que son dessein était de délivrer Rome de ses oppresseurs. Que le sénat, ajouta-t-il avec une froide ironie, vienne au champ de Mars avec Marius et Sulpicius, nous réglerons ensemble les affaires de la république. » Et il continua sa marche.

Une nouvelle députation se présenta, qui cette fois, s'armant d'un semblant de résolution, lui signifia un sénatus-consulte pour lui défendre de s'avancer à plus de cinq milles de Rome. « Je m'y conformerai, » dit Sylla ; et les députés qui rapportaient cette bonne nouvelle, virent, en entrant dans Rome, l'avant-garde du consul qui les suivait de près. Bientôt une légion commandée par Basilus s'empare de la porte Esquiline. Q. Pompée, collègue de Sylla, qui s'était empressé de le joindre, en conduit une seconde vers la porte Colline ; deux autres, tournant la ville, se portent du côté du nord et entourent les remparts ; enfin, Sylla lui-même, avec ses deux dernières légions, appuie le mouvement de Basilus.

Quelque temps, Marius et Sulpicius, à la tête d'une troupe mal armée, continrent l'assaillant dans les Esquilies, soutenus par la populace de ce quartier, qui, du haut des toits, accablait de tuiles les soldats de Basilus. Mais Sylla fait avancer ses réserves, et saisissant une aigle, ramène lui-même ses soldats à la charge. Il leur crie de lancer des traits enflammés sur les toits et leur donne l'exemple. En voyant briller les torches la multitude se disperse. En vain Marius promet la liberté aux esclaves s'ils veulent s'armer pour lui; la plupart de ses partisans l'abandonnent. Un corps ennemi pénétrant dans la rue Suburane, menace de lui couper la retraite. Alors, ayant perdu tout espoir, il se hâte de quitter Rome, suivi de Sulpicius et de tous ceux qui avaient à craindre la vengeance du vainqueur.

Maître de la ville, Sylla ne s'occupa d'abord qu'à contenir la fureur du soldat. Il fit exécuter sur-le-champ quelques pillards ; il plaça partout des corps de garde, et passa la nuit avec Q. Pompée à parcourir tous les quartiers pour réprimer le désordre. Le lendemain, de concert avec son collègue, il publia une série de décrets, ou plutôt les conditions de la paix qu'il accordait à la république [1].

Tous les actes du tribunat de Sulpicius, posté-

---

[1] App. *Civ.* I, 59. Ce fut probablement sous la forme de sénatus-consultes que ces décrets furent promulgués. Je doute qu'ils aient été présentés aux comices. Il est possible d'ailleurs qu'Appien ait confondu les époques et placé immédiatement après la prise de Rome plusieurs des lois cornéliennes que Sylla imposa aux Romains quelques années plus tard, en qualité de dictateur.

rieurs aux édits consulaires sur les féries, furent déclarés nuls et sans effet. Marius, Sulpicius et dix autres sénateurs furent mis hors la loi comme séditieux, rebelles, auteurs de menées insurrectionnelles. La puissance des tribuns fut notablement réduite, et en particulier il leur fut interdit de proposer des rogations de leur chef[1]. Les consuls défendirent encore à tout magistrat de présenter au peuple aucun projet de loi, à moins qu'au préalable il n'eût été sanctionné par le sénat. Enfin, ils retirèrent aux comices par tribus le pouvoir législatif, et décrétèrent qu'à l'avenir les rogations ne pourraient être portées que devant les comices par centuries. Comme ces assemblées étaient présidées par les consuls ou les préteurs, d'ordinaire dévoués au sénat; qu'à eux appartenait la mission de prendre les auspices, sans lesquels ces assemblées n'étaient point valables, les réformateurs accordaient en réalité au sénat le pouvoir d'arrêter à son gré les délibérations dont l'issue menaçait d'être funeste à ses priviléges[2].

Si l'on en croit Appien, par un dernier édit,

[1] Id. ib.
[2] Id. loc. cit. — Ces décrets, qui ne furent que les ordres arbitraires d'un général vainqueur et tout-puissant, seront reproduits et développés à la fin de ce travail.

Sylla recomposa ce corps, alors tombé dans le mépris par son obéissance à tous les factieux, d'ailleurs extrêmement réduit par les pertes nombreuses qu'il avait faites pendant la guerre sociale. Trois cents nouveaux sénateurs furent inscrits sur l'album, choisis parmi les citoyens les plus riches et les plus influents. Je n'ai pas besoin de dire qu'ils furent recrutés dans la faction dominante [1].

Tous ces décrets furent sanctionnés sans opposition par le sénat. Un seul homme, Q. Mucius Scævola, osa protester contre les proscriptions. « Jamais, s'écria-t-il, je ne déclarerai Marius ennemi du peuple romain, car jamais je n'oublierai qu'il a sauvé la république.»

Sulpicius, trahi par un de ses esclaves [2], fut mis à mort; les autres proscrits, errant çà et là, purent se dérober à la vengeance du vainqueur. Celui-ci, satisfait de l'obéissance de Rome, renvoya au bout de quelques jours la plus grande partie de son armée à Capoue, n'attendant pour la suivre que l'expira-

---

[1] App. *Civ.* I, 59. Il est très-vraisemblable que quant à cette rénovation du sénat, Appien a anticipé sur les temps. Voir les lois du Dictateur, § XIX.

[2] L'esclave fut d'abord affranchi pour avoir livré un proscrit, puis, précipité de la roche tarpéienne, pour avoir trahi son maître. Liv. *Epit.* 77.

tion de son consulat. Mais auparavant il dut présider les comices consulaires, et dans cette occasion il put voir toute la haine que le peuple portait au destructeur de ses libertés. Débarrassée de la terreur que lui inspiraient les six légions de Campanie, la plèbe urbaine témoigna hautement son aversion pour les candidats que favorisait Sylla, et plusieurs échouèrent dans leur poursuite. Octavius, candidat de la faction aristocratique, fut nommé cependant, car la douceur de son caractère faisait excuser son origine, mais il eut pour collègue L. Cornelius Cinna, qui, passant pour un ami secret de Marius, avait toute la faveur de la populace. On dit que Sylla voulut s'assurer de lui, en lui faisant prêter dans le Capitole et sur l'autel de Jupiter le serment de maintenir les lois cornéliennes [1]. Très-superstitieux lui-même, Sylla crut le dominer en lui dictant une formule terrible d'imprécations contre le parjure, mais des serments n'embarrassaient guère Cinna, et il promit tout ce qu'on exigea de lui. Il ne tarda pas à lever le masque. A peine fut-il entré en charge [2], qu'à son instigation le tribun Verginius, au mépris des nouveaux édits, accusa Sylla devant le peuple [3]. Celui-ci, toujours

[1] Plut. *Sull.* 10.
[2] A. de R. 667.
[3] Plut. *Sull.* 10.

entouré de ses clients et d'une troupe de soldats qui ne le quittaient ni le jour ni la nuit, ne daigna pas répondre à la citation du tribun, et rejoignit son armée à Capoue, d'où, fort peu de temps après, il partit pour l'Asie en qualité de proconsul, laissant une forte division sous les ordres d'Appius Claudius pour contenir les Samnites et les Lucaniens.

Pontius Telesinus, profitant des discordes civiles qui agitaient Rome, s'était mis en campagne et occupait en force le Bruttium. A l'exception de quelques villes dont il faisait le blocus, il semble que toute cette province fût en son pouvoir. On voit qu'il s'en fallait bien que les Samnites songeassent à demander la paix. Au contraire, ils méditaient des conquêtes et projetaient une descente en Sicile, où ils espéraient faire éclater une insurrection. Peu s'en fallut qu'ils ne surprissent Rhegium, d'où il leur eût été facile de se porter en Sicile; mais le préteur C. Norbanus, accourant avec des forces imposantes, les obligea de renoncer à cette expédition[1].

[1] Diod. Sic. XXXVII, 541. — V. les notes de Wesseling. —Suivant Diodore, les chefs alliés, parmi lesquels il nomme, évidemment par erreur, Pompædius et Cleptius (Cluentius?) déjà morts, faisaient le siége d'une ville qu'il appelle Asiæ, et que personne ne connaît. On suppose qu'il s'agit de Tisiæ,

Pour soustraire Q. Pompée, le collègue de Sylla, aux réactions qui ne s'annonçaient que trop clairement, le sénat lui avait conféré le commandement de l'armée du Nord, encore cantonnée dans le Picenum et l'Ombrie, sous les ordres de son homonyme, Cn. Pompée Strabon, consul en 665. Ce dernier, malgré la licence générale, maintenait parmi ses troupes une si exacte discipline, qu'après avoir guerroyé pendant trois années dans les mêmes provinces, il avait fini par se faire aimer des peuples qu'il avait vaincus. En revanche, ses soldats le détestaient[1], l'accusant de cruauté et d'avarice, parce qu'il réprimait leurs violences[2], et qu'il défendait sévèrement le pillage, toléré sinon autorisé dans l'armée de Sylla. Bien que haï, Strabon savait se faire obéir, et maintenait sur ses légions cet ascendant que prend toujours un général victorieux. Dans les derniers

---

ville du Bruttium, citée par Appien, *Hannib.* 44. J'ai adopté pour le nom du préteur la correction proposée par Wesseling. Diodore le nomme Γάιος Ὀρβανός.

[1] Plut. *Pomp.* I.

[2] Peut-être est-ce le même Strabon qui fit décimer ses soldats coupables d'avoir massacré des décurions milanais. Frontin raconte ce trait, ne désignant le général romain que par le nom de Cn. Pompeius, qui s'applique également à Strabon et à son fils le grand Pompée. Front. *Strat.* I, 9, 3.

événements qui avaient ensanglanté Rome, il avait observé la neutralité. Il passait pour hostile au parti de Marius, mais en même temps il était jaloux de Sylla, et sans doute il espérait, à la faveur de l'épouvantable désordre où la république était plongée, se créer une grande position et devenir l'égal des deux hommes qui représentaient alors le parti populaire et le parti aristocratique.

Ce fut avec le plus vif déplaisir qu'il s'était vu donner un successeur par le sénat; cependant, à l'arrivée de Q. Pompée, il lui remit le commandement et s'éloigna de l'armée, mais avec lenteur, et comme s'il se fût attendu à l'événement qui allait arriver.

Les légions du Nord étaient fort mécontentes de la partialité que le sénat avait montrée pour l'armée du Midi. Outre le pillage de la Campanie et du Samnium, ces dernières troupes avaient été comblées de récompenses pour leurs victoires contre les confédérés, puis, pour ce qu'on appelait la délivrance de Rome. Dans l'état des finances, épuisées par la guerre sociale et par les préparatifs de l'expédition d'Asie, il était impossible de satisfaire les prétentions des soldats. Q. Pompée arrivant sans argent, sans promesses même, dut être mal accueilli. On ignore quel fut le motif d'une sédition qui éclata presque aussitôt ; mais il n'est que trop vraisemblable que Strabon l'avait préparée de longue main. Quintus fut massacré au pied de l'autel où il sacrifiait, quelques heures après ce crime, Strabon reparaissait au milieu des soldats, tout rentrait dans l'ordre, et pas un des meurtriers n'était puni, ni même recherché [1].

Telle était l'armée qui devait assurer la tranquillité de l'Italie ; et l'incertitude sur les dispositions de son chef, qui recevait les propositions de tous les partis, les excitait aux plus séditieuses tentatives.

Après le départ de l'armée d'Asie, Cinna ne cacha plus ses desseins, et rompant ouvertement avec Sylla, il demanda le rappel des exilés et le rétablissement des lois de Sulpicius, c'est-à-dire, l'émancipation pleine et entière de l'Italie. Dans l'état des esprits, une semblable rogation devait infailliblement amener une sédition dans le Forum. Elle eut lieu en effet. Le sang coula, la lutte fut acharnée. Mais Cinna avait mal calculé ses forces. Les nouveaux citoyens qu'il dirigeait se trouvèrent en petit nombre. Contre lui, son collègue Octavius, le sénat, la plupart même des tribuns du peuple [2], enfin tou-

---

[1] App. *Civ.* I, 63. — Val. Max. IX, 7.
[2] App. *Civ.* I, 64. — Sans doute ils avaient été nommés

tes les anciennes tribus se réunirent, coururent aux armes et le chassèrent de Rome après un combat tumultueux. Je suppose que dans cette tentative, Cinna comptait sur l'appui de Cn. Pompée, et que celui-ci, grand temporiseur, voulut attendre l'événement, laissant les deux factions rivales s'affaiblir réciproquement.

Cinna fut solennellement destitué et remplacé par L. Merula, flamine de Jupiter, homme pieux et honnète, mais manquant de l'énergie et des talents nécessaires pour gouverner dans ces temps de désordres et de crimes [1].

Proscrit de Rome, Cinna parcourut les villes du Latium et de la Campanie, qui venaient d'acquérir le droit de cité romaine. Il se disait victime de son attachement à leurs intérêts ; il déclamait contre la tyrannie du sénat, contre l'illégalité de sa destitution. Partout on l'accueillait avec faveur. On lui fournit de l'argent ; quelques partisans italiens le suivirent, et son escorte se grossit de plusieurs exilés de marque, accourus de leurs retraites en apprenant le départ de Sylla. En peu de jours il avait réuni

lorsque le peuple était encore sous l'influence de la terreur inspirée par Sylla.

[1] Dio Cass. frag. 118.

quelques troupes ; il comptait dans sa suite plusieurs sénateurs, entre autres Q. Sertorius, militaire renommé, que son attachement à Marius et le rôle qu'il avait joué dans les derniers événements avaient fait mettre au nombre des proscrits. Cinna n'hésita pas à ouvrir des pourparlers avec les Samnites, et même il se rendit à Nola, qu'ils occupaient encore. L'ennemi de Sylla ne pouvait manquer d'être bien reçu. Les chefs samnites et lucaniens lui promirent leur appui, peut-être à la condition que, maître des affaires à Rome, il reconnaîtrait leur indépendance. De fait, ils recommencèrent aussitôt à harceler les Romains, et surtout l'armée d'Apulie, commandée par Métellus.

Les troupes que Sylla avait laissées en Campanie sous les ordres d'Appius Claudius avaient leur camp aux environs de Capoue, plutôt pour observer les Samnites que pour les attaquer. Suivant toute apparence, ce corps d'armée comptait beaucoup de soldats qui avaient servi sous Marius, ou qui avaient fait partie des armées italiotes. Instruit de leurs dispositions, Cinna prit la résolution hardie d'entrer dans leurs quartiers et de les débaucher à son parti. Dans ce dessein, revêtu d'une robe de deuil, la barbe et les cheveux en désordre, dans le costume en un mot d'un proscrit de théâtre, il parut inopinément devant les soldats assemblés. Il joua son rôle en acteur habile. En voyant un consul se rouler à leurs pieds, embrasser leurs aigles, leur tendre des mains suppliantes, les soldats, émus de compassion, le relèvent, l'appellent leur général, l'obligent à reprendre le laticlave et lui rendent ses faisceaux. En un moment toute la Campanie se déclare en sa faveur. Le Latium suit en grande partie cet exemple, et de toutes parts des soldats italiens accourent sous ses drapeaux. Ainsi se ranimait une nouvelle guerre sociale, plus terrible que la première, car la moitié de Rome conspirait cette fois avec l'Italie.

Pendant que Cinna soulevait la Campanie, le vieux Marius, longtemps errant et fugitif, mais protégé par sa gloire et le respect que tous les Italiotes portaient à l'homme qui les avait sauvés du sabre des Cimbres, Marius, échappé par miracle à mille dangers, abordait tout à coup sur la côte d'Étrurie, au port de Télamon, accompagné de son fils et de quelques autres proscrits. Cinq cents esclaves qui s'étaient échappés de Rome pour rejoindre leurs anciens maîtres [1], lui composèrent d'abord une bande assez déterminée pour qu'il osât se montrer aux ha-

---

[1] App. *Civ.* I, 67. — Ces esclaves avaient été vendus sans doute dans la confiscation des biens des proscrits.

bitants des villes étrusques. Ce vieillard, cassé par l'âge et les fatigues, revêtu d'une robe de deuil, proscrit, condamné à mort, excitant à la fois l'horreur et le respect [1], leur parut plus grand alors que lorsqu'ils le voyaient, consul pour la sixième fois, consacrant ses trophées cimbriques. Reçu avec enthousiasme par le peuple des villes, et surtout par les paysans, il se vit bientôt à la tête de plus de six mille hommes [2]. La loi Julia avait opéré dans l'Étrurie la plus complète et la plus rapide des révolutions. Serfs la veille, ses paysans en un jour étaient devenus libres; bien plus, ils étaient devenus Romains. Mais leur soudain affranchissement les avaient laissés plus misérables qu'ils n'étaient sous le despotisme de leurs seigneurs [3]. Les terres restaient sans doute aux Lucumons, et les paysans étrusques, aussi dépourvus de toutes ressources que les prolétaires de Rome, n'avaient pas comme eux, pour subsister, les distributions de froment et la sportule de leurs

[1] Carcer, fuga, horrificaverant dignitatem. Fl. III, 21.

[2] App. *Civ.* I, 67. — On appela ces soldats *Bardiœi*, probablement à cause de leur accoutrement, qui rappelait le costume des peuplades illyriennes connues sous ce nom. Plut. *Mar.* 43.

[3] La dureté des Lucumons était proverbiale :
    Nempe in Lucanos aut Tusca ergastula mittas.
Juv. VIII, 100.

patrons. L'étonnant changement de leur condition, l'espérance vague que cette liberté inconnue, accordée par les Romains, allait les transformer, pour ainsi dire, et leur donner tous les biens que peuvent rêver des esclaves, les avaient jetés d'abord dans une espèce de délire. Ils bénissaient le sénat de Rome, ils lui vouaient un attachement éternel. C'est dans ces dispositions que les trouva l'armée des confédérés lorsqu'elle s'avança dans leur pays sous la conduite de Vettius Scaton. A leur songe succéda un triste réveil. Ils subirent les charges de la liberté avant d'en avoir ressenti les bienfaits. Devenus Romains, il leur fallut obéir à des lois inconnues; des officiers de la république vinrent dans leurs villages enrôler leurs jeunes gens; on fit des réquisitions de vivres, d'armes, de chevaux, pour les besoins sans cesse renaissants de la guerre. S'ils n'avaient plus de maîtres, ils n'avaient plus de pain. Leurs Lucumons, leurs égaux maintenant, conservaient leurs richesses; ce n'étaient point ainsi qu'ils avaient compris cette liberté tant vantée. Pour des hommes grossiers, abrutis par un long esclavage, il n'y a de liberté que dans la licence; d'ailleurs, dans leurs traditions nationales se conservait le souvenir d'une révolution plus grande et telle qu'ils en souhaitaient le retour dans leurs jours de misère. Ils n'avaient pas oublié ce temps heureux où les serfs de Vulsinii régnaient sur les Lucumons, enlevant leurs femmes et se partageant leurs richesses [1]. En communiquant avec quelques Romains, ils apprirent qu'à Rome aussi il y avait des Lucumons; que le sénat tyrannisait le peuple, mais que le peuple avait des défenseurs, et que Marius en était le plus zélé comme le plus illustre. Aussi, le voyant paraître tout à coup au milieu d'eux, ces affranchis d'un jour l'accueillirent-ils comme un libérateur.

Menacé au nord et au sud, la position du nouveau gouvernement de Rome était des plus critiques. Il n'avait d'autre espoir que dans l'armée d'Apulie, et dans celle de Cn. Pompée, au cas où ce dernier voudrait bien se déclarer en sa faveur. Sans lui contester le titre de général qu'il s'était arrogé, on se hâta de le mander à Rome. A Métellus, alors occupé par les Samnites, on donna pleins pouvoirs pour conclure la paix à quelque prix que ce fût [2]; l'important, c'était qu'il ramenât aussitôt ses troupes à la défense de la ville; et cependant les consuls faisaient toutes les dispositions pour soutenir un

---

[1] Cfr. Flor. I, 21. — Val. Max. IX, I, ext. 2.
[2] Dio. Cass. frag. 166.

siége, ils réparaient les tours et les murailles, y plaçaient des machines ; ils levaient des soldats partout où leur autorité était encore reconnue.

Pour se rendre à Rome, s'il voulait obéir aux ordres du sénat, Cn. Pompée n'avait aucun obstacle sérieux à surmonter, car l'insurrection dirigée par Marius n'était point encore en mesure de s'opposer à sa marche; mais Métellus, outre la difficulté d'un accord avec les Samnites dans les circonstances présentes, avait à traverser un pays dont les dispositions étaient toutes favorables à Cinna. Ses premières ouvertures auprès des chefs samnites lui montrèrent bientôt qu'ils n'ignoraient point la triste situation de la république, et qu'ils voulaient s'en prévaloir. Ils demandaient d'abord le droit de cité romaine, complet sans doute, pour eux et leurs alliés, en y comprenant tous les Italiotes exceptés des amnisties précédentes, et réfugiés sur leur territoire. Puis ils exigeaient des indemnités pour les pillages exercés par Sylla dans le Samnium ; enfin, ils voulaient qu'on leur rendît leurs esclaves fugitifs, sans admettre la réciprocité de la part des Romains[1]. Telles furent leurs propositions, au rapport de Dion Cassius ; mais à moins que, par

---

[1] Dio Cass. frag. 166.

la hauteur de leurs prétentions, ils n'aient eu le dessein de les rendre inadmissibles, pour se donner le droit d'écraser leurs adversaires, je doute qu'elles nous aient été transmises avec exactitude. En effet, on verra bientôt que déjà les Samnites ne se souciaient plus de prendre le nom de Romains, et de perdre leur nationalité si courageusement défendue; en outre, il est invraisemblable que dans les articles du traité qu'ils proposaient à Métellus, ils eussent oublié la réhabilitation de Marius, de Cinna, et des autres proscrits, avec lesquels ils agissaient déjà de concert.

Quoi qu'il en soit, jamais, même après une défaite désastreuse, conditions plus humiliantes n'avaient été dictées à un général romain. Métellus frémit d'indignation, et malgré l'ordre pressant du sénat, il les rejeta fièrement. Puis, laissant une partie de ses légions à son légat Plautius, il se dirigea sur Rome à marches forcées, et y parvint avant Cinna, qui, naturellement timide, ne voulait attaquer la capitale qu'après avoir fait insurger toute l'Italie.

De son côté, Cn. Pompée s'était mis en marche; mais ses intentions, personne ne les connaissait encore. Il correspondait à la fois avec les consuls et avec Cinna; les deux partis avaient ses promesses, et chacun comptait sur son appui. Son but évident était de les affaiblir l'un par l'autre, pour se poser ensuite en arbitre et commander à tous les deux. Mais dans ces négociations perfides il perdit du temps. L'armée de Cinna, celle de Marius se grossissaient tous les jours, et l'insurrection se propageait avec une effrayante rapidité. Les Samnites tombant sur la division de Plautius l'avaient taillée en pièces, et aussitôt après le départ de Pompée, plusieurs villes, que sa présence avait contenues jusqu'alors, s'étaient déclarées pour Cinna. Ariminum, dans l'Ombrie, s'était soulevé et avait reçu un corps de troupes suffisant pour arrêter les Gaulois que le sénat avait mandés à son secours [1]. Déjà quatre armées nombreuses, commandées par Cinna, Marius, Sertorius et Carbon, formaient autour de Rome comme un cercle formidable qui se resserrait à chaque instant.

Telle était la situation des affaires, lorsque l'armée de Pompée parut devant Rome et campa près de la porte Colline. Sans doute, il se flattait que les

---

[1] App. *Civ.* I, 67. — Deux chemins conduisaient de la Gaule Cisalpine à Rome : la voie Claudia, qui traversait l'Étrurie, et la voie Flaminia, qui, partant d'Ariminum, passait par l'Ombrie. La première était interceptée par Marius.

sénateurs, dans l'extrémité où ils se trouvaient réduits, n'hésiteraient pas à lui conférer les pouvoirs les plus étendus. Rester fidèle à la cause aristocratique était alors le seul parti qu'il pût prendre, car la supériorité de Cinna devenait trop évidente pour que celui-ci daignât encore lui demander une trahison.

Marius s'étant emparé d'Ostie, fit sa jonction avec Cinna [1], et tous les deux, au moyen de ponts jetés sur le Tibre, au-dessus et au-dessous de Rome, interceptèrent toutes ses communications avec les places et les provinces qui demeuraient encore fidèles. Dans l'intérieur même de la ville ils avaient des émissaires qui débauchaient les soldats du sénat, et qui excitaient la populace et les esclaves à se joindre à eux. Les désertions étaient nombreuses; l'armée de Pompée montrait les plus mauvaises dispositions. Quelques-uns de ses officiers, gagnés par Cinna, tentèrent d'assassiner leur général, et les soldats, enlevant leurs enseignes et pliant leurs tentes, parurent un instant disposés à passer en masse à l'ennemi. Sans le courage et la fermeté du fils de Cn. Pompée [2], le sort de Rome se déci-

---

[1] App. *Civ.* I, 67.
[2] Plut. *Pomp.* 3.

dait en cet instant. Mais il se coucha en travers de la porte Prétorienne, et les soldats, qui chérissaient ce jeune homme autant qu'ils détestaient son père, n'osèrent la franchir en passant sur son corps. Il ne put empêcher cependant que des cohortes entières n'allassent se livrer à Cinna [1]. Parmi les chefs même, choisis par les consuls, il se trouva des traîtres. Un tribun militaire, nommé Appius Claudius, qui commandait au Janicule, livra la porte du Port à Marius, qui se serait emparé du faubourg au-delà du Tibre, si les consuls et Pompée, avertis à temps, ne fussent accourus en force et ne l'eussent contraint de rétrograder [2]. Dans cet engagement, qui eut lieu avant le jour, deux frères se battirent sans se connaître, et le vainqueur ne vit son crime qu'en dépouillant de ses armes son ennemi mort. Il se punit en se tuant lui-même sur le bûcher, qui les consuma tous deux [3].

Mais cet affreux exemple des malheurs qu'entraînent les guerres civiles était perdu pour des hommes tels que Marius et Cinna. N'espérant plus emporter Rome par un assaut, ils essayèrent de la réduire

---

[1] Plut. *Pomp.* 3.
[2] App. *Civ.* I, 68.
[3] Liv. *Epit.* 79. — Oros. V, 19.

par la famine. En peu de jours ils s'emparèrent, de vive force ou par trahison, de toutes les villes du Latium qui renfermaient des magasins de blé destinés à nourrir le peuple romain pendant la guerre sociale. Bientôt la famine se fit sentir cruellement, et une maladie épidémique, sa compagne ordinaire, exerça de grands ravages parmi les soldats des deux armées et surtout parmi la populace urbaine [1]. Pompée mourut atteint par ce fléau [2], ou, suivant la plupart des auteurs, il périt foudroyé dans sa tente [3]. L'incertitude qui règne sur la mort de ce chef ambitieux pourrait encore donner lieu de l'attribuer à un crime ; l'indiscipline de ses soldats et leur haine furieuse contre leur général ne le rendraient que trop probable [4].

Que sa fin ait été le résultat de la vengeance des hommes ou d'une justice providentielle, elle portait un coup accablant aux défenseurs de Rome. C'était le seul homme de guerre que le sénat pût opposer à des capitaines aussi habiles que Marius et Sertorius.

---

[1] Oros. V, 19. — Vell. Pat. II, 21.

[2] Vell. II, 21.

[3] Cfr. Plut. *Pomp.* 1. — App. *Civ.* I, 68. — Oros. V. 19. — Vell. loc. cit.

[4] Ils arrachèrent son corps du bûcher, et le déchirèrent en morceaux. Plut. *Pomp.* 1.

Abandonnés par une partie de leurs troupes, travaillés par la famine et la peste, n'osant courir les chances d'un combat, les consuls, retranchés sur le mont Albain[1], ne savaient ni tenter un coup de désespoir, ni se résoudre à implorer la pitié du vainqueur.

Il fallut en venir enfin à ce dernier parti. Une première députation fut durement éconduite, parce qu'elle ne donnait pas à Cinna le titre de consul. On en fit partir une seconde qui n'avait pour mission que de demander une amnistie. Cinna la reçut, assis sur sa chaire curule. Debout auprès de lui, Marius, comme son mauvais génie, semblait lui dicter ses réponses. Les cheveux et la barbe en désordre, vêtu d'une robe déchirée, il avait la contenance d'un proscrit, mais d'un proscrit qui commande une armée victorieuse. Cinna répondit avec hésitation aux envoyés du sénat, que, *quant à lui*, il ne voulait faire mourir personne. Il fallut bien se contenter de cette réponse ambiguë, trop clairement expliquée par le silence terrible de Marius. Aussitôt les portes de Rome s'ouvrirent, et les sénateurs tremblants s'empressèrent de venir s'humilier devant le vainqueur. Par une délibération prise à

---

[1] Sans doute à cause de la contagion. App. *Civ.* I, 69.

la hâte, ils apportaient à Marius à Cinna, la révocation de leur exil et leur complète réhabilitation ; mais Marius, pour montrer que le pouvoir du sénat était nul à ses yeux, s'arrêta devant la porte Capène, en disant, avec une farouche ironie, qu'un exilé ne pouvait rentrer dans Rome sans être rappelé par un plébiscite [1]. Déjà Cinna et les tribuns convoquaient le peuple à la hâte, lorsque Marius, fatigué de cette comédie, entra dans la ville, suivi de sa troupe étrusque, qui sur-le-champ se mit à massacrer tous ceux qu'il lui avait désignés d'avance. Le consul Octavius, assis au Janicule, sur sa chaire curule, fut un des premiers égorgés [2]. Qui n'a lu les excès de cette soldatesque effrénée?... Pendant plusieurs jours Rome nagea dans le sang; le pillage était continuel. L'armée victorieuse se composait en majeure partie d'Italiotes et d'esclaves fugitifs, et leurs chefs n'auraient pu les retenir, s'ils eussent eu quelque pitié pour leur malheureuse patrie. Mais ils autorisaient toutes les violences de leurs satellites, pourvu qu'ils servissent leurs vengeances particulières. On empilait sur la tribune

---

[1] Cfr. Plut. *Mar.* 43. — Vell. Pat. II, 21.

[2] Voyez les détails touchants de sa mort, dans Appien, *Civ.* I, 71.

aux harangues les têtes des plus illustres citoyens de Rome; on saccageait, on brûlait leurs maisons et leurs villas.

Au milieu de cette immense boucherie des plus illustres citoyens, les historiens ont réservé quelque indignation pour s'élever contre le bannissement de Métella, femme de L. Sylla[1]. C'est que cette rigueur était contre les mœurs romaines, et que dans les idées de ce temps, exiler une femme était une action plus cruelle que de faire assassiner un homme.

Aux premiers massacres succéda une cruauté plus affreuse, parce qu'elle était plus réfléchie. Les vainqueurs s'étonnèrent de voir encore au nombre des vivants des hommes dont ils avaient juré la perte. Le flamine de Jupiter, L. Cornélius Mérula, nommé consul après la déposition de Cinna, ne pouvait se faire pardonner un tel crime, malgré son empressement à se démettre de ses fonctions, dont

---

[1] Une rigueur semblable exercée contre la femme de C. Gracchus excita la même réprobation. Je ne pense pas, au reste, qu'il y eût dans ce sentiment aucune idée du respect ou des égards dus aux femmes. C'était plutôt en raison de leur complète nullité qu'il était reçu de ne pas s'occuper d'elles dans les révolutions. Les persécuter, c'était commettre une cruauté qui ne pouvait avoir l'utilité pour prétexte.

il s'était vu naguère à regret revêtu. Q. Lutatius Catulus aussi était coupable d'avoir souvent combattu dans le sénat les projets de Marius. Pour tuer ces deux hommes vertueux avec une espèce de pompe, on leur réserva les formes dérisoires d'un jugement public. Mérula, voulant se soustraire à cette ignominie, se coupa les veines, après avoir écrit qu'il avait déposé préalablement son bonnet de flamine [1], comme s'il eût craint qu'un sacrilége n'irritât les dieux contre son ingrate patrie. Moins courageux, le vieux Catulus se jeta aux pieds de Marius, et lui demanda la vie, lui rappelant les dangers et la gloire qu'ils avaient partagés lorsqu'ils avaient combattu ensemble contre les Cimbres. « Il faut mourir.» Ce fut la réponse brutale de son ennemi ; Catulus s'asphyxia.

Après quelques jours, les vainqueurs se mirent en devoir d'arrêter la furie des soldats. La troupe étrusque de Marius semblait avoir juré la ruine de Rome. Chaque jour cette horde de bandits sortait de son camp, pillait et massacrait avec une régularité militaire, puis rentrait pour se reposer et se préparer à de nouveaux excès. Cinna en eut horreur, et Sertorius, rassemblant un corps de Gaulois qui lui

---

[1] App. *Civ.* I, 74.

étaient particulièrement attachés, les mena contre ces misérables, et les tailla en pièces. Ainsi, il fallait avoir recours aux barbares pour sauver ce qui restait de Romains [1].

§ XII.

Les vainqueurs songèrent enfin à s'organiser. Cinna et Marius, dédaignant de convoquer les comices, se nommèrent consuls de leur propre autorité. Le premier prit pour son partage l'administration des affaires de l'Italie; le second eut pour mission de poursuivre la guerre contre Mithridate, ou plutôt de la faire à Sylla, qu'il venait de déclarer ennemi de la république.

Après tant d'étonnantes vicissitudes, Marius voyait accomplie la prédiction qui lui avait promis sept consulats. Il avait soixante-dix ans, sa santé était ruinée, il sentait que ses forces l'abandonnaient, et ne pouvait se défendre d'un sentiment d'anxiété en se voyant arrivé à un point de sa carrière où il n'avait plus qu'à déchoir. La fortune de Sylla le remplissait d'une vague terreur. Une fois

---

[1] Plut. *Sert.* 5.—App. *Civ.* I, 74.

vaincu, toujours effacé par cet heureux rival, il allait encore et pour la dernière fois se mesurer avec lui. Après un retour de fortune aussi inespéré, cet avenir menaçant avait quelque chose de sinistre pour un homme chez qui le malheur aussi bien que la prospérité avaient développé les idées de fatalité familières à tous les Romains, Marius mourut presque subitement, peu de jours après avoir reçu les insignes consulaires [1]. Succomba-t-il à l'épuisement de l'âge, à une maladie, à l'inquiétude, aux fatigues de ses derniers travaux? Les historiens varient sur les causes de sa mort. Quelques détails rapportés par Plutarque sur ses derniers moments [2], pourraient faire croire à un suicide, et cette action ne serait pas inconsistante avec les idées des anciens et le caractère de Marius. N'ayant plus rien à souhaiter, il ne lui restait plus qu'à mourir; laissant à ses ennemis le désespoir de ne pouvoir se venger.

Je ne puis passer sous silence une anecdote qui

[1] Il mourut aux ides de janvier, suivant l'Epitome, 80; le 17 du même mois, d'après Plutarque. *Mar.* 46. A. de R. 668, 30 nov. ou 4 déc. 87 av. J. C.

[2] Voir dans Plutarque ses réflexions sur l'instabilité des choses humaines, et l'attendrissement qu'il montra en se séparant de ses amis après un repas, la veille du jour qu'il tomba malade.

peint la férocité des mœurs de cette époque. On serait tenté de la rejeter comme une fable inventée par la haine, si elle n'était attestée par un auteur grave, s'adressant à ses contemporains, dont un grand nombre avaient pu voir de leurs yeux l'événement que je vais rapporter.

Chez presque tous les peuples encore barbares, des sacrifices humains accompagnent les funérailles des morts illustres, et peut-être fut-ce par suite d'un adoucissement dans les mœurs, que les Romains honorèrent la mémoire de leurs grands hommes par des combats de gladiateurs qui s'entretuaient autour de leur bûcher. Pour célébrer dignement les funérailles de Marius, il fallait un sang plus noble, et un certain C. Flavius Fimbria, tribun du peuple, imagina de prendre pour victime un sénateur, consulaire, grand pontife, et l'un des hommes les plus respectables de ce temps. Sans doute Marius l'avait oublié. Tout son crime était d'avoir essayé un accommodement entre les deux partis [1]. Q. Mucius Scævola fut donc mené en grande pompe sur le tombeau de Marius, et là, une espèce de sacrificateur, peut-être un des amis du

---

[1] *Quos quia servare per compositionem volebat, ipse ab iis interfectus est.* Cic. *Pro Sex. Roscio*, XII, 33.

consul qui avait sollicité l'honneur de figurer dans cette horrible cérémonie, enfonça son épée dans la gorge de la victime. Scævola ne mourut point cependant. On l'emporta baigné dans son sang, et, à force de soins, on parvint à le rendre à la vie. Aussitôt que Fimbria apprit qu'il pourrait en revenir, il le fit citer en jugement. « De quoi peux-tu donc accuser ce malheureux vieillard? » lui demandait-on; car cet assassinat avait révolté tout le monde. « Je l'accuse, répondit Fimbria, de ne s'être pas laissé bien tuer [1]. »

Marius étant mort, Cinna se choisit pour collègue L. Valérius Flaccus, probablement pour s'associer un homme considérable; car Valérius avait été

---

[1] Cfr. Cic. *Pro Sex. Roscio*, XII, 33. — Val. Max. IX, 11, 2. — Le mot de Fimbria est emprunté aux combats de gladiateurs : « Quod parcius telum corpore recepisset. » Après ce trait de Fimbria, tout est croyable d'un pareil monstre. Dion Cassius rapporte que pour une exécution il avait fait dresser un certain nombre de poteaux, à chacun desquels devait être attaché un condamné à mort. Le nombre des poteaux s'étant trouvé plus grand que celui des condamnés, Fimbria ne voulut pas que cet appareil de supplice fût perdu, et il prit parmi les assistants autant d'hommes qu'il lui en fallait pour que l'exécution fût complète. Dio Cass. frag. **130**.

consul en 654, et censeur en 657 [1]. Il faut que malgré le désordre affreux où la république était plongée, les lois, ou, si l'on veut, les usages qui réglaient la candidature consulaire, eussent conservé quelque empire. Sertorius et Carbon, qui avaient commandé l'un et l'autre des armées pendant les dernières guerres, et puissamment contribué au triomphe de leur faction, devaient lui inspirer bien plus de confiance; mais ils n'avaient point encore passé par les dignités secondaires qui leur eussent donné le droit de prétendre au consulat.

A son entrée en charge, Cinna s'empressa de remplir ses engagements envers les alliés. Les censeurs nouvellement élus eurent pour mission principale de sanctionner l'émancipation complète de l'Italie[2]; et, à cet effet, ils durent supprimer les dix tribus italiques, et inscrire tous les citoyens que les lois Julia et Plautia y avaient placés, dans les trente-cinq tribus anciennes. Ainsi fut effacée la dernière distinction entre les Italiotes et les Romains.

On cherche vainement quelque indication pré-

---

[1] Je ne trouve d'autre événement remarquable pendant son consulat, que l'émeute de Saturninus, à la répression de laquelle il prit part avec Marius, son collègue à cette époque.

[2] *Epit.* 80.

cise sur la manière dont il fut procédé dans cette immense répartition. Si, comme il est vraisemblable, on suivit dans cette occasion les pratiques déjà consacrées, tous les citoyens d'une même ville, peut-être même des peuples entiers, durent être inscrits dans une même tribu. Mais les censeurs avaient-ils entre leurs mains le pouvoir d'augmenter et d'affaiblir par des adjonctions l'influence d'une tribu dans les comices? Je ne le crois pas. Déjà sous la censure de M. Æmilius Lépidus et de M. Fulvius Nobilior, on avait consacré ce principe, que chaque tribu aurait une circonscription géographique déterminée. On voit encore que dans une circonstance analogue, l'adjonction de nouveaux citoyens fut déterminée par la voie du sort : c'est lorsqu'il s'agit de décider dans quelle tribu seraient placés les affranchis. Enfin, il est possible que, par le devoir de leur charge, les censeurs dussent prendre des mesures pour donner à chaque tribu une population à peu près égale[1].

On doit remarquer que les Samnites ne furent point compris dans cette grande naturalisation ; ils ne voulurent point renoncer à leur indépendance si

---

[1] Cfr. Liv. XXXVIII, 36. — XLV, 15. — XL, 51. — Q. Cic. *De pet. cons.* 8.

glorieusement conquise. On les a vus refuser le bénéfice de la loi Plautia à une époque où, abandonnés par leurs alliés, accablés de revers, ils semblaient hors d'état de soutenir une lutte désespérée. Vainqueurs cette fois, comment auraient-ils accepté les conditions des vaincus? Un fait d'ailleurs vient confirmer cette opinion. Dès le commencement de la guerre sociale, les Samnites s'étaient emparés de Nola, et les Romains, même après la soumission de la Campanie, n'avaient pu les en chasser. Or, nous verrons que plusieurs années après le travail des censeurs, Nola, sur le territoire campanien, avait encore une garnison samnite [1]. Ainsi, loin de s'assimiler aux Romains, ils gardaient vis-à-vis d'eux l'attitude d'anciens ennemis, et s'ils n'obtenaient point une augmentation de territoire, en vertu d'un traité avec les nouveaux consuls, ils les forçaient du moins à leur abandonner des places de sûreté, comme les protestants en obtinrent des rois de France à la suite des premières guerres de religion.

Il est plus que probable que les Lucaniens, intimement unis aux Samnites, conservèrent pareillement une position indépendante, et obtinrent un traité aussi favorable.

---

[1] Liv. *Epit.* 89.

La guerre sociale, et la guerre civile qui l'avait suivie de si près, avaient ébranlé toutes les fortunes. Le pillage des familles aristocratiques n'avait enrichi que quelques chefs du parti contraire; et cependant, cette foule de clients qui composait le peuple de Rome, ne vivant que d'emprunts, était accablée de dettes; et dans l'impossibilité de les payer, il était à craindre qu'elle ne se livrât aux plus terribles excès. Pour remédier à cet état de choses, le consul subrogé, Valérius Flaccus, rendit une loi qui autorisait la banqueroute générale. Les débiteurs n'étaient tenus qu'à payer un quart de leur dette. Cela s'appelait solder l'argent avec le cuivre, parce que, pour un sesterce d'argent que l'on avait reçu, on ne payait qu'un as de cuivre, c'est-à-dire, le quart de la valeur de cette monnaie. Au reste, cette mesure, que quelques auteurs ont regardée comme une impérieuse nécessité[1], atteignait surtout les débris de l'aristocratie, et c'était peut-être un dernier coup que lui portaient ses adversaires.

§ XIII.

Sylla, cependant, était arrivé en Grèce avec cinq légions, au commencement de l'année 667; déjà les

---

[1] Sall. *Catil.* 33. — Cf. Cic. *Pro Fonteio*, I, 1. — Vell. Pat. II, 23.

lieutenants de Mithridate y occupaient de fortes positions, et la guerre, que de loin il avait crue facile, se présentait alors sous un aspect beaucoup plus redoutable. Profitant des guerres civiles, Mithridate s'était emparé de la Bithynie et de la Cappadoce, dont il avait chassé les rois alliés des Romains. Toute la province d'Asie était tombée en sa puissance ; ses flottes avaient soumis presque toutes les îles de l'archipel, et son amiral, Archélaüs, avait pris Athènes et le Pirée, où il avait réuni un matériel immense. Pour la plupart, les villes grecques étaient disposées en sa faveur. Au moindre échec, elles se seraient déclarées contre les Romains. Ajoutons qu'en présence de tant d'obstacles, Sylla apprenait le triomphe de ses ennemis à Rome, et l'envoi d'une armée commandée par Valérius Flaccus, destinée à opérer contre lui plutôt que contre Mithridate.

En présence d'un ennemi formidable, privé de secours d'hommes ou d'argent, proscrit dans sa patrie, sur le point d'être attaqué par un successeur investi d'une apparence d'autorité légale, Sylla n'avait d'asile que son camp, d'espoir que dans la fidélité de ses légions. Aussi ne négligea-t-il rien pour se les attacher. Ces soldats, déjà démoralisés par la guerre civile, avides de pillage, habitués à tous les excès, trouvèrent en lui un chef disposé plutôt à exciter qu'à réprimer leur licence. Les trésors sacrés des temples d'Épidaure, d'Éphèse, d'Olympie, accumulés depuis des siècles, et toujours respectés, emplirent sa caisse militaire et lui fournirent les moyens de gorger d'or ses soldats et de débaucher ceux de ses ennemis. Une fois assuré de son armée, il commença la guerre et la fit avec talent, avec bonheur. D'abord, après un long siége, il réduisit Athènes et le Pirée; puis, s'avançant en Béotie à la rencontre des généraux de Mithridate, il dispersa complétement, à Chéronée, leurs troupes innombrables. Déjà, se croyant maître de la Grèce, il songeait à marcher contre Valérius, qui débouchait en Thessalie, lorsqu'il apprit qu'une nouvelle armée de Mithridate allait envahir la Béotie.

Retournant aussitôt sur ses pas, il remporta une seconde victoire dans les plaines d'Orchomène. Dès ce moment, il réduisit Mithridate à la défensive. Restait encore l'armée de Valérius; mais, sourdement travaillée par les émissaires de Sylla, elle n'attendait qu'une occasion pour passer sous ses drapeaux. L'avant-garde, à la vue de son camp, avait déserté en masse, et Valérius, pour conserver le reste de ses soldats, dut s'éloigner à marches forcées. Il prit la direction de Byzance, paraissant n'avoir plus d'autre but que de faire la guerre pour son propre compte.

A la fin de l'année 660, Sylla avait pris ses quartiers d'hiver en Thessalie, Valérius près de Byzance. Fimbria, ce tribun féroce qui voulait intenter un procès à Scævola pour avoir survécu à une blessure mortelle, était le lieutenant de Valérius. Aimé des soldats, parce qu'il favorisait leur indiscipline que le proconsul[1] s'efforçait de réprimer, Fimbria voulut, à l'exemple de Cn. Pompée et de Sylla, se rendre indépendant et jouer aussi un grand rôle. On conçoit que dans ce temps de profonde perversité, tout ambitieux, à la tête de quelques légions, pouvait aspirer à devenir le premier de Rome. Valérius fut assassiné par ses soldats, et Fimbria s'étant fait proclamer général, les mena en Asie comme une bande de loups dévorants qui voulaient avoir leur part de la curée. On ne peut nier que Fimbria n'eût des talents militaires, et d'ailleurs le moment était bien choisi pour attaquer Mithridate au centre de ses états, lorsque la plus grande partie de ses forces se trouvait en Grèce ou sur les côtes de la province d'Asie. Traversant la Bithynie avec une rapidité prodigieuse, Fimbria battit, auprès de

---

[1] Valérius Flaccus était parti en 667. Après l'année de son consulat, il avait pris le titre de proconsul. Voy. Dio Cass. frag. 126, 127, et la note 176 de Valois.

Miletopolis un fils de Mithridate accouru à sa rencontre. De là il surprit le roi lui-même dans ses quartiers, le chassa de Pergame et l'assiégea dans Pitané. l'aurait infailliblement pris, si L. Lucullus, lieutenant de Sylla, pour ne pas laisser à l'ennemi de son général l'honneur de terminer cette guerre, ne se fût éloigné avec la flotte qu'il commandait, au lieu de fermer la mer à Mithridate, comme l'eût fait un Romain des beaux temps de la république[1]. Sylla cependant négociait avec Mithridate. La diversion de Fimbria le servait merveilleusement, et, après quelques pourparlers, il conclut un traité dont il dicta les conditions. « Mithridate devait rendre la Bithynie à Nicomède, la Cappadoce à Ariobarzane, renoncer à ses prétentions sur la province d'Asie, payer deux mille talents pour les frais de la guerre ; enfin, livrer à Sylla soixante-dix de ses vaisseaux équipés. En retour de ces concessions, Sylla s'engageait à le faire déclarer ami et allié du peuple romain[2]. »

Aussitôt après la conclusion de ce traité, Sylla, qui

---

[1] Liv. *Epit.* 83. — App. *Mithr.* 52. — Plut. *Lucull.* 3. — Comparer la conduite de Lucullus avec celle de Claudius Néron se joignant à Livius Salinator, son ennemi, pour détruire l'armée d'Asdrubal. Liv. XXVII, 43.

[2] Liv. *Epit.* 83. — Plut. *Sull.* 22, 24. — App. *Mithr.* 55.

avait passé en Asie pour s'aboucher avec le roi, se hâta de marcher contre Fimbria, dont le passage était marqué par tous les excès qu'on pouvait attendre de sa horde de brigands. Les deux armées romaines se trouvèrent en présence auprès de Thiatyra, et des désertions continuelles annoncèrent à Fimbria que l'or de son ennemi allait produire son effet ordinaire. Menaces, promesses, il essaya tout en vain pour retenir ses soldats ; ceux qui n'abandonnèrent pas leurs drapeaux déclarèrent qu'ils ne se battraient point contre leurs camarades. N'ayant pu réussir à faire assassiner son adversaire, Fimbria, abandonné par ses troupes, fut réduit à lui demander un accommodement. Sylla lui promit la vie sauve, pourvu qu'il lui résignât son armée et qu'il quittât l'Asie sur-le-champ, mais pour Fimbria, sans armée, il n'y avait pas un asile au monde. A Rutilius, qui lui proposait de la part de son général un sauf-conduit pour se retirer par mer, il répondit fièrement qu'il connaissait un chemin meilleur et plus court ; et il se perça de son épée [1].

La campagne de Fimbria avait été funeste à son parti ; en obligeant Mithridate à faire la paix, elle devait nécessairement ramener Sylla en Italie, avec

---

[1] App. *Mithr.* 60.

une armée aguerrie et nombreuse, et, ce qui était encore plus important dans les circonstances présentes, avec des trésors immenses, plus redoutables entre ses mains que ne l'étaient ses légions victorieuses. Outre les deux mille talents qu'il avait reçus de Mithridate, il avait rempli sa caisse militaire en imposant des amendes énormes aux villes qui avaient suivi le parti du roi dans la dernière guerre. Il avait cinq légions romaines (sans compter celles de Fimbria, qu'il jugea prudent de laisser en Asie), une cavalerie nombreuse et plusieurs corps d'auxiliaires tirés du Péloponnèse et de la Macédoine. Enfin, pour envahir l'Italie, il disposait de plus de trente mille hommes, et trois années de guerre sous le même drapeau, ses largesses continuelles, la confiance qu'il avait inspirée en sa fortune, rendaient cette armée encore plus formidable qu'elle n'était nombreuse. Sa flotte, qui s'élevait, en comptant les bâtiments de transport, à douze cents voiles, lui assurait l'empire de la mer, et lui permettait de porter immédiatement la guerre sur le point de l'Italie qu'il jugerait le plus avantageux pour ses opérations [1].

[1] App. *Civ.* I. 77, 79. — Plut. *Sull.* 27.

§ XIV.

Après la mort de Marius, et pendant que Sylla, tout en faisant la guerre à Mithridate, méditait déjà de passer en Italie, la faction populaire maîtresse de Rome mettait à sa tête Cinna, qui n'avait aucune des qualités nécessaires à un chef de parti. Cet homme, mélange bizarre d'audace et de faiblesse, ne reculait pas devant un crime; mais après l'avoir commis, saisi d'une espèce de vertige, il s'arrêtait, et ne savait pas le faire servir à ses intérêts. Jamais on n'obtenait de lui que des demi-mesures. Il avait décimé le sénat, mais il n'y dominait point; il avait rempli Rome de meurtres et de massacres, mais les plus dangereux de ses ennemis lui étaient échappés. Il avait accordé aux Italiotes le droit de cité romaine et de suffrage, mais il ne permettait pas qu'il y eût des comices; il s'arrogeait le pouvoir souverain, mais il n'en usait pas, hésitant devant de vieux usages, lui qui s'était mis au-dessus de toutes les lois. En un mot, il s'était attiré des haines particulières et le mépris général.

Depuis le départ de Valérius, on ne sait presque rien du gouvernement de Cinna, si ce n'est qu'après la naturalisation des Italiotes, il fit inscrire les affranchis dans les trente-cinq tribus, c'est-à-dire qu'il leur accorda les droits complets de cité romaine [1]. Cette grande mesure me semble encore l'accomplissement d'une de ces promesses faites au moment du danger et qu'il ne pouvait se dispenser de tenir. Marius, et Cinna lui-même à différentes reprises, avaient fait insurger les esclaves; ils en avaient incorporé un grand nombre dans leurs armées. La disette d'hommes avait été telle en Italie sur la fin de la guerre sociale, qu'on a vu l'armée de Pompædius Silon composée de presque autant d'esclaves que d'hommes libres [2]. Il fallait compter maintenant avec toute cette multitude à qui l'on avait mis les armes à la main, et qui, au premier sujet de mécontentement, les aurait tournées contre ses chefs [3].

En 669, Cinna se déclara de nouveau consul [4], sans assembler les comices, et se donna pour collègue Cn. Papirius Carbon. Sans doute l'anarchie à laquelle la république était en proie lui faisait re-

---

[1] Liv. *Epit.* 84.
[2] V. § IX.
[3] Les idées d'affranchissement soulevées par la guerre sociale durent pénétrer jusque parmi les esclaves. Je ne doute pas qu'elles n'aient décidé, quelques années plus tard, l'insurrection de Spartacus, en 679.
[4] Il était alors consul pour la troisième fois.

douter les chances d'une élection populaire. Il semblait, depuis que l'Italie était devenue romaine, que jamais elle n'eût été plus divisée. Chaque ville élevait des prétentions d'indépendance, car Rome avait perdu cet ancien prestige qui ralliait tout autour d'elle. C'était, comme dans la fable, l'estomac mourant, parce que les membres refusaient de travailler pour lui. Ce qui restait de la vieille constitution romaine rendait en partie inutile la réforme nouvelle, et celle-ci, en revanche, menaçait de détruire toutes les anciennes lois. Faites pour une ville, ces lois devenaient absurdes, appliquées à une vaste contrée. Pendant longtemps Rome avait été en quelque sorte le sénat de l'Italie; maintenant que presque toute la péninsule avait obtenu les mêmes droits, il fallait invoquer une superstition mourante pour que les affaires publiques continuassent à se traiter dans la ville de Romulus. En effet, tous les Italiotes étaient devenus aptes à concourir à l'élection des magistrats, et cependant leur suffrage ils ne pouvaient le donner que dans une enceinte étroite, éloignée de leur résidence. Qu'allait-il arriver lorsque des ambitieux conduiraient au forum des peuples entiers pour voter en leur faveur? Des masses étrangères les unes aux autres, souvent hostiles, parlant des langues différentes, animées de passions opposées, devaient se rencontrer sur le même terrain, comme des armées prêtes à se combattre. Par le fait de l'émancipation, Rome semblait condamnée à devenir le champ de bataille où toutes les nations de l'Italie se donneraient rendez-vous pour vider leurs vieilles querelles. Assurément, dans la situation des esprits, après les guerres furieuses qui venaient de cesser à peine, des élections étaient presque impossibles, et cette impossibilité, peut-être autant que son ambition personnelle, avait dicté la conduite de Cinna.

Le sénat, toujours prêt à fléchir en présence du danger, retrouvait des velléités d'indépendance, lorsque la main qui tenait le glaive suspendu au-dessus de sa tête s'éloignait pour un instant. Profitant de l'absence momentanée des consuls, cette assemblée reçut un message de Sylla et osa même délibérer sur le manifeste qu'il lui envoyait. Après une longue énumération de tous ses services, depuis le commencement de sa carrière, Sylla rendait compte de sa dernière campagne. Il racontait, en termes magnifiques, ses batailles, ses assauts, les provinces reconquises, l'orgueil de Mithridate abattu ; puis il se glorifiait d'avoir ouvert son camp comme un asile à tous les bons citoyens obligés de fuir la tyrannie de Cinna. « Pour prix de mes services, ajoutait-il en terminant, on m'a proscrit, on a brûlé ma maison, massacré mes amis, chassé ma femme et mes enfants. Mais je me vengerai, je vengerai la république des méchants qui l'oppriment; quant aux honnêtes gens, qu'ils soient anciens ou nouveaux citoyens, ils n'ont rien à craindre de moi. » Cette dernière phrase, habilement commentée par les émissaires de Sylla, annonçait qu'il ne reviendrait pas sur l'émancipation de la péninsule. Désormais donc les différents peuples italiotes étaient désintéressés, et pouvaient attendre avec indifférence l'issue de cette querelle privée.

A la lecture de ce manifeste, L. Valérius Flaccus, alors prince du sénat, ouvrit un avis qui fut aussitôt adopté. C'était d'envoyer à Sylla des commissaires chargés de ménager un accommodement. Ils devaient lui offrir la garantie de la foi publique pour sa sûreté personnelle, et l'engager à prendre le sénat pour arbitre entre Cinna et lui[1].

Après avoir, pendant cinq ans, courbé la tête devant toutes les factions, le sénat avait perdu et son autorité et l'estime publique. Son esprit de corps survivait seul à son avilissement, et le danger de mort que couraient tous ses membres pouvait à peine

[1] App. *Civ.* I, 77.

sauver cette compagnie du ridicule de se poser en arbitre entre deux factions armées qui tour à tour lui avaient imposé leurs caprices. En même temps que partaient les commissaires chargés de traiter avec Sylla, le sénat enjoignait aux consuls de cesser les levées qu'ils faisaient en ce moment dans toute l'Italie, et de s'abstenir de démonstrations hostiles jusqu'à la conclusion des négociations entamées.

Tant de hardiesse frappa les consuls comme d'un coup de foudre. Dans le premier moment de stupeur, ils s'humilièrent, promirent de s'en rapporter à la sagesse du sénat et d'obéir à ses ordres. Puis, bientôt, rassurés sans doute par la contenance de leurs légions, ils retournent à Rome, et s'y proclament consuls pour l'année suivante, et pour une autre année encore, afin de se débarrasser pour longtemps de la crainte des comices. Ils pressent avec plus d'ardeur que jamais les levées de troupes ; ils font venir de Sicile tous les vaisseaux en état de tenir la mer, ils établissent des croisières pour la garde des côtes. De tous côtés ils ramassent des armes et de l'argent. Ils parcourent même l'Italie, et de ville en ville s'efforcent d'échauffer le courage de leurs partisans et d'intéresser la multitude à leur cause. A les entendre, Sylla veut remettre l'Italie sous le joug, et ne poursuit dans les successeurs de Marius que les patrons constants des alliés. Enfin, ils cherchent à ranimer le feu mal éteint de la guerre sociale, et ne négligent rien pour soulever les masses contre leur adversaire.

De leur côté, les émissaires de Sylla ne restaient point oisifs, n'épargnant ni les promesses ni les séductions pour lui recruter des partisans, et surtout pour rassurer les Italiotes. L'effet de ces sollicitations opposées fut d'augmenter la discorde entre les différentes provinces de la péninsule. Naguère réunies par un grand intérêt commun, elles étaient divisées maintenant par mille petites rivalités, par mille ambitions qui prétendaient s'exercer sur le même théâtre. Il est impossible, je pense, aujourd'hui de découvrir les causes qui influèrent sur les opinions de tel ou tel peuple dans la lutte qui se préparait; je me bornerai donc à signaler les effets que l'histoire nous a révélés. Le nord de l'Italie se déclara franchement pour les consuls; les provinces orientales, particulièrement le Picenum[1] et les peuples de la confédération marse[2], montraient des dispositions toutes contraires. Les villes grecques du sud étaient animées des mêmes sentiments. Quant aux Samnites et aux Lucaniens, ils voyaient dans Sylla le représentant

---

[1] Plut. *Pomp.* 6.
[2] Plut. *Crass.* 6.

de l'esprit tyrannique de Rome, et leur haine n'était point douteuse ; toutefois, soit mépris pour Cinna, soit manque de confiance en un homme qui avait à leurs yeux le tort d'être Romain, ils gardèrent la neutralité jusqu'à ce qu'ils crurent leur indépendance compromise.

Cinna rassemblait à Ancône une armée considérable qu'il voulait mener lui-même en Illyrie, afin d'attaquer Sylla dans sa marche contre Rome. Chaque corps arrivant à cette armée y apportait les dispositions de la province où il avait été levé, mais le sentiment général était une grande répugnance à s'éloigner de l'Italie. On était fatigué de la guerre, et celle-ci, par son caractère de querelle personnelle, inspirait un profond dégoût à tous les peuples. Pour la plupart des Italiotes, en effet, il importait peu que ce fût un Cinna ou un Sylla qui gouvernât la république, pourvu que leurs droits nouveaux ne fussent pas menacés. Une tempête ayant rejeté sur les côtes d'Italie une première division embarquée non sans peine, les soldats prirent terre par petits détachements, et dans l'absence de leurs chefs désertèrent en grand nombre, disant hautement qu'ils ne voulaient pas tirer l'épée contre des camarades pour satisfaire l'ambition du consul. D'autres corps qui suivaient cette première division, entraînés par l'exemple, refusèrent de passer en Illyrie. La mutinerie fit des progrès rapides, car beaucoup d'officiers la favorisaient ouvertement. Cinna se rendit en hâte à Ancône, mais sa présence ne fit qu'exaspérer les soldats. On annonçait qu'il allait sévir contre les mutins; que déjà il avait projeté de faire périr les officiers les plus aimés des troupes; et, de fait, plusieurs tribuns, entre autres Cn. Pompée, fils de Strabon, s'étaient éloignés secrètement. Aussitôt on accuse Cinna de les avoir fait mourir. Arrivé dans le camp, le consul voulut haranguer les légions et les fit former en cercle. D'abord elles obéissent, par ce premier sentiment de respect qu'un soldat a toujours pour les insignes du commandement. Mais tandis qu'elles se réunissaient autour du tribunal du consul, un licteur maltraite un soldat. Plusieurs de ses camarades prennent sa défense et frappent le licteur. Emporté par la colère, Cinna croit en imposer aux séditieux en faisant un exemple du premier qui manque à la discipline. Aussitôt la révolte éclate. D'abord les plus éloignés lui lancent des pierres, les autres s'enhardissent, tirent leurs épées et massacrent leur général[1].

Cn. Papirius Carbon était alors dans la Gaule ci-

---

[1] App. *Civ.* I, 78. — Plut. *Pomp.* 5.

salpine, occupé à faire des levées dans cette province, pépinière inépuisable de soldats. Au bruit de la révolte il courut à Ancône, et parvint à calmer les troupes en leur faisant toutes les concessions. La première fut de renoncer formellement à l'expédition d'Illyrie.

Il fallait donner un successeur à Cinna. Carbon, qui, en sa qualité de consul, devait tenir les comices, rappelé à Rome par les pressantes instances des tribuns, hésita longtemps avant d'obéir, et ne se décida que sur la menace formelle d'une déposition. Mais d'abord qu'il fut arrivé, de sinistres augures lui permirent d'ajourner les comices et de gagner du temps. Il fit parler les devins, qui surent trouver contre les élections tous les présages qu'il voulut. Grâce aux superstitions populaires, Carbon demeura seul consul pendant le reste de l'année 670[1].

La mort de Cinna avait redoublé l'audace des sénateurs ; le parti démocratique, encore une fois privé de chef, balançait à reconnaître Carbon, lorsque revinrent les commissaires envoyés auprès de Sylla, rapportant sa réponse. « Jamais, disait-il, il n'y aurait d'accommodement possible entre lui et les auteurs de tant de crimes ; cependant il leur laisserait la vie si le peu-

---

[1] Id. ibid.

ple romain consentait à leur faire grâce. Mais avant tout, il voulait le rappel des exilés; pour lui, Sylla, il exigeait qu'on lui rendît ses honneurs, son sacerdoce, en un mot, qu'on lui fît une réparation complète. A ces conditions, le sénat le trouverait prêt à reconnaître son autorité. Puis, il annonçait que l'armée dévouée qu'il conduisait à Rome protégerait le sénat et le peuple, et qu'elle accueillerait avec empressement tous les bons citoyens qui viendraient se ranger autour de ses aigles [1]. »

Un langage si hautain révolta l'ancienne faction de Marius, la plupart des tribuns, et tous les magistrats nommés par l'influence démocratique. Maîtres de l'Italie, se laisseraient-ils traiter comme des vaincus? Le parti de la paix fut réduit au silence, et désormais ce fut aux armes à décider la querelle. L'année 670 finissait. Quoiqu'il se fût d'avance prorogé le consulat, Carbon ne put résister aux clameurs générales qui demandaient des comices. Une foule d'ambitions s'étaient éveillées, qu'il fallait satisfaire, car après Marius, après Cinna lui-même, il n'y avait plus de grands noms pour leur en imposer. Les consuls nommés pour l'année 674 furent L. Cornélius Scipion l'Asiatique et C. Norbanus; le premier issu

---

[1] App. *Civ.* I, 79.

d'une famille autrefois illustre, mais alors tombée dans l'obscurité ; l'autre d'une naissance vulgaire, tous les deux connus pour leur attachement au parti démocratique.

Deux choses sont à noter dans cette élection ; d'abord c'est que l'un et l'autre consul furent Romains. Aucun n'était célèbre par des actions d'éclat [1] ; aucun n'avait rempli des fonctions qui eussent pu lui concilier l'estime ou l'affection des alliés. Il semble donc que les Italiotes étaient alors tellement divisés entre eux que leur influence dans les comices s'annulait en se portant sur un grand nombre de candidats sans espoir ; car on a peine à supposer qu'ils aient vu avec indifférence des opérations auxquelles ils étaient appelés pour la première fois. On peut encore présumer, et cette opinion me paraît la plus vraisemblable, que les comices furent tenus pour ainsi dire par surprise, au moyen d'un accord secret entre Carbon, le sénat et les meneurs du peuple, tous également intéressés à en exclure les Italiotes. Dans cette hypothèse s'explique le choix des deux consuls : il me semble reconnaître l'influence du

---

[1] Norbanus avait sauvé Rhégium menacé par les Samnites ; mais il n'eut ni combats ni siége à soutenir. Voy. § XI, et Diod. Sic. XXVII, 541.

sénat dans l'élection de Scipion, qui tenait aux familles aristocratiques. On peut voir, d'un autre côté, le candidat de la plèbe urbaine dans C. Norbanus, à qui l'on ne connaît d'autre célébrité que celle d'avoir excité, étant tribun, une émeute vers l'an 657, à l'occasion du jugement de Servilius Cæpion[1]. Tous les deux enfin étaient assez médiocres pour ne pas alarmer la jalousie de Carbon, et pour se montrer dociles à suivre ses conseils.

Je ferai remarquer encore que Scipion et Norbanus avaient l'un et l'autre passé par la filière des magistratures inférieures qui leur donnaient le droit de prétendre au consulat; et cette observation, que j'ai déjà eu lieu de faire, montre que même dans ces temps de troubles et de violences, les usages qui réglaient la candidature avaient conservé leur empire.

Carbon, avec le titre de proconsul, retint un grand commandement militaire, et se chargea spécialement des levées en Italie; mission difficile, comme il semble, car la plupart des villes étaient si peu disposées à prendre part à la guerre, que, pour

---

[1] Cæpion était aimé par le sénat, auquel il avait voulu rendre l'administration de la justice. Cfr. Val. Max. VIII, 5, 2. — Cicéron appelle Norbanus, *seditiosus et inutilis civis*. *De off.* II, 14.

s'assurer de leur fidélité, il fallait en exiger des otages [1]. Chacun des consuls avait, en outre, une armée sous ses ordres immédiats, et les troupes dont ils pouvaient disposer s'élevaient ensemble, dit-on, à plus de deux cent mille hommes [2].

Mais, sauf l'avantage du nombre, leur parti était loin de se trouver dans une situation favorable. Il n'avait point de chef renommé pour prendre le commandement suprême. L'armée se composait d'éléments hétérogènes qui n'avaient pas eu le temps de s'amalgamer. Tour à tour les tribuns, les orateurs populaires, les chefs italiotes, les consuls, et Carbon, seul représentant de l'insurrection victorieuse en 667, influaient sur la direction des affaires, ou plutôt, tout se décidait à la hâte, sans prévoyance, sans plan arrêté. Ce parti n'avait pas même un drapeau, pas même un nom qui parlât aux esprits. Il ne pouvait s'appeler le parti populaire, car jamais le peuple n'avait eu moins de part au gouvernement;

[1] App. *Civ.* I, 82. — Pour obliger M. Castricius, magistrat de Placentia, à lui livrer des otages, Carbon lui dit : « J'ai beaucoup d'épées. — Moi, beaucoup d'années, » répondit-il. Val. Max. VI, 2, 10.

[2] Suivant Plutarque 450 cohortes, c'est-à-dire plus de 250,000 hommes; mais ce chiffre me semble fort exagéré; Πεντήκοντα καὶ τετρακοσίας σπείρας ἔχοντας, Plut. *Sull.* 27.

ce n'était pas davantage le parti italien, car les Italiotes étaient divisés, et leur émancipation définitive n'était contestée par personne. Changeant de chef à chaque instant, cette faction était obligée d'évoquer, pour ainsi dire, la grande ombre de Marius, et de se cacher sous son nom [1], qui rappelait à la vérité des souvenirs glorieux, mais qui ne représentait aucun système politique, rien qu'une haine furieuse contre toutes les supériorités.

Au contraire, Sylla se portait le champion des anciennes lois de la république, de ces institutions qui avaient fait sa grandeur et pouvaient peut-être la relever encore. Il s'avançait à la tête de légions accoutumées à vaincre sous ses ordres, attachées à leur général par ses bienfaits et par une communauté de périls. La foule des sénateurs qui avaient trouvé un asile dans son camp lui fournissait des lieutenants expérimentés et dociles, car ils lui devaient tout. D'un côté, c'était une masse immense, mais confuse ; de l'autre, une troupe régulière, suppléant au nombre par l'ordre et la discipline ; en un mot, c'était une émeute aux prises avec une armée.

[1] *Marianæ partes.*

§ XV.

Sylla réunit toutes ses troupes à Dyrrachium. Là, après les avoir passées en revue, et leur avoir fait prêter le serment de ne jamais abandonner leurs drapeaux et d'observer en Italie la plus sévère discipline, il les embarqua sur son immense flotte; il prit terre à Brindes, tandis que les consuls l'attendaient, comme il semble, dans le nord de la péninsule. Il est certain qu'il ne rencontra nul obstacle à son débarquement, et qu'alors il n'y avait aucun préparatif hostile dans la Calabre ou l'Apulie [1]. Grossie par les renforts qu'elle avait reçus sur sa route, son armée s'élevait à plus de quarante mille hommes [2], dont cinq légions romaines, et six mille cavaliers, nombre prodigieux à cette époque, qui

---

[1] On doit s'étonner de l'incroyable négligence des consuls; mais, dans la complète désorganisation de l'Italie, chaque ville élevait sans doute des prétentions d'indépendance, et refusait d'admettre une garnison romaine dans ses murs. Peut-être encore, par leurs traités avec Marius et Cinna, les Samnites avaient-ils stipulé qu'aucune armée de la république n'entrerait en Apulie sans leur assentiment.

[2] App. *Civ.* I, 79.

devait lui assurer une supériorité décisive dans les plaines.

De Brindes, où il fut reçu à bras ouverts, Sylla se dirigea aussitôt vers Tarente; il y entra de même sans coup férir, soit que la rapidité de ses mouvements eût déconcerté ses adversaires, soit, comme il est plus probable, qu'il se fût assuré à l'avance des dispositions des principales villes. D'ailleurs, ses proclamations étaient remplies de magnifiques promesses ; à l'entendre, il n'était l'ennemi que des factieux de Rome, il offrait protection à tous les citoyens paisibles ; qu'ils fussent nouveaux ou anciens, il respecterait tous les droits acquis. Ses légions observaient une admirable discipline; et l'on eût dit qu'à l'exemple de son chef, chaque soldat voulût donner une haute idée de sa bonne foi et de sa modération. Naguère livrée à tous les excès, cette armée recueillait maintenant les vœux et les bénédictions des peuples, étonnés d'une retenue dont les troupes romaines avaient depuis longtemps perdu l'habitude. Nul dégât dans les champs, nul désordre dans les villes [1] ; chacun répétait avec enthousiasme que d'un tel chef et d'une telle armée l'Italie devait en effet attendre sa délivrance.

[1] Cum singulari curâ frugum, agrorum, hominum, urbium. Vell. Pat. II, 25.

En apprenant l'arrivée de Sylla, quantité d'exilés sortirent de leurs retraites ; quelques-uns firent soulever des villes en sa faveur ; d'autres, rassemblant leurs esclaves et des soldats mercenaires, vinrent grossir son armée. Parmi ceux qui lui apportaient l'appui d'un grand nom et d'une clientèle nombreuse, on remarquait, en première ligne, Q. Cæcilius Métellus, qui, miraculeusement échappé aux satellites de Marius, arrivait des montagnes de la Ligurie, où il avait trouvé quelque temps un asile. Il s'était distingué dans la guerre sociale, et sa réputation de vertu justement acquise donnait une nouvelle autorité à la cause pour laquelle il se déclarait. Sylla lui rendit aussitôt les insignes de la dignité proconsulaire dont il avait été revêtu, ainsi que la plupart des généraux qui, durant la guerre sociale, avaient commandé des corps détachés.

En même temps Sylla recevait d'autres recrues moins honorables, mais non moins utiles. P. Cornelius Cethegus, autrefois proscrit avec Marius, et l'un de ses plus chauds partisans, abandonnait une cause qu'il jugeait perdue, et se conciliait la faveur du parti le plus fort par l'opportunité de sa défection[1]. Ce brusque changement trouvait de nom-

---

[1] App. *Civ.* I, 60, 80. — Liv. *Epit.* 77.

breux imitateurs. Déjà, il n'était que trop évident que l'on ne combattait plus pour des principes, mais pour des intérêts personnels, et l'or de Mithridate assurait à son vainqueur les services d'une foule d'avides aventuriers. L'Italie, à cette époque, soupirant d'ailleurs après le retour de l'ordre, ne le voyait que dans l'armée de Sylla. Aussi, beaucoup de villes se déclarèrent-elles en sa faveur. Promesses empressées, traités solennels même, leur garantissaient aussitôt la conservation de ces précieux droits de cité romaine, qu'elles n'avaient pu exercer sous le gouvernement dont elles avaient assuré le triomphe. A la voix du jeune Crassus, envoyé par Sylla, les Marses prenaient les armes et faisaient une puissante diversion [1] ; Cn. Pompée soulevait les Picentes [2], s'emparait d'Auximum, rassemblait en peu de jours une armée nombreuse, s'en nommait lui-même le général, et frappait d'étonnement son parti, aussi bien que ses adversaires, en révélant à vingt-trois ans le génie d'un grand capitaine.

---

[1] Plut. *M. Crass.* 6. Crassus demandait à Sylla une escorte pour se rendre dans le pays des Marses : — « Je te donne pour escorte, lui dit Sylla, ton père, tes amis, tes parents assassinés par nos ennemis. »

[2] Plut. *Pomp.* 6.

L'Italie prend désormais un aspect nouveau ; on ne voit plus, comme dans la guerre précédente, des peuples courir aux armes au nom de l'indépendance et de l'honneur national. Il n'y a plus maintenant que des armées, ou plutôt que des généraux entraînant à leur suite des aventuriers attachés à leur fortune. Il ne s'agit plus que de savoir de quel côté il y a le plus à gagner, dans le camp de Sylla ou dans celui des consuls. Deux peuples cependant ont conservé le noble feu qui les enflammait dans la guerre sociale. Les Samnites et les Lucaniens, qui, d'abord, ont souri en voyant deux armées romaines prêtes à s'égorger, se souviendront, un peu tardivement peut-être, de leurs traités avec Marius et Cinna, et seconderont vigoureusement leurs successeurs. Quant aux Étrusques, encore tout enivrés de leur liberté nouvelle, exaltés par le pillage de Rome, ils s'arment avec enthousiasme à la voix de Carbon. Ce sont des esclaves qui suivent aveuglément celui qui vient de briser leurs fers.

Sylla, confiant dans la rapidité de sa marche et la discipline de ses légions, se dirigeait à grandes journées sur la Campanie. Il n'hésita point, après avoir traversé l'Apulie, à s'engager entre la Lucanie et le Samnium, dans un pays de montagnes où des difficultés sans nombre pouvaient se présenter à chaque pas. Mettant à profit l'expérience que lui avait donnée sa campagne de 665, il franchit heureusement tous les obstacles, et, sans avoir eu de combats à livrer, il se trouva bientôt en présence du consul Norbanus, qui accourait pour couvrir Capoue. La conduite des Samnites et des Lucaniens a lieu de surprendre. Pour eux, Sylla était en quelque sorte un ennemi personnel. Il avait ravagé leur pays, brûlé leurs villes ; dans maintes rencontres il les avait vaincus. Quelle plus belle occasion de prendre leur revanche que de l'attaquer, soit au passage des Apennins, soit lorsque, après les avoir franchis, il semblait enfermé de toutes parts, ayant en face l'armée du consul, à sa droite le Samnium, à sa gauche la Lucanie, séparé de sa flotte, perdu sans ressources, s'il essuyait une défaite ! En vérité, il est impossible de ne pas supposer, de la part de ces peuples si belliqueux, un consentement formel ou tout au moins tacite, à lui livrer passage sur leur territoire. Voulurent-ils, par un calcul dicté par la haine, laisser les Romains s'épuiser dans une guerre civile ? Étaient-ils mécontents des consuls ? Furent-ils rassurés par les promesses de Sylla ?... Tous ces motifs réunis expliquent à peine leur étrange inaction [1].

---

[1] On peut encore ajouter que Sylla surprit peut-être les

Norbanus avait pris position sur la rive gauche du Vulturne au pied du mont Tifata, fort près de Capoue [1]. Au lieu d'attendre son collègue pour accabler Sylla à coup sûr avec leurs forces réunies, il se hâta d'en venir aux mains, n'ayant que des recrues encore mal exercées à opposer aux vieux soldats de son adversaire. Il paya cher sa témérité. Les légions de Sylla, enflammées de fureur en voyant les parlementaires qu'il avait envoyés au consul, revenir maltraités et accablés d'outrages, n'attendirent pas le signal de leur chef pour se précipiter sur l'ennemi [2]. Au premier choc, l'armée de Norbanus se débanda; il perdit six mille hommes, et ne parvint à rallier le reste de ses troupes que derrière les remparts de Capoue [3].

passages de l'Apennin, qui de ce côté ne présentent point d'obstacles naturels capables d'arrêter une armée, et enfin, qu'il les franchit, suivant toute apparence, dans le pays des Hirpins, chez lesquels nous avons vu qu'il avait de nombreux partisans.

[1] Vell. Pat. II, 25.

[2] Plut. *Syll.* 27. — Liv. *Epit.* 85.

[3] Florus, Vell. Paterculus, Plutarque et Orose, s'accordent sur ce point, que la première bataille entre Sylla et Norbanus fut livrée près de Capoue. Appien seul rapporte qu'elle eut lieu près de Canusium, et, suivant cette version, ce serait en Apulie, non en Campanie, que les deux armées en seraient

Sans perdre de temps à faire le siége de cette place, le vainqueur poursuivit sa marche, et s'avança jusqu'à Teanum Sidicinum au-devant de l'armée de Scipion, qui se portait au secours de son collègue. D'abord, suivant sa méthode ordinaire, il fit au consul des propositions d'accommodement. On convint d'une entrevue, qui fut suivie d'une trêve. De part et d'autre on se donna des otages. Cependant, Sylla faisait traîner les négociations en longueur, sans que Scipion en prît de l'ombrage, car il avait demandé lui-même à consulter son collègue. Durant ces conférences, les camps étant fort rapprochés, les soldats des deux partis se mêlaient sans cesse. A l'exemple de leur général, les vétérans de Sylla avaient appris l'art de corrompre leurs ennemis avant de les combattre. Ils montraient aux

venues aux mains. Mais on a lieu de croire que ce mot de Canusium aura été substitué par une erreur de copiste, car quelques lignes plus bas, Appien parle de la retraite de Norbanus sur Capoue; or, ayant été battu en Apulie, il n'est pas vraisemblable qu'il eût pris cette direction. Le témoignage de Vell. Paterculus ne paraît pas contestable, car il cite une inscription, existant de son temps, dans un temple de Diane, sur le mont Tifata, dans laquelle étaient relatés les dons que Sylla avait faits à la déesse, en reconnaissance de sa victoire.

soldats de Scipion les dépouilles de l'Asie, l'or de Mithridate; ils vantaient la douceur, la libéralité de leur chef. Chacun embauchait un camarade dans l'armée consulaire. En vain, Sertorius, alors préteur, et l'un des lieutenants de Scipion, lui remontrait le danger de la trêve, et le conjurait de pousser vigoureusement les opérations militaires, en profitant de la position critique où se trouvait Sylla, entouré d'ennemis et privé de retraite en cas de revers. Ses représentations furent inutiles; et probablement pour se débarrasser de lui, Scipion le chargea d'aller conférer avec Norbanus au sujet des propositions de Sylla. Au lieu d'exécuter cet ordre, Sertorius, informé que la ville de Suessa s'était déclarée pour l'ennemi, s'en empara par surprise, soit qu'il voulût à tout prix rompre la trêve, soit qu'il ne pût résister, homme de guerre qu'il était, à la tentation d'un coup de main utile à son parti. Aussitôt Sylla crie à la trahison; l'armée du consul se montre indignée contre Sertorius, demande qu'on évacue Suessa et qu'on punisse les brouillons qui s'opposent à la paix. Le consul ne sachant quel parti prendre, mais voulant prouver sa bonne foi, renvoie ses otages, mais ne commence pas les hostilités, et se tient renfermé dans son camp. Cependant Sylla, instruit des dispositions des troupes ennemies, s'avance avec une partie des siennes contre les retranchements de Scipion. Aussitôt toute l'armée consulaire, composée de quatre légions, passe sans hésiter sous les drapeaux de Sylla, abandonnant son général, qui, resté seul avec son fils, fut pris et conduit au vainqueur; celui-ci fit quelques tentatives inutiles pour le gagner, et lui permit de se retirer où il voulut [1].

Tout réussissait à Sylla, tout manquait à ses adversaires. Pendant qu'il détruisait l'armée des consuls dans la Campanie, le jeune Pompée obtenait dans le Nord des succès importants qui devaient avoir la plus grande influence sur l'issue de cette guerre. En apprenant le soulèvement d'Auximum, les lieutenants de Carbon étaient accourus avec des troupes nombreuses, pour étouffer l'insurrection à sa naissance : c'étaient T. Cœlius Caldus et C. Albius Carrinas [2]. En outre, Junius Brutus Damasippus [3],

---

[1] App. *Civ.* I, 85. — Plut. *Syll.* 28.

[2] La forme de ce surnom semble indiquer une origine étrusque, et c'est peut-être pour cette raison que nous le verrons exercer une grande influence en Étrurie. Au reste, Pighius, d'après je ne sais quelles autorités, rapporte qu'il avait exercé plusieurs magistratures à Rome, et qu'il avait même obtenu la préture. *Annal.* III, 233. — 248.

[3] Quelques auteurs ont fait deux personnages différents

préteur urbain, sorti de Rome avec quelques cohortes, manœuvrait également contre Pompée. Dans ce pressant péril, le jeune général eut l'art d'attaquer toujours ses ennemis séparément; il battit tour à tour le préteur et les deux lieutenants de Carbon, il se rendit maître de la plupart des villes du Picenum, augmenta considérablement son armée, et bientôt parvint à se mettre en communication avec Sylla [1].

Après une nouvelle tentative pour entamer des négociations avec Norbanus, qui, craignant le sort de son collègue, eut la prudence de s'y refuser absolument Sylla quitta la Campanie pour rallier Crassus, accueilli déjà par les Marses, et surtout pour dégager Pompée, dont il avait appris la position difficile, et ne connaissait pas encore les succès. Son plan était, après s'être réuni à Pompée, de s'établir au centre de l'Italie, et d'envoyer Métellus dans la Gaule cisalpine avec une partie de son armée, afin de priver ses adversaires des ressources de tout genre qu'ils tiraient de cette riche province [2].

de Junius Brutus et de Damasippus. Je crois avoir suivi l'opinion la plus généralement adoptée.

[1] Plut. *Pomp.* 7.

[2] Sylla désirait aussi, sans doute, se débarrasser de Métellus, dont la modération commençait à lui être à charge.

Une nouvelle défection hâta cette jonction désirée. Scipion, avec des troupes rassemblées à la hâte, s'était efforcé d'arrêter la marche de Pompée. Mais c'était le sort de ce malheureux général d'être toujours trahi. A peine fut-on à portée du trait, que ses soldats fraternisèrent avec les cohortes ennemies, et saluèrent Pompée comme leur général [1]. Scipion prit la fuite, et dès lors on ne le voit plus jouer un rôle actif dans cette guerre.

Ces défections réitérées s'expliquent facilement si l'on examine la composition des armées opposées à Sylla. Rassemblées à la hâte, leurs cohortes, levées chacune dans une même province, souvent dans une même ville, n'avaient point eu le temps d'oublier les opinions particulières de leur pays pour prendre cet esprit de corps qui faisait autrefois la force des légions romaines. On conçoit que lorsque le Picenum et l'ancienne confédération des Marses se furent déclarés pour Sylla, les soldats de ces provinces, qui formaient une grande partie des troupes consulaires, fussent prêts à déserter à la première occasion. Quant aux Ligures et aux Gaulois, auxiliaires très-nombreux, mais fort indifférents dans la querelle, l'appât d'une solde un peu plus forte,

---

[1] Plut. *Pomp.* 7.

de distributions plus abondantes, suffisait pour les engager à changer de drapeau. Parmi tous les Italiotes, depuis que les Samnites et les Lucaniens observaient la neutralité, les Étrusques étaient les seuls sur la fidélité desquels les consuls pussent compter en toute assurance. Or, les troupes de cette nation, plus dévouée que belliqueuse, composaient la réserve, que Carbon tenait sans doute autour de Rome, et les nombreux détachements qu'il avait dans l'Ombrie et les autres provinces du Nord.

Sylla s'attendait à délivrer une division compromise par la témérité de son chef; il trouvait une armée aguerrie, victorieuse, un général plein de talent, qui, par l'habileté de ses manœuvres, avait conquis une province et défait quatre corps ennemis. Aussi, enchanté de ce renfort inespéré, Sylla combla d'éloges le jeune vainqueur, lui décerna le titre d'Imperator, et dans toute la suite de cette guerre, parut le traiter plutôt comme son collègue que comme son lieutenant[1].

Le reste de l'année 674 se passa sans opérations importantes. A la fin de la campagne, Sylla était maître d'une partie des provinces orientales; beaucoup de

---

[1] Plut. *Pomp.* 8.

villes avaient reconnu son autorité ; d'autres n'attendaient que l'approche de ses troupes pour se déclarer en sa faveur ; et cependant, ses émissaires redoublaient d'efforts pour attirer à son parti celles qui montraient encore de l'indécision.

De son côté, Carbon, abandonnant à ses lieutenants le soin de la guerre, avait fait dans la Cisalpine et dans l'Étrurie d'immenses levées qui réparaient, et au-delà, les pertes de la campagne précédente. Il sollicitait sans relâche les Samnites et les Lucaniens de faire cause commune avec lui, et obtenait enfin de ces peuples la promesse d'un secours considérable. Pour payer ses soldats, on a vu que Sylla avait pillé les trésors sacrés de la Grèce ; ses ennemis ne se montrèrent pas plus scrupuleux, et, à son exemple, dépouillèrent les dieux pour subvenir aux dépenses de la guerre. Du temple de Jupiter Capitolin, et d'autres édifices sacrés, on tira treize mille livres d'or et six mille d'argent, provenant d'ornements ou d'offrandes, qui furent fondues et monnayées pour la solde des troupes[1].

Pendant ces préparatifs, les comices consulaires

---

[1] Cette mesure fut autorisée par un sénatus-consulte rendu sous le consulat de Marius et de Carbon. — Cfr. Val. Max. VII, 6, 4. — Plin. XXXIII, 5.

eurent lieu à Rome; à Norbanus, à Scipion, succédèrent Carbon, nommé pour la troisième fois, et C. Marius, fils du vainqueur des Cimbres, âgé seulement de vingt-six ans. Dans la situation des affaires, il fallait choisir un nom qui parlât aux masses, et celui de Marius devait être accueilli avec faveur, non-seulement par la plèbe urbaine, mais encore par les Étrusques et les Samnites, les deux peuples sur lesquels le parti démocratique fondait alors tout son espoir. Vers cette époque, Sertorius quitta l'Italie; dégoûté par l'inhabileté des chefs et prévoyant les résultats inévitables de leurs fautes, il se fit donner l'Espagne pour province, et son absence priva son parti du seul général qui pût balancer l'ascendant de Sylla.

§ XVI.

La durée et la rigueur inusitées de l'hiver retardèrent l'ouverture de la campagne. Lorsque les opérations militaires purent commencer, Marius fut opposé à Sylla, qui menaçait le Latium, et Carbon à Métellus, qui, soutenu par Pompée, allait envahir l'Ombrie et la Gaule cisalpine.

Marius avait établi dans Préneste de grands magasins. Il y avait fait transporter l'or du Capitole, et jusqu'à des statues également enlevées à des temples et destinées sans doute à la fonte[1]. Située sur une montagne presque inaccessible, Préneste passait alors pour imprenable; mais en la choisissant pour place d'armes de préférence à Rome, Marius songeait moins aux avantages de sa position militaire qu'au danger de laisser ses magasins et son trésor en quelque sorte à la disposition du sénat, qui lui inspirait autant de défiance que de haine.

Les premières manœuvres des deux armées nous sont entièrement inconnues. On ignore même où Sylla avait pris ses quartiers d'hiver; mais comme, à la fin de la campagne précédente, il avait fait sa jonction avec le corps de Pompée, il y a grande apparence qu'il avait établi la base de ses opérations dans le pays des Marses. Du moment que les Samnites et les Lucaniens faisaient cause commune avec les consuls, la position de Sylla dans la Campanie devenait très-critique, et ses communications avec ses lieutenants auraient été presque impossibles. Je crois donc qu'il s'était contenté de jeter des garnisons dans les villes de la Campanie qui s'étaient déclarées pour lui après la bataille du mont Tifata, sans essayer de tenir la campagne contre ses adversaires,

---

[1] Plin. XXXIII, 5. — Voy. la note de Hardouin.

bien supérieurs en nombre dans cette province. Il paraît encore que les frontières du Samnium n'étaient point menacées, car Marius avait été rejoint par un corps considérable de Samnites, commandés par le jeune Pontius Telesinus, dont le frère était devenu le généralissime des confédérés, depuis que la blessure de Papius Mutilus avait mis ce chef renommé hors d'état de servir sa patrie. Avec ce renfort, l'armée de Marius se composait de quatre-vingt-cinq cohortes[1].

Aussitôt que, pour me servir d'une expression de Napoléon, on commence à voir clair sur l'échiquier, nous trouvons Sylla, maître de Sétia dans le pays des Volsques, marchant sur Signia, où Marius avait pris position, et cherchant à se réunir à Cn. Dolabella, l'un de ses lieutenants, détaché dans le pays des Herniques, peut-être aux environs d'Anagnia[2]. Probablement le plan de Sylla avait été de couper les communications de Marius avec le Samnium, et de donner la main à ses garnisons de la Campanie. Marius essaya, de son côté, de s'opposer à la jonction de Cn. Dolabella ; à cet effet, quittant sa position de Signia, il se porta, par un mouvement rétrograde, dans la plaine de Sacriport, entre Signia,

---

[1] Plut. *Sull.* 28. — Environ 40,000 hommes.
[2] Cfr. Plut. *Sull.* 28. — App. *Civ.* I, 87.

Anagnia, et Préneste. Ce fut en ce lieu que les deux armées principales se rencontrèrent. Sylla, comptant sur l'arrivée prochaine de son lieutenant, cherchait à engager l'action et pressait la marche de ses troupes. Mais Marius, en se retirant, avait coupé la route sur plusieurs points, et son arrière-garde disputait vivement chaque passage difficile. On combattit quelque temps de la sorte, en marchant au milieu d'une pluie battante, qui, détrempant la terre, augmentait la fatigue du soldat. Arrivé à Sacriport, le jour déjà très-avancé, Sylla voulut attaquer l'ennemi, qui paraissait vouloir accepter la bataille en ce lieu ; mais ses tribuns lui montrant les soldats harassés, les uns couchés dans la boue, les autres se soutenant à peine appuyés sur leurs boucliers, le conjurèrent de leur donner quelque repos, et de ne pas mener au combat des hommes qui avaient à peine la force de tenir leurs armes. La nuit précédente, Sylla avait vu en songe le vieux Marius avertissant son fils que la journée du lendemain lui serait fatale[1], et sur la foi de ce rêve, Sylla voulait absolument en venir à une action générale. Entre l'évidence du danger et ses idées superstitieuses, il demeura quelque temps indécis, mais la prudence

---

[1] Plut. *Sull.* 28.

l'emportant à la fin, il donna, quoique à regret, l'ordre de camper à Sacriport. Déjà, suivant la pratique constante des légions romaines, ses soldats creusaient un fossé et plantaient des palissades, lorsque Marius, espérant avoir bon marché de ces troupes accablées de fatigue, commença lui-même le combat en les chargeant à la tête de sa cavalerie. Tant d'audace irrita ces braves vétérans et leur fit oublier tout ce qu'ils avaient souffert de la marche et de la pluie. Abandonnant leurs ouvrages ébauchés, ils plantent leurs javelots sur le bord du fossé, et s'élancent, l'épée à la main, contre leurs adversaires. Le choc fut terrible, et le combat se maintint quelque temps indécis, jusqu'à ce que cinq cohortes et deux escadrons de cavalerie qui formaient la droite de l'armée de Marius, jetant tout à coup leurs enseignes[1], passèrent à l'ennemi[2]. Cette défection décida la journée. La déroute devint générale; et bientôt le chemin de Préneste fut couvert d'une masse confuse de fuyards qui se précipitaient pour y chercher un asile. On se hâta de leur fermer les portes de la place, dans la crainte que les vainqueurs

---

[1] Il paraît que, dans les guerres civiles, le nom des chefs était inscrit sur les enseignes militaires.

[2] App. *Civ.* I, 87.

n'y entrassent pêle-mêle avec eux. Acculés ainsi aux murs de Préneste, ces malheureux furent taillés en pièces sans que le désespoir pût leur rendre assez de courage pour faire quelque résistance. Marius, entraîné dans le flot des fuyards, ne dut son salut qu'à une corde qu'on lui jeta du haut des murs, et au moyen de laquelle on le hissa dans la ville[1]. Le jeune Telesinus parvint également à s'y réfugier; mais, de leur nombreuse armée, vingt mille hommes avaient péri, la plupart dans la déroute, huit mille étaient prisonniers. Sylla, dans ses commentaires, avait écrit, au rapport de Plutarque[2], qu'il ne perdit que vingt-trois de ses soldats dans cette mémorable journée; assertion plus que suspecte, lorsqu'il s'agit d'une bataille où l'on ne combattit qu'avec l'épée; mais Sylla voulait se faire passer pour le protégé des dieux, et ne négligeait aucune occasion de frapper le vulgaire par le merveilleux de ses succès.

Jusqu'à présent, nous l'avons vu ménageant ses ennemis, tant qu'il suppose que ce semblant d'humanité peut servir ses desseins. Désormais, assuré du triomphe, il révèle tout entier son caractère féroce. Après le combat, tous les Samnites prisonniers furent

---

[1] Plut. *Sull.* 28.
[2] Plut. *Sull.* ibid.

égorgés de sang-froid sous les murs de Préneste¹.

De son côté, Marius ne se montra pas moins cruel. La bataille de Sacriport ouvrait les portes de Rome à son rival ; il ne voulut pas que ses ennemis pussent féliciter le vainqueur. Par son ordre, le préteur Junius Brutus Damasippus réunit le sénat dans la curie, qu'il fit secrètement environner par une bande d'assassins. Là, tous les sénateurs désignés par Marius, ou seulement suspects au préteur, furent impitoyablement massacrés². On exerça de hideuses atrocités sur les cadavres des victimes, qui, après avoir été traînés par les rues, exposés à tous les outrages de la populace, furent enfin précipités dans le Tibre. Quelques heures après cette sanglante boucherie, les meurtriers prenaient la fuite, abandonnant Rome à Sylla, qui n'y trouvait plus qu'une

---

¹ App. *Civ.* I, 87. La haine furieuse de Sylla contre la nation samnite n'a point été encore expliquée. Je ne comprends l'inaction de ce peuple pendant une année entière, et l'acharnement qu'il montra dans la suite, qu'en admettant l'hypothèse que j'ai proposée plus haut, à savoir qu'un traité exista d'abord entre Sylla et les Samnites, en vertu duquel ceux-ci lui permirent de passer en Campanie ; la rupture de ce même traité aurait été considérée de part et d'autre comme une trahison dont il fallait tirer une terrible vengeance.

² App. *Civ.* I, 88. — Vell. Pat. II, 27.

plèbe affamée, aujourd'hui saluant son entrée de ses acclamations, qui la veille applaudissait au supplice de ses amis.

Dans le nord, la guerre se poursuivait avec une égale fureur, et là encore la fortune de Sylla accompagnait ses lieutenants. T. Albius Carrinas, battu par Métellus sur les bords de l'Aesis, perdait son camp, et, par suite de cette défaite, était contraint d'abandonner une partie de l'Ombrie[1]. En vain Carbon, arrivant d'Étrurie avec une armée nombreuse, espéra-t-il un moment laver la honte de ce revers. Au lieu d'accabler son ennemi tout d'un coup, il perdit du temps à manœuvrer pour l'envelopper complétement. Déjà il se flattait de le réduire, lorsque la nouvelle de la bataille de Sacriport vint le frapper de désespoir. Il perdit la tête et se replia précipitamment sur Ariminum, suivi de près par Pompée, qui, dans cette retraite, semblable à une déroute, lui fit éprouver des pertes considérables[2].

§ XVII.

Depuis la prise de Rome par Sylla, Carbon n'est plus le chef de la république; il n'a plus d'auspices,

[1] App. *Civ.* I, 87.
[2] Plut. *Pomp.* 7.

plus de Jupiter Capitolin qu'il puisse invoquer à son aide. Déjà depuis longtemps son armée ne comptait presque plus de Romains dans ses rangs. Le voilà devenu une espèce de capitaine d'aventure, conduisant une armée étrusque, et défendant l'Étrurie, sa patrie adoptive. Sur ce terrain la guerre semble reprendre une fureur nouvelle; c'est qu'il s'agit à présent de l'existence même d'un peuple qui, après une longue léthargie, s'agite quelques instants à la lumière, pour disparaître bientôt à jamais de la scène du monde.

Si l'on tourne les yeux vers le midi de l'Italie, un spectacle semblable se présente. Marius et les Romains qui restent attachés à sa fortune, étroitement bloqués dans Préneste, ont cessé de jouer un rôle dans le grand drame qui s'achève. Mais ce vaste champ de bataille du Latium, cette terre arrosée de sang, ne cessera pas pour cela de s'engraisser de nouveaux débris humains. Les Samnites descendent plus ardents dans cette arène; c'est que la prise de Rome les soulage d'un grand poids. Ils rougissaient de se voir les alliés des Romains; aujourd'hui, libres de l'apparence même d'un engagement, ils recommencent cette vieille lutte dont l'origine remonte aux temps héroïques, et cette fois, c'est un duel à mort entre les deux nations. Ainsi, après avoir porté ses aigles victorieuses dans toutes les parties du monde, Rome, reculant, pour ainsi dire, de quatre siècles, se trouvait encore disputant péniblement aux Samnites et aux Étrusques la possession de l'Italie.

Carbon, laissant une partie de ses troupes dans Ariminum, avait concentré le reste devant Clusium, et couvrait cette ville, qui renfermait ses dernières ressources, par un camp retranché sur les bords du Glanis[1]. De son côté, Sylla, après avoir confié à l'un de ses lieutenants, Lucretius Ofella[2], le blocus de Préneste, avec des forces suffisantes pour arrêter au besoin les Samnites, s'ils essayaient de secourir cette ville, se disposait à envahir l'Étrurie avec l'élite de son armée. En même temps, Pompée refoulait Carrinas sur l'Ombrie méridionale, et Métellus, embarquant ses légions sur l'Adriatique, les portait à Ravenne, et tournait ainsi la forte position d'Ariminum. A cheval sur la voie Émilienne, qui, partant de cette dernière ville, aboutissait à Placentia, Métellus fermait le passage aux renforts que Carbon pouvait tirer de la Gaule cispadane. Enfin, un corps détaché dans la Campanie tenait en haleine les Lu-

---

[1] La Chiana. — App. *Civ.* I, 89.
[2] C'était un déserteur du parti de Marius.

caniens et les Samnites, qui, à l'exemple des Romains de Sylla, remplissaient cette riche province de massacres et de dévastations [1].

A son entrée dans l'Étrurie, Sylla ne rencontra d'abord que peu d'obstacles. Sur les bords du Glanis et devant Saturnia, il obtint quelques succès d'avant-garde [2], qui l'enhardirent à attaquer l'armée principale de Carbon, dans la position formidable qu'elle occupait en avant de Clusium. Là, sa fortune parut l'abandonner pour un instant. Pendant tout un jour on se battit avec le dernier acharnement, et la nuit seule sépara les deux armées ; mais les Étrusques avaient conservé toutes leurs positions; les légions ennemies avaient fait des pertes considérables, et Sylla lui-même, troublé d'une résistance à laquelle il ne s'attendait point, ne se crut pas en mesure de renouveler ses attaques. D'ailleurs, sa situation en Étrurie commençait à lui donner des inquiétudes. On lui annonçait que les Samnites et les Lucaniens allaient descendre en force dans le Latium; il était urgent de les arrêter au débouché des montagnes, de couvrir le blocus de Préneste, de couvrir Rome même restée sans défense. Sylla fut donc contraint

---

[1] App. *Civ.* I, 89. — Flor. III, 21, 22.
[2] App. *Civ.* I, 89.

de faire retraite; mais ce fut avec honneur; car dans sa marche rétrograde il battit une des divisions que Carbon détachait au secours de Carrinas, alors vivement pressé par Cn. Pompée [1].

Carbon, de son côté, était hors d'état de poursuivre ses avantages; il recevait à la fois les nouvelles les plus alarmantes. Dans la Gaule, la diversion de Métellus le privait d'une partie de ses ressources, et le proconsul y faisait chaque jour de nouveaux progrès. D'autre part, il apprenait que Préneste allait manquer de vivres et se trouver réduite aux plus dures extrémités. Dans ces conjonctures, il partagea son armée. Huit légions, sous la conduite de Marcius, l'un de ses lieutenants, marchèrent sur Préneste; tandis qu'avec le reste de ses troupes il reprit le chemin d'Ariminum, espérant pouvoir accabler Métellus, isolé dans la Cispadane [2], pendant que le gros des forces de Sylla serait aux prises avec Marius et les Samnites. Par la jonction

---

[1] App. *Civ.* I, 90.

[2] On voit que Carbon et Sylla attachaient l'un et l'autre une grande importance à la possession de la Gaule cisalpine. Outre les recrues que cette province envoyait sans cesse, elle fournissait aux armées de la république et à toute l'Italie une immense quantité de provisions de bouche, surtout des viandes salées.

des deux grandes armées étrusque et samnite, la guerre pouvait changer de face ; Marius allait être dégagé, tandis que Sylla, environné de toutes parts par des forces supérieures, se verrait obligé de livrer une bataille dont toutes les chances étaient contre lui.

On a peine à comprendre pourquoi, dans ce grand mouvement, Carbon ne se réserva pour lui-même qu'un rôle secondaire ; car si l'armée de Sylla était battue, Métellus, isolé dans une province ennemie, était perdu sans ressources. Carbon avait un génie organisateur. Son grand talent c'était d'improviser des armées ; d'ailleurs, général timide et lent, dès qu'il s'agissait de les conduire. Peut-être, se rendant justice, se crut-il moins propre que Marcius à exécuter un mouvement qui demandait de l'audace et de la rapidité. Peut-être encore, à une époque où les trahisons étaient si fréquentes, et lui-même en avait fait la triste expérience, fut-il rappelé dans Ariminum par la découverte de quelque complot. Il disait qu'en Sylla il avait à combattre tout ensemble un lion et un renard, et que le renard était le plus dangereux [1].

---

[1] Plut. *Sull.* 28.

Marcius, en se dirigeant sur Préneste, avait sans doute dans ses instructions l'ordre d'éviter la route que suivait Sylla dans sa retraite, c'est-à-dire, suivant toute apparence, la voie Cassia, qui traversant Vulsinii, Sutrium, aboutissait, sur la rive droite du Tibre, à la porte Flumentale [1]. Je suppose qu'il marcha par une route parallèle, mais sur la rive gauche du fleuve : c'était le chemin le plus court, mais il prêtait le flanc à Pompée, qui, après avoir battu Carrinas dans plusieurs rencontres, manœuvrait dans les environs de Spolète [2], où il tenait son ennemi presque assiégé. Pour arriver à Préneste, le Samnite Pontius Telesinus avait également de grands obstacles à surmonter; le principal était le passage de certains défilés dont on ignore la position précise, mais que je serais tenté de placer aux environs de Val-Montone [3]. Si les Samnites surprenaient ou forçaient ces défilés avant l'arrivée de Sylla, Préneste était délivrée sans doute, lors même que Marcius eût manqué son mouvement du côté opposé. Ainsi, la victoire devait appartenir à l'armée qui saurait soutenir les plus longues marches. Le prix

[1] Cfr. Cic. *Phil.* XII, 9.
[2] App. *Civ.* I, 90.
[3] J'essayerai tout à l'heure de déterminer cette position.

de cette espèce de course fut à Sylla. De sa personne, il occupa les défilés de Préneste, repoussa les Samnites et couvrit le blocus. Marcius cependant, surpris par Pompée, perdit beaucoup de monde, et se vit au moment d'être contraint à mettre bas les armes avec toutes ses troupes, sur une hauteur où il s'était laissé enfermer [1]. Échappé à grand'peine après avoir manqué le but de son opération, il fit une retraite précipitée sur Clusium, dans laquelle il fut abandonné par presque tous ses soldats. La plupart, paysans étrusques de nouvelle levée, découragés par ce revers, regagnaient par troupes leurs villages, jetant leurs armes et leurs enseignes. Une légion, coupée du corps principal, se retira sur Ariminum; enfin, de quatre-vingts cohortes, Marcius n'en ramena que sept à son général [2].

Carbon n'avait pas le droit d'accuser son lieutenant, car il n'avait été ni moins malheureux ni moins imprudent. Malgré tant et de si dures leçons, au lieu de se borner à faire une guerre de chicane, il n'hésita point à engager une action générale. Réuni à Norbanus, le consul de l'année précédente,

---

[1] App. *Civ.* I, 90.
[2] Id. ibid.

il atteignit Métellus, près de Faventia dans la Gaule cispadane, et sans avoir reconnu sa position, il donna le signal de l'attaque, bien qu'il restât à peine une heure de jour et que ses soldats fussent fatigués d'une longue marche. L'avantage du nombre était pour eux ; mais Métellus était fortement retranché dans un terrain accidenté et coupé de vignobles, où il était impossible de l'aborder en ligne. Arrêtés par ces obstacles naturels, les assaillants ne purent agir avec ensemble, et furent repoussés vigoureusement sur tous les points. Déjà des monceaux de cadavres encombraient les abords du camp de Métellus, lorsque la nuit survint, toujours à craindre à la guerre, et surtout dans une guerre civile, où elle favorise les trahisons. Cinq mille des soldats de Carbon passèrent à l'ennemi, le reste se dispersa de tous les côtés. A peine le consul put-il retenir autour de lui un millier d'hommes avec lesquels il regagna l'Étrurie [1]. Il laissait encore cependant des troupes assez nombreuses dans la Gaule cisalpine ; mais, avec de jeunes soldats sans discipline et remplis de témérité, les mêmes fautes se reproduisaient sans cesse ; Carbon avait plutôt des masses tumultueuses qu'une armée ; toujours demandant le com-

---

[1] App. *Civ.* I, 91.

bat avec une audace imprudente, elles se débandaient au premier revers. M. Lucullus, lieutenant de Métellus, eut bon marché des débris de ces troupes démoralisées, et les battit complétement auprès de Placentia [1].

Après cette bataille, toute la Cisalpine reçut la loi du vainqueur ; chaque chef, chaque corps isolé s'empressa d'offrir sa soumission pendant qu'il pouvait encore s'en faire un mérite. Ici, les soldats abandonnaient leurs officiers ; là, les généraux livraient leurs armées. C. Verrès, questeur de Carbon, désertait, emportant sa caisse militaire [2]. Près d'Ariminum, une légion entière [3] se mutina contre Albinovanus qui la commandait, et s'alla rendre à Métellus. Si Albinovanus n'avait pas suivi ses soldats, c'est qu'il méditait une plus noire trahison, et qu'il voulait se faire distinguer par Sylla entre ces déserteurs vulgaires, qui, chaque jour, abandonnaient une cause

---

[1] App. *Civ.* I, 92. — Fidentia, suiv. Plut. *Sull.* 27.

[2] Cic. *in Verr.* Act. sec. 1, 13.

[3] Appien appelle ce corps une légion lucanienne : Τέλος Λευκανῶν, *Civ.* I, 91. Ne devrait-on pas traduire plutôt une *légion lucquoise*? Outre que la trahison d'une troupe lucanienne paraît peu probable en raison des dispositions de sa patrie, je ne m'expliquerais pas comment des Lucaniens se seraient trouvés dans l'armée de Carbon.

désespérée. Accueilli par Norbanus comme un homme sur lequel on pouvait compter dans la mauvaise fortune, il fut nommé gouverneur d'Ariminum. Là, au milieu d'un repas, il fit égorger les chefs qui s'étaient réfugiés dans cette place, et, tout couvert du sang de ses camarades, il ouvrit ses portes à Métellus [1].

Accablé coup sur coup de tant de malheurs, Carbon lui-même désespéra de sa cause. Cependant, les Samnites et leurs confédérés de l'Italie méridionale n'avaient point encore été entamés, et les Étrusques, malgré leurs défaites, paraissaient disposés à défendre courageusement leur pays. Mais ils avaient retiré leur confiance à un chef toujours malheureux. Carbon commençait à se trouver tout à fait isolé au milieu d'un peuple étranger, qui n'aurait oublié l'origine de son général qu'à la condition qu'il les menât toujours à la victoire. Chaque bataille perdue le rendait suspect à ces hommes qui s'étaient sacrifiés pour lui. Découragé lui-même, effrayé du mécontentement de ses troupes, il prit le parti de quitter l'Italie et

---

[1] App. *Civ.* I, 91. Norbanus parvint à s'échapper et à gagner Rhodes. Son extradition ayant été réclamée par Sylla, il se tua sur la place publique, pendant que les Rhodiens délibéraient sur la demande du dictateur.

d'aller tenter ailleurs la fortune. Dans la dissolution générale on pouvait, avec de l'audace et un nom, se faire dans quelque province une position indépendante. Sertorius s'était solidement établi en Espagne; Carbon voulut essayer d'en faire autant en Afrique. Dans ce dessein, il quitta son camp devant Clusium, à la faveur de la nuit, accompagné seulement de quelques Romains, trop compromis pour espérer leur pardon de Sylla. Sa fuite avait été préparée avec le secret le plus profond, et il était déjà hors d'atteinte, que son armée ignorait encore son absence. Il n'avait nommé personne pour le remplacer, et ses principaux lieutenants, Carrinas, Marcius et Damasippus, commandant chacun des corps détachés plus ou moins éloignés de Clusium, n'avaient point été mis dans la confidence de ses projets.

Sans chefs, sans ordres, livrée à la plus complète désorganisation, cette armée, qui comptait encore trente mille soldats, eut le courage d'attendre l'ennemi devant Clusium et de défendre ses drapeaux. Vingt mille hommes restèrent sur le champ de bataille; le reste se dispersa, et le sort de l'Étrurie fut décidé[1].

[1] Cfr. App. *Civ.* I, 92. — Vell. Pat. II, 28. — Plut. *Sull.*

En voyant la constance des Étrusques dans cette guerre, malgré leurs défaites continuelles, la facilité avec laquelle se reformaient sans cesse leurs armées, plusieurs fois presque complétement dissipées, qui ne remarquera l'inhabileté de Carbon à se servir des immenses ressources dont il disposait? Depuis longtemps, à la vérité, l'Étrurie avait perdu, par la faute de ses gouvernants, ces habitudes militaires qui s'acquièrent si difficilement et se perdent si vite. Sous ce rapport, elle le cédait à toutes les nations italiotes. Ses cohortes étaient trop peu exer-

---

28. Appien attribue à Pompée l'honneur de cette victoire; Velleius Paterculus nomme les deux Servilius* comme les lieutenants de Sylla qui commandèrent dans cette journée; le témoignage de Velleius étant confirmé par un passage de Plutarque, me paraît devoir être préféré. — Plutarque mérite une confiance particulière pour les événements de cette époque, ayant eu à sa disposition les mémoires de Sylla, qu'il cite souvent. — On remarquera, de plus, que Pompée poursuivait alors dans l'Ombrie les lieutenants de Carbon qui ne prirent point de part à la bataille de Clusium. Au lieu de se porter sur l'Étrurie méridionale, il semble que Pompée projetait un mouvement sur les derrières de Telesinus. A cet effet, il devait marcher par la Sabine et le pays des Marses, pour occuper la rive gauche du Liris. De la sorte, il eût fermé aux Samnites la route de leur pays.

* On suppose que l'un d'eux fut P. Servilius Vatia Isauricus.

cées pour se mesurer en ligne avec les soldats aguerris de Sylla; mais derrière des murs, ou dans de fortes positions, comme à Clusium, elles devenaient redoutables. L'Étrurie avait quantité de places bien fortifiées et dans des situations avantageuses; d'ailleurs, les montagnes qui couvrent une grande partie de cette province offrent à chaque pas des postes faciles à défendre. C'est là que Carbon aurait dû attendre ses adversaires, et qu'il les aurait combattus avec de grandes chances de succès.

Les lieutenants de Carbon, abandonnés à eux-mêmes, se réunirent pour délibérer sur le parti qu'ils avaient à prendre. Se maintenir en Étrurie, au milieu de trois armées victorieuses, leur parut impossible; se rallier aux Samnites pour continuer la guerre dans le midi, c'était, dans les conjonctures présentes, une entreprise difficile, mais leur seul espoir de salut, et il était digne de braves gens de tout tenter avant de mettre bas les armes. Ils avaient encore quatre légions, fort affaiblies sans doute, mais éprouvées par les fatigues d'une campagne qui durait depuis plusieurs mois. En trois ou quatre marches ils pouvaient gagner le camp de Telesinus, qui les invitait à le joindre; car, dans le même moment, il se préparait à l'une des manœuvres les plus hardies dont l'histoire ait gardé le souvenir. Ils partent donc et parviennent à dérober une marche à Pompée. Ils suivaient, je le présume, la route de Spolète ou de Narnia à Reate (Rieti), pour, de là, remonter le Telonius jusqu'à Carseoli. Puis, par un embranchement de la voie Valeria, ils devaient gagner Sublaqueum (Subiaco), où ils espéraient trouver les Samnites. Plus probablement, avertis par Pontius Telesinus, ils marchèrent de Reate par la voie Salaria, dans la direction de Tibur, vers un lieu de rendez-vous qui leur avait été indiqué.

Le général samnite, cependant, venait de concentrer toutes ses forces dans le voisinage de Préneste. Sous ses ordres étaient les contingents lucaniens commandés par M. Lamponius, et ceux de la Campanie conduits par Gutta de Capoue. Toutes ces troupes, qui s'élevaient ensemble à près de quarante mille hommes, ignoraient encore les desseins de leur général. Après une démonstration contre les défilés gardés par Sylla, les Samnites, à l'approche de la nuit, tournent ces positions dans le plus grand silence, et se portent à marche forcée sur Rome.

Le plan de Telesinus et ses espérances sont restés dans une profonde obscurité. Pour moi, je ne puis admettre, avec la plupart des historiens, que sa pointe sur Rome ait été un coup de tête, une subite inspiration de son désespoir ; car puisqu'il requit pour sa manœuvre la coopération de l'armée étrusque, il faut que son projet ait été préparé assez longtemps à l'avance, et je serais porté à croire qu'il recommença, mais avec plus de succès, le grand mouvement tenté peu auparavant de concert avec Carbon, et qui avait échoué par la faute de Marcius.

Quelques auteurs ont avancé que le but du Samnite fut seulement de dégager Marius et son propre frère, assiégés dans Préneste, en obligeant Sylla de courir au secours de Rome ; mais si telle eût été son intention, il était inutile de se porter sur Rome avec toutes ses forces, et la division étrusque eût probablement suffi pour emporter une ville alors presque sans défense. A mon sentiment, le plan de Telesinus était plus vaste, et n'allait à rien moins qu'à réunir toutes ses forces au centre des positions occupées par les Romains, pour tomber successivement sur leurs armées séparées les unes des autres et assez éloignées pour ne pouvoir se secourir promptement. Sylla était devant Préneste avec une partie de ses légions, une seconde armée se trouvait à Clusium ; Pompée manœuvrait pour couper le chemin du Samnium à Telesinus. On voit que celui-ci pouvait battre Sylla avant qu'il eût fait sa jonction avec

Pompée, et se porter ensuite contre ce dernier sans qu'il fût possible à l'armée romaine d'Étrurie de venir en aide à l'un ou à l'autre. Enfin, l'effet moral que devait produire en Italie la prise de Rome entrait encore dans les prévisions du Samnite, et sans doute aurait eu pour conséquence immédiate de rallumer la guerre dans le nord de la péninsule.

Les confédérés, laissant Préneste sur leur gauche, entrent dans la vallée de l'Anio Novus, et de là gagnent la voie Tiburtine, où, probablement, ainsi que je l'indiquais tout à l'heure, ils se joignirent à Carrinas et aux quatre légions, restes de l'armée d'Étrurie [1]. C'était pendant la nuit des calendes

---

[1] Que Telesinus ait tourné les défilés de Préneste par le nord, c'est-à-dire *en laissant Préneste à sa gauche*, me semble un fait constant, sur lequel les expressions très-précises employées par Plutarque ne doivent laisser aucun doute. Il avait, dit-il, Sylla en tête et Pompée en queue; il était enfermé de toutes parts. Dans cette situation, il prit la résolution de marcher sur Rome. « Ἐπεὶ δ' ᾐσθέτο Σύλλαν μὲν κατὰ στόμα, Πομπήϊον δὲ κατ' οὐρὰν βοηδρομοῦντας ἐπ' αὐτὸν, εἰργόμενος τοῦ πρόσω καὶ ὀπίσω. » Plut. *Sulla*, 29. Or, Pompée venait de l'Ombrie, et soit qu'il se fût mis à la poursuite de Carrinas et des autres lieutenants de Carbon, soit qu'il cherchât à couper aux Samnites leur ligne de retraite, on doit présumer qu'il se trouvait la veille des calendes de novembre dans la Sabine ou dans le pays des Marses. — Si

de novembre, l'an de Rome 672 (23 août, 82 av. J. C.) que cette grande armée se précipitait sur les Samnites eussent marché sur Rome par la route des marais Pontins, ayant *Préneste à leur droite*, et suivant la voie Latine ou la voie Labicane, l'armée de Pompée aussi bien que celle de Sylla aurait menacé leur flanc, mais ils n'auraient pas été enfermés entre les deux généraux romains, car le moyen de supposer que Pompée aurait eu le temps de se jeter sur la route de Campanie? Il est évident en effet qu'il avait quitté l'Ombrie en même temps ou selon toute apparence un peu plus tard que les Étrusques de Carrinas, et que ceux-ci lui avaient dérobé une marche. Il faut donc que le gros des forces de Telesinus se trouvât au nord de Préneste, probablement dans les environs de Subiaco. J'ajouterai qu'il lui eût été beaucoup plus difficile de cacher son mouvement à Sylla s'il eût pris la route directe pour aller à Rome. Le Romain, à la tête d'une armée victorieuse et très-forte en cavalerie, n'eût pas demandé mieux que de le combattre en plaine, et Telesinus, sans doute, ne voulait accepter la bataille qu'après avoir fait sa jonction avec tous les corps des confédérés qui tenaient encore la campagne. Enfin, il eût été impardonnable à Sylla de ne pas couvrir Rome de ce côté, surtout lorsque les Samnites étaient à peu près maîtres de la Campanie, et qu'ils avaient une armée considérable dans le Latium. Si cette route eût été ouverte, Telesinus aurait pu prendre Rome, lorsque Sylla marcha sur l'Étrurie. — Tous les auteurs sont d'accord sur ce point, que les confédérés arrivèrent le matin des calendes de novembre devant la porte Colline; il semble donc qu'ils

Rome. En ce moment la ville, presque abandonnée, n'avait qu'une très-faible garnison, destinée seulement à contenir la populace urbaine. Sylla était retenu aux environs de Préneste; Pompée poursuivait au hasard les lieutenants de Carbon. Cependant, la certitude d'avoir donné le change à leurs adversaires augmentait l'ardeur des confédérés. Déjà, pour prix de leurs efforts, ils se repaissaient en imagination du pillage et de l'incendie de Rome, et cet espoir doublait leurs forces et leur faisait oublier la fatigue

s'avançaient par le chemin de Tibur. Il est vrai qu'Appien rapporte que les Samnites, après leur marche nocturne, s'arrêtèrent dans le voisinage d'Albano, à cent stades de Rome : Πρὸ σταδίων ἑκατὸν ἐστρατοπέδευον ἀμφὶ τὴν Ἀλβανῶν γῆν. *Civ.* I, 92. Mais comment croire qu'arrivant sur Rome de ce côté, ils aient perdu un temps précieux à tourner autour des remparts pour aller se porter devant la porte Colline, s'exposant à rencontrer Sylla dans cette marche de flanc? Remarquons encore que, dans la bataille qui suivit, l'armée des confédérés avait sa droite du côté de Rome, et qu'elle fut poussée dans la direction de l'Étrurie après sa défaite. — J'imagine qu'Appien, ne s'étant mis aucunement en peine d'examiner les incidents de cette mémorable journée, n'aura parlé d'Albano que parce qu'il savait que la route directe du Samnium à Rome passe par ce village. J'ai dit plus haut le motif qui rend le témoignage de Plutarque particulièrement digne de foi en cette occasion.

d'une marche de plus de quarante milles. Samnites, Lucaniens, Étrusques, brûlants de haine et de vengeance, entraînaient avec eux les Romains de Carbon à la ruine de leur patrie. En une nuit leur avant-garde arrive à un mille de Rome [1], devant la porte Colline. Là, épuisés de lassitude, ils font une légère halte.

Au lever du jour, Pontius Telesinus aperçoit les

---

[1] Cfr. Plut. *Syll.* 29 : δέκα σταδίους. — App. *Civ.* I, 92. — De Subiaco, où était, je pense, le quartier général de Telesinus, à Rome, il y a 40 milles. On se demande si cette distance a pu être parcourue dans une nuit par une armée de quarante à cinquante mille hommes. Ici, il faut se rappeler les marches extraordinaires des troupes italiennes. En 547, le consul C. Claudius Néron partit des environs de Canusium pour se rendre à Sena Gallica dans l'Ombrie, où, réuni à son collègue M. Livius Salinator, il défit complètement l'armée d'Asdrubal. La nuit même de cette victoire, il repartit de Sena, et rentra le sixième jour dans son camp près de Canusium. Liv. XXVII, 50. De Sena à Canusium il y a au moins 270 milles; ainsi son armée faisait 45 milles par jour. On voit dans Végèce, I, 9, qu'on apprenait aux soldats romains à faire 20 milles en cinq heures, au pas militaire, et 24 au pas accéléré, *pleno gradu*. Je suppose que les Samnites n'avaient ni chariots, ni tentes, et probablement peu ou point de cavalerie. Partis de Subiaco à six heures du soir, ils pouvaient se trouver devant la porte Colline à six heures du matin.

temples et les tours de Rome dorés par les premiers rayons du soleil. Il croit déjà les voir briller à la flamme de ses torches. Enfin, sa superbe ennemie est en sa puissance. Il appelle ses Samnites et leur montre le but de leurs derniers efforts : « La voilà, s'écrie-t-il, la tanière de ces loups ravisseurs; brûlons-la, détruisons-la! Tant que la forêt maudite où ils se retirent ne sera pas rasée, les Loups ne laisseront pas de liberté en Italie [1] ! » Samnites et Lucaniens, en poussant des cris de joie, s'élancent à sa suite.

Tout d'un coup, la porte Colline s'ouvre, un gros de Romains armés en sort et s'avance fièrement à leur rencontre. C'étaient les débris des maisons les plus considérables de Rome, échappés aux proscriptions de Marius, que leur jeunesse avait dispensés de prendre les armes dans le camp de Sylla; c'étaient des malades, des blessés, des vétérans, depuis longtemps retirés du service. Ils avaient frémi d'indignation en voyant paraître un ennemi devant leurs remparts, et, à l'exemple de leurs ancêtres, ils avaient voulu marcher au-devant de lui. Cette généreuse troupe, commandée par Appius Claudius, descendant des plus illustres patriciens, se jeta tête

---

[1] Vell. Pat. II, 29.

baissée sur les Samnites, et se fit hacher en pièces après des prodiges de valeur [1].

Toutefois, leur audace en imposa à Telesinus. Il n'entendait pas les cris des femmes qui croyaient déjà la ville au pouvoir de l'ennemi ; il ne voyait pas l'épouvantable confusion qu'y avait jetée son approche. Mais qui aurait pu croire en effet que tous les défenseurs de Rome venaient de se faire tuer hors de ses remparts? Telesinus hésite, et craint des obstacles qu'il n'a pas prévus. Maintenant, il veut donner quelque repos à ses soldats harassés, attendre l'arrivée de toutes ses troupes. Il perd un temps précieux. Bientôt paraissent quelques escadrons romains qui augmentent son irrésolution. C'était une avant-garde de sept cents chevaux, qui, partis la nuit du camp de Préneste, arrivaient à bride abattue, annonçant que Sylla les suivait avec toute son armée, et qu'il serait à Rome vers le milieu du jour. Telesinus, renonçant à un assaut, se prépara pour la bataille.

En effet, Sylla ne tarda pas à se montrer. Furieux d'avoir été trompé par son ennemi, ce fut à regret qu'il laissa quelques instants à ses soldats, hors d'haleine, pour prendre leur repas. Dès qu'il

---

[1] Plut. *Sull.* 29.

les eut mis en bataille, il fit sonner la charge. Il était près de quatre heures après midi. De part et d'autre on se battit avec la rage du désespoir, et les généraux des deux armées donnèrent l'exemple en s'exposant en soldats. Sylla courut les plus grands dangers. Monté sur un cheval blanc, il servait de but aux traits des Samnites, et une fois entre autres, sans la présence d'esprit de son écuyer qui fouetta son cheval, il était percé de deux javelots qui le rasèrent en passant derrière lui [1].

La nuit tombait, lorsque son aile gauche, vivement pressée par Telesinus en personne, plia et se mit en désordre. Sylla accourut aussitôt pour la ramener au combat, prodiguant les promesses et les menaces. De sa main il saisit même plusieurs soldats et les contraignit à tourner la tête. Mais une dernière charge de l'ennemi enfonça tout ce qui résistait encore, et alors toute cette aile gauche se débanda, et Sylla lui-même fut entraîné par les fuyards. On dit que, dans ce danger, il tira de son sein une image d'Apollon, enlevée au temple de Delphes, et l'apostrophant en fureur : « Eh quoi, s'écria-t-il, Apollon Pythien, n'as-tu donc élevé si haut Cornélius Sylla le Fortuné, ne lui as-tu fait

---

[1] Plut. *Sull.* 29.

gagner tant de batailles que pour l'abandonner et le trahir devant les murs de sa patrie [1] ! »

Aucun miracle n'eut lieu. Ses soldats s'enfuyaient de toutes parts, se précipitant vers la porte de Rome, pêle-mêle avec l'ennemi. On craignit un instant que les Samnites n'y pénétrassent, et les vétérans de garde sur ce point laissèrent tomber la herse. Nombre de fuyards furent écrasés dans la presse, ainsi que quelques sénateurs curieux qui s'étaient un peu trop avancés pour voir une bataille, spectacle encore plus intéressant que leurs *jeux* de gladiateurs [2].

Cependant les débris de l'aile gauche, acculés contre les murs de Rome, se voyant dans l'impossibilité de fuir, recommencèrent à combattre au milieu des ténèbres, mais sans ordre, sans chefs pour les diriger, frappant au hasard. Cette horrible boucherie dura jusqu'à la neuvième heure [3]. Alors les armes échappèrent aux mains lassées, et l'épuisement sépara les combattants. Quelques fuyards ne s'arrêtèrent qu'au camp devant Préneste, où ils annoncèrent la perte de la bataille, la mort de Sylla et la prise de Rome. Peu s'en fallut que Lucretius Ofella ne levât le siége.

[1] Plut. *Sull.* 29.
[2] App. *Civ.* I, 93. — Plut. *Sull.* 29.
[3] Plut. *Sull.* 29.

Dans la confusion d'une mêlée nocturne, Sylla ignorait ce qui se passait sur les autres parties du champ de bataille. Il croyait son armée anéantie, et pensait peut-être à se donner la mort lorsque des cavaliers le rencontrèrent, envoyés par Crassus, qui commandait son aile droite. Ils annoncent que l'ennemi est battu, en pleine déroute, qu'ils l'ont poursuivi jusqu'à Antemnæ, mais qu'ils sont épuisés de fatigue, et qu'on se hâte de leur envoyer des vivres [1].

Jamais général ne passa plus brusquement du désespoir au comble de la joie. Dès qu'il fut jour, Sylla ralliant tout ce qu'il trouva de ses troupes, les conduisit à Antemnæ, où les restes de l'armée ennemie se défendaient encore. Une division de trois mille hommes, peut-être des Romains de Carbon, demandait à capituler : Sylla leur promit la vie à condition qu'ils tourneraient aussitôt leurs armes contre leurs camarades [2]. Ils obéirent sans balancer, et cette perfidie acheva la déroute. Huit mille prisonniers, la plupart samnites, et ces traîtres avec eux, furent le lendemain massacrés de sang-froid [3];

---

[1] Plut. *Sull.* 30.
[2] Plut. *Sull.* 30.
[3] Plut. loc. cit. — App. *Civ.* I, 93. — Les auteurs varient

c'était presque tout ce qui restait de l'armée des confédérés.

Cinquante mille morts des deux partis étaient étendus sur le champ de bataille. Longtemps on chercha Telesinus. On le trouva enfin percé de coups, mais respirant encore, entouré de cadavres ennemis. L'orgueil du triomphe se lisait dans ses yeux éteints, qu'il tournait encore menaçants vers Rome [1]. Heureux si la mort le surprit tandis qu'il se croyait vainqueur !

Gutta, le chef des Campaniens, trouva comme lui une mort glorieuse sur le champ de bataille. On ignore la destinée de Lamponius. Quant aux lieutenants de Carbon, Marcius, Carrinas et Damasippus [2], on les amena prisonniers à Sylla, qui les fit aussitôt mettre à mort. Leurs têtes sanglantes, celles

---

sur le nombre des victimes. Cfr. Oros. V, 21. — Dionys. Hal. V, 77. — Senec. *De clem.* I, 12, 3. — Liv. *Epit.* 88.

[1] Vell. Pat. *Victoris magis quam morientis vultum præferens*, II, 27.

[2] Il règne quelque incertitude sur sa mort. Salluste, *Cat.* 51, le fait mourir proscrit par Sylla. — L'Épitome de Tite-Live, 89, rapporte qu'il se tua lui-même en Sicile, se voyant sur le point d'être pris par des soldats de Pompée. — Dion Cassius dit que sa tête fut portée à Préneste avec celles des autres chefs. Frag. 135.

de Telesinus, de Gutta et des autres chefs, plantées au bout des piques, furent promenées autour des murailles de Préneste, pour annoncer à ses habitants qu'ils n'avaient plus d'espoir. Marius et le frère de Pontius Telesinus tentèrent de s'échapper par un souterrain qui donnait sur la campagne ; mais trouvant toutes les issues étroitement gardées, ils ne voulurent pas laisser à leurs ennemis la joie de les voir mourir. A cette époque, la fureur des combats de gladiateurs avait fait inventer une espèce de suicide à deux. Déterminés à périr, deux amis se battaient l'un contre l'autre ; acteurs et spectateurs à la fois, c'était un dernier plaisir qu'ils se donnaient[1]. Tel fut le genre de mort que choisirent Marius et Telesinus. Le Romain, plus adroit escrimeur, tua le Samnite, et, blessé lui-même, se fit achever par un esclave. Eux morts, la ville ouvrit ses portes.

Lucretius Ofella fit d'abord décapiter tous les chefs, et quant aux soldats et aux habitants, il attendit les instructions de son général. Sylla fut à Préneste ce qu'il s'était montré à Antemnæ. A son entrée dans cette malheureuse ville, on divisa, par son ordre, les prisonniers en deux classes. Dans la

---

[1] Voyez un exemple d'un duel semblable entre Petrejus et Juba. Hirt *Bell. Af.* 94.

première, les Romains; les Samnites et les Prénestins dans l'autre; tous lui furent présentés dans l'attitude de suppliants. Aux premiers il dit qu'ils méritaient la mort pour leurs crimes, et que cependant, comme Romains, il leur laissait la vie. Pour les Samnites et les Prénestins, il n'y eut point de grâce. Sauf les femmes, les enfants et quelques citoyens nommément exceptés, tous furent tués à coups de flèches sous ses yeux. Ils étaient près de douze mille [1]. Le pillage de cette ville sans habitants fut donné aux soldats; son territoire, empesté par douze mille cadavres sans sépulture, fut confisqué au profit des vainqueurs.

§ XVIII.

La guerre était terminée. Sylla revint à Rome et déposa le paludamentum qu'il portait depuis si longtemps. La nuit qui suivit son retour, il ne put

---

[1] Cfr. App. *Civ.* I, 94. — Plut. *Sull.* 32. — Val. Max. IX, 2, 1. — Strab. V, p. 239. — Suivant Valère Maxime, les femmes mêmes n'auraient point été épargnées du massacre. — Les Samnites d'Antemnæ et ceux de Préneste furent tués *à coups de flèches*, probablement par les auxiliaires de Sylla, ses légions se refusant à cette horrible boucherie.

dormir. Ce n'étaient pas les cris des Prénestins massacrés retentissant encore à ses oreilles qui troublaient son repos. Une immense joie, il l'écrivit lui-même dans ses mémoires, lui dérobait le sommeil, et son âme était comme soulevée par un tourbillon [1]. Non, ces immenses tueries n'avaient pas encore assouvi sa soif de vengeance. Il annonça publiquement qu'il ne pardonnerait à personne de ceux qui avaient suivi le parti contraire après la rupture des conférences de Teanum ; et aussitôt, dressant ses fameuses tables de proscription, il procéda méthodiquement à l'extermination de ses adversaires.

Je voudrais épargner au lecteur le tableau hideux des violences qui préparèrent la grande réforme politique et sociale que Sylla avait méditée dès son entrée aux affaires. Mais une partie de ces atrocités se lie trop intimement au but de mes recherches pour que je les passe sous silence. Je dois donc suivre en Italie les effets de la contre-révolution qui termina la guerre sociale et qui en rendit le retour à jamais impossible. En cela, du moins, Sylla réus-

---

[1] Ὑπὸ γήθους καὶ χαρᾶς μεγάλης ὥσπερ πνεύματος ἀναφερόμενος τὴν ψυχήν. Καὶ ταῦτα περὶ αὐτοῦ γέγραφεν ἐν τοῖς ὑπομνήμασιν. Plut. *An seni sit ger.* p. 143, ed. Reiske.

sit complétement. S'il ne parvint pas à établir une aristocratie romaine, du moins il ne laissa en Italie que des Romains.

Après la sanglante bataille de Rome, après la prise de Préneste, les chefs samnites, lucaniens, étrusques, qui n'étaient pas morts sur le champ de bataille, mis hors la loi par le vainqueur, périrent du supplice des criminels, ou bien, s'expatriant, allèrent mourir ignorés dans des contrées lointaines[1]. A ces nobles guerriers succédèrent quelques

---

[1] Une phrase de l'Épitome de Tite-Live raconte peut-être la fin du plus illustre de ces proscrits. On lit dans cet abrégé, que *Mutilus*, mis hors la loi par Sylla, se présenta, la tête voilée, à la porte de sa maison, demandant un asile; reconnu, mais repoussé par sa femme Bastia, qui déclara qu'elle ne voulait pas recevoir un proscrit, il se tua sur le seuil, qui fut arrosé de son sang. *Epit.* 89. — Quel est ce Mutilus? Serait-ce le fameux Embratur des Samnites, souvent vainqueur des Romains, et depuis longtemps condamné à l'inaction par ses blessures? Le nom de sa femme, qui n'est point romain, ajoute encore quelque vraisemblance à cette hypothèse; enfin, le fait n'était pas, malheureusement, assez extraordinaire à cette époque pour que Tite-Live s'y fût arrêté avec quelque détail, si ce Mutilus n'eût pas été un personnage considérable. Mais, d'un autre côté, Appien, dans son long récit des proscriptions ordonnées par les triumvirs, fait mention de la mort d'un chef

paysans, divisés en petites troupes, errant de montagne en montagne, traqués par les Romains comme des bêtes fauves, et périssant sans laisser de souvenir de leur résistance à l'oppression. D'abord, trop peu nombreux pour mériter le nom de rebelles, on les appela des brigands. La nécessité leur en donna bientôt les mœurs, et vingt ans après la guerre civile, l'Étrurie était infestée par de nombreuses

samnite qui s'était illustré dans la guerre sociale, et qu'il appelle Statius. Στάτιος δέ ὁ Σαυνίτης, πολλὰ Σαυνίταις ἐν τῷ συμμαχικῷ πολέμῳ κατειργασμένος. *Civ.* IV, 25. — Or, ce Statius étant absolument inconnu, Wesseling a proposé, et cette leçon est généralement reçue, de lire Papius, et il admet que ce Papius est l'ancien général de la ligue. Je ne sais si cette correction ne paraîtra pas un peu trop hardie. Quoi qu'il en soit, voici quelle fut la fin de ce Samnite. Devenu Romain, le souvenir de ses exploits, ses richesses et sa haute naissance, l'avaient fait nommer sénateur (probablement par Jules César, qui accorda la même faveur à beaucoup de nouveaux citoyens). Il avait quatre-vingts ans lorsque les triumvirs l'inscrivirent sur la table des proscrits. En l'apprenant, il fit ouvrir les portes de sa maison, puis exhorta ses compatriotes et ses esclaves à la piller au plus vite. Lui-même jetait dans la rue ses meubles et ses trésors. La maison vidée, il s'y renferma seul et y mit le feu, ne laissant qu'un monceau de cendre aux émissaires des triumvirs.

troupes de bandits qui conservaient encore une haine traditionnelle contre le sénat de Rome [1].

Plusieurs villes préférèrent une destruction certaine à la clémence de Sylla. Dans le Latium, Norba, colonie romaine, située au pied des montagnes volsques, soutint un long siége et ne fut prise que par trahison. Voyant l'ennemi dans leurs murs, les habitants s'entre-tuèrent après avoir mis le feu à leurs maisons. Un vent violent répandit la flamme; tout fut consumé, et les vainqueurs ne purent profiter de la riche proie sur laquelle ils comptaient. Malgré sa sécheresse ordinaire, Appien n'a pu refuser un mot d'éloge aux habitants de Norba. « Ils moururent, dit-il, en gens de cœur [2]. »

Populonia, dans l'Étrurie, se fit également remarquer par la vigueur de sa résistance, et fut plutôt détruite que vaincue [3].

Nola, dans la Campanie, occupée par les Samnites dès le commencement de la guerre sociale [4], re-

---

[1] Sall. *Cat.* 28. — Catilina recruta son armée parmi les paysans étrusques, que la misère et le désir de la vengeance rendaient avides de révolutions, dussent-ils prendre pour chef un des satellites de Sylla, l'auteur de tous leurs maux.

[2] Καὶ οἵδε μὲν οὕτως ἐγκρατῶς ἀπέθανον. App. *Civ.* I, 94.

[3] Strabon, V, p. 223.

[4] Liv. *Epit.* 80.

poussa longtemps avec succès les tentatives des lieutenants de Sylla. Il fallut, pour l'obliger à ouvrir ses portes, que le dictateur en personne vînt en presser le siége[1].

Mais la résistance la plus vigoureuse et la plus extraordinaire fut celle de Volaterræ, ville d'Étrurie, sur laquelle Strabon nous a conservé quelques détails intéressants. Elle était située sur un plateau abrupt de presque tous les côtés, et environnée d'une enceinte pélasgique inattaquable au bélier, dont les ruines subsistent encore. Là, un grand nombre de proscrits et quelques cohortes, débris de l'armée étrusque, se réfugièrent et soutinrent un siége de deux ans, après lequel ils réussirent à obtenir une capitulation honorable, ou parvinrent à sortir de la ville et à se mettre en lieu de sûreté[2].

Déjà l'ordre commençait à se rétablir dans la république, et les massacres et les confiscations qui avaient suivi la prise de Préneste faisaient horreur à tout le monde. La défense héroïque des Volaterrans, loin de réveiller d'anciennes haines nationales, avait inspiré un vif intérêt aux Romains, et

---

[1] Liv. *Epit.* 89.
[2] Strabon, V, p. 223. — Cic. *Pro domo sua*, 30.

même à cette aristocratie que Sylla venait de reconstituer[1]. Malgré tout son pouvoir, il ne put faire confirmer le décret qu'il avait rendu à l'époque des proscriptions, et qui dépouillait les Volaterrans du droit de cité romaine, et cependant ils n'avaient point encore déposé les armes[2]. Parmi les Étrusques, ce furent presque les seuls qui échappèrent à la vengeance du dictateur.

Au reste, Sylla, dans sa haine implacable, sévit avec une égale fureur contre les cités qui montrèrent leur soumission après sa victoire, et contre celles qui tentèrent une résistance désespérée. Toutes les villes qui, à quelque titre que ce fût, avaient prêté assistance à la faction vaincue, furent enveloppées dans un égal anathème. De celles que les flammes avaient épargnées il chassait la population et la remplaçait par des colons romains. Il confisquait les propriétés publiques et particulières ; en sorte que les habitants du pays, sans asile et sans pain, n'avaient plus d'autres ressources que de vivre de brigandages[3].

Les terres des riches proscrits satisfirent l'avidité

---

[1] Cic. ibid. — Remarquer ce mot : *comitiis centuriatis*.
[2] Id. loc. cit. *Quum etiam tum essent in armis*.
[3] Sall. *Cat.* 28.

de ses officiers. Mais il avait encore cent vingt mille soldats à contenter, et il leur distribua les terres enlevées aux villes qui s'étaient signalées par leur résistance, ou seulement qui avaient montré de l'attachement au parti vaincu. Il n'y eut pas une province qui ne reçût ainsi des colonies de vétérans, espèce de garnisons, qui répondaient de son obéissance. Établis dans le pays par cohortes et par légions [1], ces hommes, livrés depuis longtemps à l'indiscipline, pouvaient, en raison de leur nombre et de leur organisation militaire, se livrer impunément à tous les excès contre les populations au milieu desquelles ils vivaient en vainqueurs.

Quelques cités, plus coupables aux yeux du dictateur, furent encore plus rigoureusement traitées. Il les priva du droit de cité romaine, conservant toutefois à leurs habitants la faculté d'hériter et d'aliéner leurs biens d'après certaines formes du droit romain [2]. Il semble résulter de cette disposi-

---

[1] C'est ainsi que le territoire de Bovianum fut partagé aux soldats de la XIme légion, d'où cette ville prit le nom de *Bovianum undecumanorum*. Plin. III, 12. — César, au contraire, eut soin de disperser ses vétérans, individuellement, dans toute l'Italie, de peur que, se sentant en force, ils ne molestassent les habitants. Suet. *J. Cæs.* 38.

[2] Tulit de civitate ut non sustulerit horum nexa atque

tion, qu'il ne leur ôta en réalité que le droit de suffrage, les réduisant à une condition analogue à celle des colonies romaines. Au reste, ces confiscations de droits politiques demeurèrent en général sans exécution, et, malgré la toute puissance de Sylla, nous avons vu que les Volaterrans parvinrent à s'y soustraire. Réprouvées par l'opinion publique, ces mesures étaient encore condamnées par tous les jurisconsultes, comme contraires au premier axiome qui régit le droit de cité, à savoir, qu'il ne peut se perdre que par la renonciation libre de celui qui le possède [1].

Plus qu'aucun autre pays, le Samnium eut à souffrir des violences du dictateur. Non-seulement il détruisait les fortifications des villes, mais il démolissait encore les temples et les maisons. Il avait entrepris d'expulser tous les Samnites de leur patrie, et il répétait sans cesse que les Romains ne seraient tranquilles que lorsque les Samnites auraient cessé d'être une nation [2]. Il n'y réussit que trop bien ; leurs villes, autrefois florissantes, étaient réduites, du temps de Strabon, à la condition de mi-

hereditates. Cic. *Pro Cæc.* 35. — Cfr. Sall. *Hist.* I, *Oratio Lepidi.*

[1] Cic. *Pro Cæc.* 33, seqq.
[2] Strabon, V, p. 249.

sérables villages [1]. Dans toute l'Italie méridionale on ne voyait plus que des ruines. Refoulés en tous sens par les nouveaux colons, soldats de Sylla, les anciens habitants étaient devenus comme étrangers dans leur propre patrie. La nation samnite tout entière, succombant sous le poids du malheur, avait oublié ses traditions antiques, ses usages, son costume, enfin jusqu'à sa haine contre le nom romain.

On demande vainement aux historiens quelle fut la condition politique du reste de cette brave nation. J'ai exposé plus haut les motifs qui prouvent qu'elle avait refusé le droit de cité romaine à une époque où elle pouvait traiter avec Rome d'égale à égale. Vaincue et sous la main de fer de son impitoyable ennemi, aurait-elle pu l'obtenir alors? On a vu que Sylla fit toujours une horrible distinction entre ses prisonniers samnites et les autres Italiotes. Pour les premiers, jamais de grâce; et pourtant, comme on ne peut tuer tout un peuple, il fallait bien qu'il accordât dans la société factice organisée par lui, une place quelconque aux malheureux échappés à tant de massacres. On ne peut admettre qu'il réduisit le Samnium à l'état de province tributaire; l'origine italienne de ses habitants était un titre im-

[1] Strabon, V, p. 249.

prescriptible, que leur persécuteur même était contraint de respecter. Comme ennemis, il pouvait les exterminer; comme Italiotes, il ne pouvait les avilir. Il est certain qu'après la dictature de Sylla, on retrouve les Samnites en possession des mêmes droits que les autres peuples anciens habitants de la péninsule [1]. Ces droits, après le rétablissement de l'ordre, les reçurent-ils de la pitié de quelque magistrat romain? les obtinrent-ils du dictateur lui-même, lorsqu'il cessa de les craindre? Le fait demeure incertain; mais je ne regarde pas comme improbable que Sylla, satisfait d'avoir anéanti leur nationalité, et désespérant d'exterminer tous les individus, consentit à les assimiler aux Romains, et peut-être, de sa part, cette apparente pitié ne fut-elle qu'un raffinement de vengeance [2].

[1] On a vu déjà qu'un Samnite était devenu sénateur romain. App. *Civ.* IV, 25. Voyez la note de la page 326.

[2] Cette question de la position politique des Samnites dans la république, après la guerre sociale, était fort obscure, même pour les écrivains de l'antiquité. Appien, qui paraît avoir reconnu que les Samnites n'acceptèrent point le droit de cité romaine offert par la loi Plautia et Papiria, avoue qu'il ignore comment ils l'obtinrent par la suite (*Civ.* I, 53). Si cette loi n'eût point été transitoire (elle fixait un délai de 60 jours pour accepter le droit de cité), on pourrait croire

Quant aux villes italiennes qui lui avaient fourni des secours à son arrivée dans la péninsule, ou qui depuis avaient mérité grâce par leur prompte soumission, il leur conserva les droits que leur avaient accordés les décrets de Cinna. Ses propres promesses et les traités solennels qu'il avait faits avec plusieurs nations ne lui permettaient pas de revenir sur une mesure déjà consacrée. On verra bientôt que la constitution qu'il donnait à la république enlevant, par le fait, aux assemblées populaires la plus grande partie de leur importance, il n'avait plus qu'un médiocre intérêt à restreindre les droits de bourgeoisie romaine.

Dix années d'une guerre furieuse avaient coûté à l'Italie le plus pur de son sang. Cent cinquante mille Romains avaient péri par le glaive, et la perte des Italiotes avait été au moins aussi considérable. Pendant cette courte période, le triomphe momentané de chaque parti fut signalé par des confiscations, des pillages, des incendies, des massacres, des destructions de villes. Il n'y avait pas en Italie

que les Samnites en invoquèrent le bénéfice après la tyrannie de Sylla. Au reste, du moment que le principe de l'émancipation italienne eut été admis, la naturalisation de quelques districts, oubliés pour ainsi dire, dut être en tout temps accordée sans opposition.

de cité si petite qui n'eût vu dans son sein plusieurs révolutions, images réduites du grand bouleversement de la république. Au milieu de ces épouvantables catastrophes, la classe moyenne, celle des petits propriétaires, en général attachée au parti de Marius [1], avait presque entièrement disparu. Exposée depuis longtemps aux envahissements des riches, elle avait à subir encore l'insolence et la rapacité des colons militaires de Sylla, qui, au lieu de cultiver les champs que leur général leur avait donnés, enlevaient par la force les récoltes de leurs voisins, et vivaient à leurs dépens comme en pays ennemi. Ces vétérans, répugnant aux liens du mariage, et ne pouvant s'assujettir aux soins d'élever une famille [2], usaient dans la débauche le reste de leurs forces, et s'éteignaient sans laisser de postérité. Entre des populations industrieuses, dépouillées et proscrites, et ces colons paresseux et rapaces, l'Italie se changeait en un désert, et d'ulcère dont Tib. Gracchus avait signalé l'apparition, s'était étendu sur tout le corps social, et déjà était devenu incurable.

[1] Voir l'excellent mémoire de M. Dureau de la Malle sur l'affaiblissement de la population de l'Italie. Mém. de l'Ac. des Inscr. Tome XII.

[2] Tacite, *Ann*. XIV, 17.

L'émancipation de l'Italie effaça rapidement les différences de lois, de mœurs, d'idiomes, que la politique romaine avait longtemps entretenues, en défendant les mariages entre peuples voisins, en perpétuant dans chaque petit État une forme distincte de gouvernement. Cernés de tous côtés par la langue latine, les différents dialectes de la péninsule disparurent bientôt avec les traditions, les littératures, les coutumes, les religions nationales[1]. La promptitude avec laquelle s'opéra la fusion de tant de peuples en une seule nation a quelque chose de surprenant, que ne peut expliquer la violence même des mesures prescrites par le dictateur. C'est que

[1] La perte des livres étrusques est particulièrement regrettable. Les Étrusques avaient non-seulement de nombreux ouvrages sur le droit augural, qui contenaient sans doute des observations astronomiques et des renseignements précieux sur la mythologie, mais encore des annales qui devaient jeter un grand jour sur l'histoire de l'Italie. Varron, lib. IV, p. 17, cite un Volumnius auteur de tragédies étrusques. — Je ne connais point d'auteur osque. Les seuls ouvrages originaux en cette langue, populaires chez les Romains, étaient les Fables atellanes, espèces de dialogues qui ressemblaient à nos intermèdes. Il paraît, au surplus, qu'à une époque très-ancienne, la langue grecque était en Italie la langue savante, la langue des livres, à peu près comme le latin l'était en Europe au moyen âge.

depuis l'émancipation italienne, et depuis lors seulement, Rome était réellement la capitale de l'Italie. Naguère forteresse d'une caste privilégiée, elle ouvrait maintenant ses portes à toutes les ambitions, à tous les intérêts, à tous les plaisirs. Les familles riches de l'Italie, abandonnant leurs villes, accouraient se fixer à Rome. Là venaient s'agglomérer toutes les fortunes; là se donnaient rendez-vous toutes les intelligences. Mais en même temps s'annulaient tous les centres distincts de civilisation qui existaient autrefois dans la péninsule; ils venaient se fondre dans la grande ville, malheureusement sans lui apporter des forces nouvelles. Jadis, la république avait accru sa puissance en absorbant les peuplades voisines. Son aristocratie, jeune alors et bien homogène, recrutait ainsi un peuple de travailleurs et de soldats braves et robustes; mais aujourd'hui, c'étaient toutes les aristocraties usées qui se réunissaient à Rome; son peuple n'était plus qu'une plèbe affamée et turbulente, prête à se livrer à tout ambitieux qui lui donnait du pain et des spectacles. On eût dit que ce patriotisme romain, qui avait fait tant de grandes choses, avait perdu son énergie alors que la patrie s'était agrandie elle-même. Les nouveaux citoyens n'apportaient pas à Rome cet amour passionné du pays, qui animait autrefois ses enfants; et les anciens citoyens, depuis qu'ils avaient partagé leurs droits, se sentaient comme dégradés, et perdaient jusqu'à cet orgueil qui leur avait tenu lieu de tant de vertus.

Le système des comices, vicieux dès que Rome avait eu des citoyens à quelques milles de ses murs, devint une monstrueuse absurdité et une cause continuelle de désordres lorsqu'il dût s'appliquer à l'Italie entière. On ne voyait plus, comme dans l'ancienne république, un candidat demander les suffrages de gens qui le connaissaient depuis son enfance, juges compétents de son caractère et de sa capacité; maintenant, les honneurs étaient acquis au plus riche, à celui qui, le jour des comices, pourrait amener à Rome des populations étrangères, et verser sur le Forum une masse ignorante achetée à prix d'or.

Mais de toutes les conséquences de la guerre sociale, la plus funeste sans contredit, ce fut l'exemple donné aux ambitieux, d'un général changeant à sa volonté les lois de son pays et disposant en maître de toutes les fortunes. L'armée se sépara de la nation; la discipline militaire fut à jamais perdue; désormais le soldat ne connut plus d'autre patrie que son camp, d'autre loi que l'ordre du général le plus indulgent et le plus heureux, de butin plus précieux ni plus assuré que les trésors renfermés dans les palais de Rome. La jeunesse, perdue de dettes et de débauche, s'habitua à considérer une révolution comme l'unique moyen, pour des gens de cœur, d'acquérir gloire, honneurs, richesses. Tous ces biens, le dictateur l'avait montré devant la porte Colline, un génie audacieux, un bras intrépide pouvaient les conquérir en un jour. Dès ce moment, suivant l'énergique expression de Salluste, on vit une génération d'hommes qui ne pouvait avoir de patrimoine ni souffrir que d'autres en possédassent [1].

Le duel de Marius et de Telesinus fut comme un présage des destinées de l'Italie. Le Romain tua le Samnite, et tomba expirant sur le cadavre du guerrier qu'il venait d'abattre. Ainsi l'Italie était morte ; mais Rome, frappée au cœur, ne devait pas lui survivre longtemps.

§ XIX.

Après la bataille de Rome, il n'y a plus de nationalité italienne, elle est morte avec Telesinus, et je devrais peut-être m'arrêter ici ; mais j'ai pensé

---

[1] Sall. Frag. lib. I, 10.

que l'étude que j'ai entreprise ne serait pas complète si je n'essayais d'exposer le système d'après lequel se réorganisa cette société composée d'éléments hétérogènes que l'émancipation de l'Italie avait substituée à la vieille et compacte société romaine. La réforme ou la constitution imposée par Sylla, bien qu'elle n'ait eu qu'une médiocre durée, fut pourtant une digue immense à l'abri de laquelle le gouvernement républicain subsista et reprit même quelque force, au moment où il semblait abattu sans espoir; digue si puissante, en effet, que pour la rompre il fallut un génie supérieur à celui de Sylla.

Cette constitution, fondée par des violences inouïes, avait un noble but cependant, celui de régénérer les Romains et de changer une multitude abrutie en un peuple libre. Jamais tyrannie ne fut préparée par des moyens plus odieux ni plus criminels que ceux dont Sylla se servit pour raffermir la liberté; c'est que cet homme extraordinaire avait dans toutes ses actions une épouvantable logique; il acceptait sans hésitation les conséquences, quelque atroces qu'elles fussent, des projets qu'il avait conçus. S'il avait cru que la destruction de la moitié de l'espèce humaine fût nécessaire au but qu'il se proposait, il l'aurait ordonnée avec sang-froid. Accoutumé à ne compter pour rien la vie des hommes, il supputait froidement combien il aurait de têtes à couper pour la réussite de ses plans, comme un général calcule, la veille d'un assaut, combien il devra sacrifier de soldats pour la possession d'une place importante. Observons encore un autre trait de son caractère : il était religieux à sa manière ; il se disait et avait fini par se croire l'objet constant de la protection d'une providence divine, un instrument des dieux pour de grands desseins qu'apparemment il avait pénétrés [1]. Tous ses efforts, tous ses crimes lui furent inspirés par une pensée unique; il voulait le rétablissement de l'ancienne république aristocratique, qui avait fait tant de grandes choses, mais qui était devenue comme une institution de l'âge d'or, admirée de tous, et réputée applicable seulement aux races héroïques.

Les Gracques et Drusus avaient cru régénérer leur patrie en y incorporant les peuples italiques, moins corrompus, et, si l'on peut s'exprimer ainsi, plus jeunes que les Romains. Ils les appelèrent au partage des droits politiques. Au contraire Sylla prétendit enlever ces droits à la plupart des Romains, et les concentrer dans un seul corps d'élite qui de-

---

[1] Attila avait de lui-même une opinion semblable.

vait être la réunion de toutes les intelligences. Mais depuis l'avilissement du sénat ce corps était à créer. La démocratie avait pénétré dans les mœurs, et la guerre sociale l'avait pour ainsi dire enracinée en Italie. N'importe! aucun obstacle n'arrêtait Sylla. L'ancien sénat coupable de faiblesse, il le fera périr, il en improvisera un autre. Les hommes, les nations qui ont montré des dispositions contraires à ses projets, il les exterminera; il remplacera les nations par d'autres nations, et ne cessera de tuer que lorsqu'il ne trouvera plus un contradicteur. Ainsi, comme ces tyrans des légendes orientales, il crut bâtir un édifice indestructible s'il le cimentait avec du sang humain.

En ordonnant les massacres et les proscriptions qui suivirent la prise de Préneste, il n'avait d'autre titre que celui d'Imperator [1], qu'il avait reçu de ses soldats. C'était par le droit de l'épée qu'il commandait aux Romains, de même que Pontius Telesinus l'eût fait s'il eût triomphé. Plus tard, voyant tous ses ennemis ou morts ou en fuite, l'Italie frappée de stupeur, il songea à se revêtir d'une autorité légale. Détruire et reconstituer, telles étaient les

---

[1] Il n'avait pas même le titre de proconsul, car, d'après les lois, il l'avait perdu en rentrant dans Rome.

deux parties de la tâche qu'il s'était tracée. La première, il l'accomplit comme un vainqueur impitoyable maître d'un pays ennemi; pour la seconde, il assuma le pouvoir le plus étendu qui existât dans la vieille constitution romaine, et il prit soin de l'augmenter encore. Ainsi, il marquait le passage de l'état de guerre, où toutes les violences s'exercent sans contrôle, à l'état de paix, où l'on ne procède que par des formes légales.

Proclamé dictateur par l'interroi Valérius Flaccus, il reçut du peuple, car le peuple fut consulté, les pouvoirs les plus monstrueux que des hommes assemblés aient pu décerner à un autre homme. La loi Valéria, tel fut le nom du décret qui l'investit de la dictature, sanctionnant d'abord tous ses actes passés et futurs, lui conférait nommément le pouvoir de mettre à mort les citoyens sans jugement, de faire des lois, de fonder des colonies, de bâtir des villes, d'en détruire, de disposer des royaumes tributaires, de confisquer et de partager, suivant son bon plaisir, les propriétés publiques et particulières [1]. Et cette puissance sans bornes devait durer

---

[1] Ἐψηφίσθη δ' αὐτῷ πάντων ἄδεια τῶν γεγονότων, πρός δὲ τὸ μέλλον ἐξουσία θανάτου, δημεύσεως, κληρουχιῶν, κτίσεως, πορθήσεως, ἀφελέσθαι βασιλείαν καὶ ᾧ βούλοιτο χαρίσασθαι. Plut.

« jusqu'à ce que la république fût constituée, » c'est-à-dire jusqu'à ce qu'il plût au dictateur de déclarer sa mission accomplie.

Il y avait plus d'un siècle qu'on n'avait vu de dictateur à Rome, et les derniers magistrats qui avaient porté ce titre n'avaient eu de fait d'autre autorité que celle d'interroi, étant nommés seulement pour présider les comices en l'absence des consuls [1]. Cependant le souvenir des véritables dictateurs, revêtus de la toute-puissance, s'était conservé dans les traditions populaires comme un fantôme terrible, entouré de haches sanglantes et de têtes coupées. Précédée par deux mois d'exécutions continuelles, par les massacres de populations entières, la dictature de Sylla frappait les imaginations d'une profonde terreur.

Mais toute l'œuvre de sang était accomplie; Sylla n'avait plus qu'à expliquer ses volontés, et les Romains étaient prêts à le remercier de leur faire connaître ce qu'il permettait, ce qu'il défendait. L'in-

Sull. 33.—L. Flaccus interrex tulit ut omnia quæcunque ille fecisset essent rata. Cic. *De leg. ag.* III, 2.—Ut eorum bona veneant qui proscripti sunt, aut eorum qui in adversariorum præsidiis occisi sunt. Cic. *Pro Sex. Rosc.* 43. Cfr. App. *Civ.* I, 98.

[1] Sulpicius Galba, en 551, — C. Servilius Nepos, en 552.

certitude de la crainte est le pire des maux; elle allait cesser, et le jeune Métellus était l'interprète du vœu général en demandant à Sylla de nommer tout de suite ceux qu'il voulait faire périr, ou, si cela lui était plus facile, ceux qu'il laisserait vivre [1]. Ce n'était pas l'indignation d'un homme libre qui adressait cette demande, mais la résignation d'un esclave. Les lois du dictateur furent reçues avec reconnaissance comme un traité de paix octroyé à des vaincus qu'il pouvait égorger.

Essayons de marquer les points principaux de cette réforme, qu'il imposa sans contrôle et qui fut à la fois politique et sociale.

Probablement ses premiers décrets eurent pour but de consolider son pouvoir en récompensant ceux qui l'avaient servi. Dans la détresse du trésor public, il n'avait d'autres ressources que les confiscations, et il en usa largement. Il fit vendre à l'encan les biens des proscrits, pour les adjuger à ses créatures, s'en réservant d'ailleurs pour lui-même une part considérable [2]. Ces confiscations produisirent 3,500,000 sesterces, somme qui paraîtrait bien faible si l'on ne savait que les enchères avaient lieu

---

[1] Plut. *Sull.* 31.
[2] Liv. *Epit.* 89.

en sa présence, et qu'elles n'étaient point couvertes dès qu'un de ses favoris se présentait [1].

En dépouillant les fils des proscrits des biens de leurs familles, il les déclara incapables de prétendre aux honneurs, de remplir des charges publiques; il les dégrada même de leur noblesse, en excluant du sénat ou de l'ordre équestre ceux qui s'y trouvaient inscrits [2]. Si l'on songe que les évaluations les plus modérées portent à deux mille le nombre des proscrits, on verra que cette disposition frappait une notable portion de la jeunesse romaine; mais Sylla portait ses vues dans l'avenir, et voulait ôter à la génération qui s'élevait l'espoir et les moyens de se venger un jour.

Il prévit encore le cas où, dans l'intérieur même de Rome, quelque ennemi obscur, oublié sur les tables de proscription, tenterait de soulever le peuple contre les lois dictatoriales. Sylla voulut avoir dans la plèbe urbaine le moyen de contenir ses adversaires. A cet effet, il répartit dans les trente-cinq tribus dix mille nouveaux citoyens, autrefois esclaves des proscrits. Il les affranchit en masse, et leur donna avec son nom [3] les droits de cité et de suf-

---

[1] Plut. *Sull.* 33. — Liv. *Epit.* 89.

[2] Vell. II, 29. — Plut. *Sull.* 31. — Liv. *Epit.* 89.

[3] Les affranchis prenaient toujours le nom de leur patron. Voy. App. *Civ.* I, 100.

frage. Ces dix mille Corneliens, armée toujours prête à prendre la défense de son patron, lui répondaient de la docilité de la plèbe urbaine.

Après s'être fait en quelque sorte un peuple à lui, il se choisit un sénat, en adjoignant au petit nombre des sénateurs survivants trois cents nouveaux membres, nommés parmi les chevaliers les plus riches et les plus considérés de leur ordre [1]. Ce sénat, recomposé de la sorte, reçut des priviléges étendus. Bien qu'il professât une admiration déclarée pour la constitution oligarchique des premiers âges de Rome, Sylla comprit pourtant qu'il devait faire de notables sacrifices aux idées et aux habitudes nouvelles. Aussi n'essaya-t-il pas de faire revivre l'ancienne distinction des castes, abolie, dès le quatrième siècle, par Licinius. Le sénat demeura accessible à tous les citoyens qui passeraient par la filière des magistratures publiques ; et vingt questeurs, nommés tous les ans par les assemblées populaires, devaient le recruter sans cesse [2].

Au sénat fut attribuée l'initiative de toutes les rogations. Aucune loi ne put être portée devant le

---

[1] Cette élection fut faite ou plutôt ratifiée par les comices par tribus. App. loc. cit. Ταῖς φυλαῖς ἀναδοὺς ψῆφον περὶ ἑκάστου

[2] Tacite. *Ann*. XI, 22.

peuple sans qu'elle n'eût été au préalable examinée et approuvée par le sénat. C'était ressusciter une des lois royales, tombée en désuétude; car, depuis des siècles, les sénateurs adoptaient par avance les résolutions des comices, quelles qu'elles fussent [1].

Enfin, pour augmenter encore l'influence du sénat, le dictateur lui rendit l'administration de la justice, transférée aux chevaliers, quarante ans auparavant, par C. Gracchus [2]. En un mot, le sénat

---

[1] Cfr. App. *Civ.* I, 59. — Liv. I, 17.

[2] Par une loi supplémentaire Sylla restreignit, pour les accusés, le droit de récusation presque illimité dont ils jouissaient auparavant. Les plébéiens et les chevaliers ne purent à l'avenir récuser que trois de leurs juges. Les sénateurs conservèrent le droit d'en écarter un plus grand nombre (Cic. *Verr.* II, 31). Il ne faut point chercher cependant une preuve de la partialité du dictateur dans ce privilége accordé à un seul ordre. Les sénateurs étant exposés plus que les autres citoyens à rencontrer des adversaires parmi leurs juges, il était naturel de leur accorder le pouvoir d'en récuser un plus grand nombre. Verrès, jugé par des sénateurs, en récusa cinq, et peut-être davantage. On doit présumer que la loi de Sylla relative à la récusation des juges fut rendue à la suite de plusieurs acquittements scandaleux, et probablement parce que les juges réputés incorruptibles étaient toujours exclus par les accusés.

redevint l'arbitre de toutes les affaires publiques et privées.

L'effroi qu'inspirait le dictateur avait arrêté toute opposition de la part des tribuns du peuple ; cependant leur pouvoir immense, en partie usurpé, mais consacré par un long usage, n'en restait pas moins un contre-poids décisif à l'autorité du sénat. Sylla s'occupa de le réduire, disons mieux, de l'annuler. Les mesures qu'il prit dans ce but ne sont qu'imparfaitement connues ; mais il est évident qu'il enleva aux tribuns toute leur influence politique [1]. A mesure que l'élément démocratique avait envahi la vieille constitution romaine, les tribuns avaient agrandi leur position ; ils étaient parvenus, dans les derniers temps, à dominer le sénat et le peuple. Ces magistrats, qui d'abord n'avaient eu par leur institution d'autre pouvoir que celui de protéger les citoyens de leur ordre par une opposition que l'on appelait le droit d'*intercéder*, avaient fini par s'emparer de l'initiative des lois et par transporter tous les débats politiques dans les assemblées populaires qu'ils présidaient. Depuis les Gracques, et malgré leur triste fin, toutes les affaires importantes avaient été décidées par des plébiscites. Le dictateur

---

[1] Sulla imaginem sine re reliquerat. Vell. Pat. II, 30.

retira aux tribuns cette initiative usurpée, et réduisit même notablement leur droit d'intercession [1],

[1] Ce droit d'intercession, qui s'exerçait en prononçant le seul mot *veto,* donnait encore une si grande influence aux tribuns, que, malgré l'autorité de quelques textes, je ne puis croire que Sylla ne l'ait pas considérablement modifié. La plus forte objection qu'on puisse faire à mon opinion est tirée d'un passage de César, assez difficile à comprendre, car le pour et le contre y semblent également exprimés. « Novum in R. P. « exemplum introductum, quæritur, ut tribunitia inter- « cessio armis notaretur atque obprimeretur, quæ superio- « ribus annis *armis* esset restituta ; Sullam, nudata omnibus « rebus tribunitia potestate, tamen intercessionem liberam « reliquisse. » Si, à l'exemple de quelques commentateurs, l'on suppose que le mot *armis,* à la fin de la première phrase, est une interpolation, ou qu'en l'admettant même, on applique cette phrase au rétablissement de l'intercession tribunitienne, qui eut lieu par l'entremise de Pompée (et sinon, elle est incompréhensible), il faut bien que Sylla ait modifié cette intercession, car autrement, le moyen de la rétablir? Le rétablissement de l'intercession doit, à mon avis, s'entendre de la faculté rendue aux tribuns de prononcer leur veto dans certains cas où ils le pouvaient faire avant les lois de Sylla. D'un autre côté, lorsque César parle de la liberté d'intercession laissée par Sylla, il a sans doute en vue le cas particulier d'intercession dont il s'agissait au commencement de la guerre civile. Les tribuns M. Antoine et Q. Cassius opposèrent leur veto au sénatus-consulte qui prescrivait à César « de licencier son armée dans un délai déterminé, sous peine

consacré depuis longtemps, et jusqu'alors respecté comme une institution fondamentale de la république. Mais il leur réservait un coup bien plus terrible, en leur imposant des conditions d'éligibilité telles que tous les ambitieux devaient nécessairement s'éloigner de la carrière du tribunat. Sylla établit que, pour être tribun, il faudrait d'abord avoir été admis dans le sénat [1], et qu'une fois

d'être déclaré ennemi public.» On en pourrait conclure que les tribuns conservèrent le veto contre les sénatus-consultes ; il est douteux qu'ils l'aient conservé contre les lois. Je présume que Sylla définit exactement les limites du droit d'intercession qu'il laissait aux tribuns : par exemple, il dut leur interdire de l'exercer pour empêcher les élections des magistrats. Avant lui, rien de plus fréquent que l'opposition des tribuns aux comices électifs ; il en résultait que la république demeurait sans consuls, sans préteurs, et que toutes les affaires restaient suspendues. On conçoit tout le parti que des tribuns turbulents pouvaient tirer de cette sorte d'intercession. Cfr. Cæs. *Bell. civ.* I, 7. — Cic. *De legg.* III, 9. «In ista quidem re, vehementer Sullam probo, qui tribunis plebis, sua lege, injuriæ faciendæ potestatem ademerit, *auxilii ferendi reliquerit*.»

[1] C'est la conjecture très-juste d'Ernesti à l'occasion du passage suivant de Suétone : *Comitiis tribunitiis*, si deessent candidati, senatores ex equitibus romanis creavit (Augustus). Suet. *Aug.* XL. Quelques commentateurs ont cru faussement qu'il s'agissait ici des tribuns militaires, dont quelques-uns

nommé, l'on deviendrait inhabile à remplir toute autre magistrature [1]. Ainsi les adversaires naturels du sénat allaient être choisis dans son sein, et uniquement parmi ceux de ses membres qui renonçaient à tout avenir politique; en un mot, parmi des hommes sans ambition, sans considération, sans influence. La loi de Sylla pécha par son exagération même; car, bientôt il devint si difficile de trouver des tribuns, qu'il fallut en revenir à l'ancienne institution.

Les comices, ou assemblées du peuple, instituées par Servius Tullius, pour nommer les magistrats et délibérer de toutes les affaires publiques, furent, dans le principe, organisés de telle façon que l'influence politique appartînt presque entièrement aux riches. En effet, les citoyens étant divisés, suivant leur fortune, en cinq classes, on avait donné à la

---

étaient nommés par le peuple. Mais on trouverait difficilement, je pense, un exemple de ces mots *comitia tribunitia* appliqués à ces élections. D'ailleurs, après Sylla, on pouvait être nommé tribun militaire avant d'être sénateur : témoin Jules César, qui obtint cette dignité avant sa questure, *primus honor obtigit.* Suet. *Jul.* 5.

[1] App. *Civ.* I, 100. — Cotta legem tulit ut tribunis plebis liceret postea alios magistratus capere; quod lege Sullæ iis erat ademptum. Ascon. in Cornel. 78. Ed. Orel.

première 89 votes, c'est-à-dire, plus des quatre dixièmes du nombre total des suffrages, qui, pour tout le peuple, ne s'élevaient qu'à 193. Les quatre autres classes réunies n'en comptant que 104, il suffisait de 8 autres votes pour assurer la majorité à la première classe, en supposant que ses suffrages ne se fussent pas divisés. L'assemblée du peuple tenue de la sorte s'appelait *comices par centuries*, parce que chaque classe se subdivisait en autant de centuries qu'elle avait de votes à donner [1] ; or, la majorité des suffrages dans une centurie était comptée pour un vote, quel que fût le nombre de ceux qui la composaient. Dans la suite, mais on ne sait précisément à quelle époque, ce système fut, sinon aboli, du moins notablement modifié. Ce qu'il y a de certain, c'est que le nombre des centuries fut changé, et l'influence de l'aristocratie dans les comices sensiblement réduite [2].

[1] Tout le monde connaît le fameux passage de Cicéron, *De Rep.* II, 22, si souvent controversé, et qui a donné lieu à tant de théories différentes sur le système des comices par centuries, introduit par Servius Tullius. Consultez l'excellent résumé des principales opinions, par M. de Golbéry, dans le septième volume de sa traduction de l'Histoire romaine de Niebuhr.

[2] Tite-Live, après avoir décrit en détail l'organisation de Servius Tullius, ajoute, lib. I, c. 43 : « Nec mirari oportet

Lorsque cette partie du peuple romain que les anciens désignaient par le nom de *plebs* eut acquis

hunc ordinem qui nunc est post expletas XXXV tribus, duplicato earum numero centuriis juniorum seniorumque ad institutam ab Servio Tullio summam non convenire. » Ce passage, assez obscur, a donné lieu à de nombreux commentaires. Quelques-uns ont supposé que chacune des cinq classes avait été subdivisée en 70 centuries, 35 de juniores, et 35 de seniores, qui, avec 18 centuries de chevaliers, auraient formé un total de 368 centuries. D'autres, avec le savant éditeur de Cicéron, M. Orelli, persuadés que le fragment célèbre du second livre de la République se rapportait, non à l'époque de Servius Tullius, mais aux sixième et septième siècles de Rome, ont conservé le nombre primitif de 193 centuries, et les ont réparties de la manière suivante entre les cinq classes :

PREMIÈRE CLASSE.

Centuries de chevaliers.....................	12
Centuries de juniores........................	35
Centuries de seniores........................	35
Les Six Suffrages (centuries de chevaliers)........	6
Totale de la première classe...............	88

A ces 88 centuries de la première classe, il faut en ajouter une 89e, celle des charpentiers, tirée d'une classe inférieure et comptant dans le total de cette classe, bien qu'elle votât avec la première.

SECONDE CLASSE.

Centuries de juniores........................	35
Centuries de seniores........................	35
	70

une importance politique, et qu'à force de persévérance elle fut parvenue à enlever au sénat la plu-

TROISIÈME CLASSE.

Centuries sans distinction de juniores ou de seniores 35
. Total de toutes les centuries................. 193

M. Orelli admet encore une modification à ce système, dans lequel, comme on l'a vu, la quatrième et la cinquième classe sont exclues du vote, c'est de supposer que la première classe seulement comptait 70 centuries (de juniores et de seniores), et que la seconde, la troisième et la quatrième, n'en avaient chacune que 35, sans distinction d'âge. Dans les deux cas, la cinquième classe reste sans vote. V. Orelli, *Onomasticon Tullianum*, p. 376. — J'avoue qu'aucun de ces systèmes ne me satisfait complétement; dans celui ou ceux de M. Orelli surtout, je vois une contradiction manifeste avec les expressions de Tite-Live. Tout à l'heure je hasarderai mon hypothèse, en traitant une question beaucoup plus importante que celle du nombre des centuries : c'est celle de savoir jusqu'à quel point subsista la distinction des classes dans les comices par centuries. — Un mot cependant sur la manière dont se donnaient les suffrages. Un passage célèbre de Cicéron va nous l'apprendre: « Ecce Dolabellæ comitiorum dies:
« sortitio prærogativæ: quiescit Antonius. Renuntiatur: tacet.
« Prima classis vocatur; renuntiatur; deinde ita, ut assolet,
« sex suffragia; tum secunda classis; quæ omnia sunt citius
« facta quam dixi. Confecto negotio bonus augur: *Alio die*,
« inquit. » Cic. *Phil.* II, 33.

D'abord on tirait au sort, entre les centuries de la première

part de ses priviléges, le mode de délibération dans les comices par centuries, consacré par l'habitude et

classe, la centurie prérogative, c'est-à-dire celle qui voterait la première. Aussitôt, on allait aux voix dans cette centurie, et lorsque la majorité était connue, un ou plusieurs commissaires, représentant leur centurie, portaient son bulletin dans l'urne aux suffrages. Le vote de la centurie prérogative étant proclamé, les douze premières centuries de chevaliers votaient à leur tour, puis envoyaient leurs commissaires qui déposaient dans l'urne la tablette contenant le suffrage émis par la majorité de leur centurie. Après les chevaliers, venait le reste des centuries de la première classe, puis on dépouillait le scrutin, et c'était le tour des six dernières centuries de chevaliers, qu'on appelait les Six Suffrages. La seconde classe votait ensuite ; et alors nouveau dépouillement du scrutin, dont le magistrat qui présidait les comices faisait connaître le résultat. — Je ne puis admettre que tous les citoyens de chaque centurie allassent déposer eux-mêmes leur bulletin dans la même urne. La longueur d'une semblable opération suffit pour en démontrer l'impossibilité. Qu'on se représente le temps nécessaire au défilé de la multitude des votants, puis au dépouillement du scrutin, et qu'on se demande ensuite s'il était possible de terminer les élections dans une seule journée, comme cela avait lieu presque toujours (Voir Liv. XXVI, 22, une centurie des juniores consultant les seniores avant de voter). J'ajouterai que puisque le scrutin ne se dépouillait qu'après le vote de toutes les centuries d'une classe, et que le vote de la majorité dans une centurie comptait pour le suffrage de cette centurie, il est évident que les votes déposés

par une superstition religieuse, ne fut pas aboli ; mais on imagina un autre mode d'aller aux suffrages,

dans l'urne en présence du président des comices, étaient des suffrages collectifs et non individuels.

On sait que les votes étaient inscrits d'avance sur des tablettes que l'on distribuait aux citoyens, car dans les comices législatifs, on ne faisait point d'amendement aux rogations, et, dans les comices électifs, on ne pouvait voter que pour les candidats régulièrement présentés. Je suppose que dans chaque centurie un scrutin particulier avait lieu, dont le résultat était porté dans l'urne destinée à recevoir les suffrages collectifs. Autrefois ce scrutin se faisait ouvertement, et chacun votait à haute voix : mais, dans la suite, on sentit la nécessité de soustraire les citoyens aux brigues et aux ressentiments des candidats ou des magistrats qui présentaient des rogations. C'est pourquoi l'on adopta l'usage des tablettes ; et Marius, pendant son tribunat, se rendit célèbre pour avoir ajouté encore à la liberté des suffrages, en prescrivant que les ponts par lesquels on passait pour jeter les tablettes dans l'urne, seraient assez étroits pour que le porteur du vote ne fût ni sollicité ni influencé au passage par les intéressés au résultat des comices. « Pontes etiam lex Maria fecit angustos. » Cic. *De legg.* III, 17. Ce mot *pontes* et non *pontem*, me fait croire qu'il y avait dans l'enceinte occupé par chaque centurie (*ovile*), une urne et un pont, ou plutôt une planche par où s'avançaient les votants. Ce scrutin ayant lieu à la fois dans chaque centurie, on conçoit que l'opération pût être assez rapide pour justifier l'hyperbole de Cicéron : « Quæ omnia sunt

dans lequel la plebs eut une supériorité décisive. C'est ce qu'on nomma comices par tribus. Là, chaque tribu avait un vote, et dans le sein de chacune les suffrages se comptaient par tête [1]. D'abord les comices par tribus ne se réunirent que pour procéder à l'élection des tribuns du peuple et de quelques magistrats subalternes. Peu à peu les tribuns qui convoquaient ces assemblées leur soumirent des rogations relatives aux affaires les plus importantes. Ils obtinrent que les décrets rendus, sous le nom de plébiscites, dans les comices par tribus eussent force de loi, aussi bien que ceux qui émanaient des comices par centuries. Enfin, dans le désordre des dernières années qui précédèrent la dictature de Sylla, on en était venu à ce point, que les

« citius facta quam dixi. » Pour la forme de l'urne et celle des ponts, on peut consulter les médailles de la famille Mussidia. — Eckhel V, p. 258.

[1] Dans la suite on substitua au suffrage individuel celui de certaines subdivisions intérieures des tribus, nommées colléges ou corporations. Cette division analogue à celles des centuries, si ce n'est point la même, fut introduite en 575, par les censeurs M. Æmilius Lepidus et M. Fulvius Nobilior. Je suppose qu'alors le vote de la tribu se compta d'après la majorité des colléges, et le vote du collége d'après celle des votants. Liv. XL, 51.

comices par tribus décidaient de presque toutes les affaires publiques, et que les comices par centuries n'étaient plus guère convoqués que pour l'élection des magistrats supérieurs [1]. Le parti vaincu par Sylla accordait aux seuls comices par tribus le pouvoir de faire des lois. Ce fut par une assemblée de cette espèce que Marius se fit adjuger le commandement de l'expédition contre Mithridate. Banni de Rome par un sénatus-consulte, il n'y voulut rentrer que rappelé par le vote des tribus.

Sylla ne fit aucun changement, du moins appréciable, aux comices par centuries ; mais il leur rendit les pouvoirs législatifs, à l'exclusion des comices par tribus, auxquels il ne conserva que la nomination des tribuns et de certains magistrats d'un ordre inférieur. Or, par la réforme qu'il venait d'opérer dans le tribunat, ces assemblées perdaient toute leur importance politique et ne servaient qu'à amuser le peuple par un vain semblant d'élection [2]. On peut s'étonner que le dictateur, déterminé à retirer toute influence politique aux comices par tribus, les eût saisis d'abord de l'opération des élections sénatoriales [3]. Il fallait que ce mode de rénovation pour

---

[1] Les consuls, les préteurs et les censeurs.
[2] App. *Civ.* I, 59.
[3] App. *Civ.* I, 100.

le sénat fût consacré par un ancien usage, et que Sylla se fût d'ailleurs assuré de la docilité des électeurs.

J'ai dit que le dictateur ne fit aucun changement aux comices par centuries; du moins, aucun historien n'en a conservé le souvenir. Mais dans quel état trouva-t-il cette institution nécessairement très-altérée depuis Servius Tullius? Qu'était devenue la distinction des classes sur laquelle reposait l'influence aristocratique attribuée à ces assemblées? A défaut d'une solution certaine, je demanderai la permission d'exposer ici quelques conjectures que me fournit l'examen de la constitution imposée par Sylla.

Le dictateur abolit la censure[1]; c'est un fait hors de toute contradiction. Or, les censeurs n'étaient point seulement les gardiens des mœurs, comme des auteurs anciens les appellent pompeusement. Leurs fonctions ne se bornaient pas à examiner la conduite des sénateurs, des chevaliers, des plébéiens, à dégrader ceux qui déshonoraient leur ordre. A ces magistrats encore était attribué un grand travail de recensement, qui s'étendait à toute la nation, car ils devaient assigner à chaque citoyen

---

[1] Cic. *in Q. Cæcil. Div.* 4.

une tribu, une classe, une centurie. Nul ne se présentait aux élections qu'il n'eût une place fixée par les censeurs. On conçoit que ce travail, déjà immense, devait, s'il était appliqué à toute l'Italie, surpasser les forces de deux magistrats qui ne demeuraient en fonctions que dix-huit mois [1].

Les censeurs supprimés, que devint la distinction des classes, sur laquelle était fondé tout l'ancien système des comices par centuries ? Quel moyen d'empêcher les citoyens de se prétendre d'une classe à laquelle leur fortune ne leur donnait aucun droit ?

Nulle part je n'ai trouvé d'indices que des magistrats nouveaux aient remplacé les censeurs dans l'opération du recensement. Je ne trouve pas non plus de charges publiques dont les devoirs laissassent à ceux qui les remplissaient assez de loisir pour entreprendre ce prodigieux travail [2], particulièrement difficile à une époque où les citoyens ne payaient plus d'impôts.

Si donc le recensement fut aboli en même temps

---

[1] En vertu de la loi Æmilia. Liv. IV, 24 ; IX, 33, 34.

[2] La difficulté n'existait que pour la répartition dans les classes et les centuries ; quant aux tribus, elles étaient désignées par la loi qui accordait le droit de suffrage aux nouveaux citoyens. C'est ainsi qu'en 565 les Arpinates furent inscrits dans la tribu Cornelia. Liv. XXXVIII, 36.

que la censure, ainsi que tout porte à le croire, il faut bien admettre que la détermination des classes demeura provisoire et suspendue jusqu'au rétablissement de la censure, c'est-à-dire durant une période de quinze ans [1]. Qu'arriva-t-il cependant? Les citoyens, quelle que fût leur fortune, seraient-ils donc restés dans la classe qui leur avait été assignée par le dernier recensement? Puis on se demande si les fils auraient hérité de la classe de leur père, et comment les nouveaux citoyens auraient été répartis dans toutes les classes?

En effet, le dernier recensement, qui avait eu lieu en 668, n'avait pu s'appliquer à tous les Italiotes; et même en admettant que, malgré l'anarchie qui régnait à cette époque, les censeurs aient pu opérer avec quelque exactitude, leur travail était devenu à peu près inutile à la suite d'une guerre qui avait bouleversé toutes les existences. Il fallait dans les comices une position quelconque aux nouveaux citoyens, jadis alliés, reconnus par Sylla, affiliés aux trente-cinq tribus par les consuls ses prédécesseurs. Il fallait une position aux dix mille affranchis qu'il y avait fait inscrire et à qui il avait donné le droit de suffrage.

---

[1] La censure ne fut rétablie qu'en 684.

En vérité, tout porte à croire qu'à une époque, probablement fort antérieure à la dictature de Sylla, une grande révolution s'était opérée dans le système des classes; changement dont la forme nous échappe, mais dont le résultat, suivant toute apparence, fut d'en réduire le nombre et de leur accorder des droits à peu près égaux. De ce que les termes de première et de seconde classe subsistèrent, on ne peut pas conclure qu'une distinction bien réelle se fût maintenue; et chez un peuple aussi formaliste que les Romains, les exemples abondent de mots survivant aux idées qu'ils représentaient dans le principe.

Un passage de Tite-Live fait soupçonner cette révolution, que je suppose accomplie du temps de Sylla. En 575, dit-il, les censeurs M. Æmilius Lepidus et M. Fulvius Nobilior changèrent le système des suffrages. « Les citoyens furent distribués dans les tribus, par quartiers, suivant leur origine, leur condition et leurs métiers.» *Mutarunt suffragia; regionatimque generibus hominum, causisque, et quæstibus tribus descripserunt.* Liv. XL, 51 [1]. Je ne vois

---

[1] Le laconisme de Tite-Live au sujet d'un événement de cette importance ne doit point surprendre. Il écrivait dans un temps où il ne fallait pas s'appesantir sur les institutions républicaines, que César Auguste voulait faire oublier.

d'autre moyen d'expliquer ces mots *par quartiers* (regionatim), associés à ceux d'*origine* et de *condition* (generibus, causis), qu'en supposant une nouvelle division du peuple applicable non-seulement aux comices par tribus, mais encore aux comices par centuries. Ainsi, à mon sentiment, chaque tribu aurait eu sa circonscription topographique, et se serait subdivisée en un certain nombre de corporations ou colléges, ayant chacun un vote[1]. Dans l'in-

___

[1] L'existence politique de ces colléges est attestée par un passage de Cicéron, dont on n'a peut-être point encore remarqué toute l'importance. L'orateur déplore l'abrogation des lois Aelia et Fufia, qui établissaient, comme on sait, un *règlement* pour les comices électifs et législatifs; par suite de cette abrogation, et à l'instigation de Clodius : COLLEGIA, non ea solum quæ senatus sustulerat, sed innumerabilia quædam nova ex omni fæce urbis ac servitio concitata. *In Pis.* 4. Si ces colléges n'avaient pas joué un rôle dans les comices, quel intérêt aurait eu le sénat à en diminuer le nombre? Pourquoi un tribun factieux l'aurait-il augmenté? Il faut se rappeler que les lois Aelia et Fufia, bien que présentées par des tribuns du peuple, étaient toutes favorables au parti aristocratique. Cicéron les appelle : Certissima subsidia R. P. contra tribunicios furores. *Post red. in sen.* 5. Elles donnaient aux consuls et aux magistrats d'un ordre supérieur le droit *d'observer le ciel*, c'est-à-dire le pouvoir de mettre fin à toute assemblée politique en déclarant qu'ils

stitution primitive des comices, l'inscription dans la première classe donnait aux citoyens qui la composaient une immense influence politique; par suite du changement dont je viens de parler, une seule distinction me paraît avoir subsisté entre les classes, c'est leur numéro d'ordre dans les comices. Les deux premières corporations de chaque tribu (*seniores* et *juniores*) avaient le privilége de voter avant les autres; c'étaient, je le suppose, les plus honorables, peut-être les plus anciennes. Dans cette hypothèse, les mots d'*origine*, de *condition* et de *métiers* employés par Tite-Live s'expliquent facilement. Ils marquent la distinction entre les ordres patricien, équestre, plébéien, entre les professions libérales et les métiers. De la sorte, tel Romain aurait été placé dans une corporation en raison de sa naissance, tel autre à cause de sa profession; aucun en raison de sa fortune.

On voit que ces corporations ne sont autre chose

voyaient un de ces phénomènes célestes qui, d'après les superstitions romaines, empêchaient le peuple de délibérer. Bien plus, les mêmes lois permettaient au consul d'interdire les comices par tribus, en indiquant des féeries pour les jours de convocation ou même pour tous les jours de l'année. On a vu que cette tactique était souvent employée. V. § XI. — Cfr. Cic. *Pro Sest.* 15.

que les centuries anciennes réorganisées sur une autre base, et le système du vote collectif consacré dans les comices par centuries aussi bien que dans les comices par tribus. La facilité avec laquelle se serait opérée une révolution si importante ne doit pas étonner, car le parti aristocratique et le parti populaire s'y firent des concessions réciproques, et l'un et l'autre sans doute pensait recevoir plus d'avantages qu'il n'en accordait. Le premier, en substituant le vote collectif au suffrage individuel, affaiblissait le pouvoir des comices par tribus; tandis que le second, par l'abolition des classes fondées sur le cens, obtenait dans les comices par centuries une influence nouvelle.

En résumé, entre les comices par centuries et les comices par tribus, je ne reconnais guère de différence que dans leur mode de délibération, ou ce qu'on appellerait aujourd'hui leur *règlement*. Or, le règlement des comices par centuries était favorable à l'aristocratie; car, outre que les chevaliers y avaient des votes séparés, tandis qu'ils ne formaient peut-être pas des corporations distinctes dans les comices par tribus, les premières de ces assemblées n'avaient lieu que sur la convocation et sous la présidence de magistrats qui représentaient en quelque sorte le sénat, c'est-à-dire l'aristocratie; enfin elles n'étaient valables qu'après des cérémonies religieuses que les présidents des comices pouvaient diriger à leur gré, et de manière à suspendre indéfiniment les délibérations lorsqu'ils avaient lieu d'en craindre le résultat. Au contraire, les comices par tribus se tenaient sans la participation du sénat et sans qu'il fût besoin d'auspices pour leur donner de la validité [1].

Un grand nombre de faits se réunissent pour prouver que, dans les derniers temps de la république, les classes n'étaient plus organisées d'après la cote des fortunes. Il est constant qu'à une époque antérieure à la dictature de Sylla, les candidats aux dignités qui se donnaient dans les comices par centuries, achetaient les suffrages. Marius se fit ainsi nommer consul pour la sixième fois [2]. Si la première classe, dont les suffrages avaient tant d'influence dans les élections, eût représenté en effet la réunion de toutes les fortunes considérables, comment supposer qu'on pût l'acheter si facilement, je veux dire, comment la fortune des candidats aurait-

---

[1] Un coup de tonnerre cependant, ou bien une attaque d'épilepsie éprouvée par un des assistants, pouvait et devait interrompre les délibérations. Voir la note précédente. Cic. *in Vatin.* 8.

[2] Plut. *Mar.* 28. Ἀργύριον εἰς τὰς φυλὰς καταβαλὼν πολύ.

elle suffi à la corrompre? Le moyen d'expliquer dans ce système leurs démarches auprès des plus vils artisans, leurs cajoleries de toute espèce pour les gagner? On peut bien admettre que, riches ou pauvres, tous les Romains fussent à vendre, mais on se refuse à croire qu'il se trouvât des candidats assez riches pour acheter les suffrages de la majorité des citoyens aisés[1].

Cette longue digression, si mes conclusions ne sont point erronées, montre quel ascendant avait acquis la démocratie, lorsque Sylla tenta de réformer la république. Peut-être l'entreprise était-elle au-dessus de ses forces; mais on ne peut nier qu'il n'ait apporté dans toutes les parties de sa tâche une prévoyance remarquable. L'ambition des candidats aux honneurs exposait Rome à des agitations continuelles; le dictateur essaya de la réduire en fixant des conditions d'éligibilité qui diminuassent les brigues et donnassent une garantie de la sagesse des prétendants aux magistratures supérieures.

Lorsqu'on lui avait apporté la tête de Marius, il avait insulté à sa jeunesse, et par une de ces métaphores grossières qu'il paraît avoir affectionnées, il

---

[1] H-S centies constituunt in prerogativa pronuntiare. Cic. *ad Q.* II, 15.

lui reprocha d'avoir pris le gouvernail avant d'avoir appris à manier la rame ¹. D'après d'anciennes lois, et surtout d'anciens usages, il fallait passer par une suite de degrés pour arriver à la dignité consulaire, la plus élevée de toutes les magistratures ; mais un grand nombre de précédents attestaient que jamais ces règles n'avaient été observées avec beaucoup d'exactitude. En les faisant revivre, Sylla les définit avec précision et les rendit obligatoires. Il établit que pour prétendre au consulat il faudrait avoir exercé la préture ; pour obtenir cette dernière charge, avoir rempli les fonctions de questeur. En même temps il reproduisit et modifia peut-être les dispositions de la loi annale qui fixait l'âge où il était permis de prétendre aux magistratures. Il fallut avoir trente ans pour demander la questure, quarante ans pour être préteur, quarante-trois pour être nommé consul. Nul ne put briguer un second consulat avant dix années révolues depuis le premier ². C'était encore une vieille loi tombée en ou-

---

¹ App. *Civ.* I, 94.
² Sylla porta le nombre des préteurs à huit. Il augmenta également celui des membres du collége sacerdotal, et les enleva à l'élection populaire. A l'avenir ils durent pourvoir eux-mêmes aux vacances survenues dans son sein en s'associant

bli qu'il faisait reparaître ; mais il la viola lui-même le premier en se laissant nommer consul, pour la seconde fois, huit années seulement après son premier consulat. Il n'avait point, d'ailleurs, encore déposé la dictature, et sa nomination était donc doublement illégale. S'il se mettait au-dessus de ses propres décrets, pour les autres, pour ses créatures même, il se montra sévère. Lucretius Ofella, l'un de ses meilleurs lieutenants, qui avait bloqué Préneste et lui avait envoyé la tête de son mortel ennemi, crut que les lois du dictateur n'étaient faites que contre ses adversaires. N'étant encore que simple chevalier, il annonça hautement ses prétentions au consulat, et se mit à solliciter les suffrages, fréquentant les marchés, et, suivant l'usage romain, prenant la main à tous les électeurs [1] pour leur demander leur vote. Averti une fois par le dictateur, il n'en tint compte; Sylla le fit tuer par un de ses satellites au milieu du forum. Le peuple s'effraya d'abord, croyant peut-être que cet assassinat était le signal d'une réaction, d'une nouvelle guerre civile. On arrêta le meurtrier et on le con-

---

de nouveaux collègues. Vell. Pat. II, 12. — Cic. *Agr.* II, 7. — Dio Cass. XXXVII, 37. — Pseudo Ascon. *in Divin.* p. 5.

[1] Cela s'appelait *prensare*.

duisit au dictateur pour qu'il en fît justice. « Sachez, Romains, dit-il, que tout s'est fait par mon ordre, et que tel est le châtiment de ceux qui désobéissent aux lois[1]. » Puis, comme s'il eût craint que ses adversaires ne reprissent quelque espoir en le voyant sévir contre un homme qui lui avait rendu de grands services, il se hâta de les détromper en leur contant cet apologue : « Un paysan labourait; il avait de la vermine qui le tourmentait. Interrompant son travail, il secoua de son mieux sa tunique et s'épouilla comme il put. Deux fois il recommença, rien n'y fit. Toujours mordu par cette vermine, que fit-il ? Il prit sa tunique, et la jeta au feu. Il y a des gens qui m'écoutent que deux fois j'ai mis à la raison. Gare au feu s'ils recommencent[2] ! »

Depuis ce terrible exemple, annonçant sa volonté inébranlable de maintenir l'ordre par le glaive, il ne se trouva plus personne, même parmi ses favoris, qui osât lui désobéir.

Prévoyant l'ambition de ses lieutenants éloignés de Rome et soustraits à sa surveillance immédiate, le dictateur se flatta de les contenir dans le devoir

---

[1] Plut. *Sull.* 33. — App. *Civ.* I, 101.
[2] App. *Civ.* I, 101.

en ajoutant de nouvelles dispositions aux lois qui punissaient les attentats contre la république. Quitter sans ordre une province dont on était gouverneur, conduire une armée hors de ses cantonnements, entreprendre une guerre sans l'aveu de la république, intervenir dans les affaires des rois, et traiter secrètement avec eux : tels sont les principaux actes qu'il qualifia de crime de lèse-majesté, et contre lesquels il prononça la peine capitale [1].

Après la victoire, Sylla avait fait sentir à toutes les provinces tributaires son inflexible despotisme. Des amendes, des confiscations, des tributs nouveaux avaient puni la moindre opposition à sa volonté, la moindre hésitation à se déclarer pour ce qu'il appelait la bonne cause. Mais, en compensation de ces rigueurs, il rétablissait partout l'ordre, et pour les peuples tributaires surtout c'était un bienfait inappréciable. Il paraît qu'il s'appliqua à réformer l'administration des provinces et à réprimer les concussions horribles auxquelles se livraient les magistrats romains. Une de ses lois montre combien le mal était invétéré, puisque Sylla, ce destructeur impitoyable des abus, ne trouva que des palliatifs pour y remédier. A cette époque, le

---

[1] Cic. *In Pison*. 21.

moyen le plus ordinaire qu'employaient les gouverneurs des provinces pour en imposer sur leur administration, c'était d'envoyer à Rome des députations soi-disant volontaires, qui venaient dans le sénat prodiguer des éloges aux hommes qui avaient le plus cruellement traité leur pays. Sylla réduisit beaucoup les dépenses que les cités tributaires étaient autorisées à s'imposer pour ces députations [1], et prit encore des mesures pour que les concussionnaires ne pussent mettre en sûreté le fruit de leurs rapines en le transmettant à des tiers complaisants [2].

Chacune des lois de Sylla témoigne de l'idée qui le préoccupait sans cesse ; c'était de faire revivre cette république des premiers âges de Rome, dont les vertus et l'austérité étaient tous les jours célébrées par une génération à laquelle elles étaient devenues complétement étrangères. Ce rêve, le dictateur le poursuivait jusque dans les moindres détails de son administration. Voluptueux à l'excès lui-même, il prétendit imposer à ses concitoyens la frugalité et la modestie des anciens temps. Mais contre la gourmandise des Romains sa toute-puis-

---

[1] Cic. Epist. *Ad Div.* III, 8,—10.
[2] Cic. *Pro Rabir. Post.* 4.

sance vint échouer, et ses lois somptuaires[1], qu'il viola lui-même avec impudence[2], ne furent pas mieux observées que ne l'avaient été tant de décrets précédents, tous dirigés contre les excès de la table.

§ XX.

Rome était soumise ; le sénat et le peuple ne rivalisaient plus que de docilité ; l'Italie tremblait au seul nom du dictateur ; tous ses ennemis avaient succombé, ou se cachaient parmi des peuplades barbares presque inconnues aux Romains. Maintenant les vingt-quatre haches, qui toujours l'entouraient[3], se reposaient oisives. Il n'avait plus une résistance, plus une contradiction à punir. Pendant trois ans, avec une activité sans égale, Sylla avait disposé le présent et réglé l'avenir ; tout lui avait réussi ; il venait de poser la dernière pierre de son gigantesque édifice. Maintenant, le conserver, le surveiller, le garantir contre des mines secrètes, c'était une

---

[1] Cfr. A. Gell. II, 24, 11. — Macrob. Sat. II, 13. — Pigh. *Ann. Rom.* T. III, p. 264.

[2] Plut. *Sull.* 35.

[3] App. *Civ.* I, 100.

tâche trop mesquine pour son orgueil. Il lui fallait de grands obstacles pour lui donner de l'énergie. C'était assez pour sa gloire d'avoir prouvé que vouloir et faire était pour lui même chose. Peut-être, après avoir été élevé si haut par la fortune, ne voulut-il pas rester plus longtemps en son pouvoir. Satisfait d'avoir vaincu la tempête, et résolu de ne plus s'y lancer de nouveau, Sylla déposa tout à coup la dictature sans avoir pris conseil de personne. Après une vie remplie d'étonnantes actions comme avait été la sienne, abdiquer était la seule grande chose qui lui restât à faire.

Muets d'étonnement, les Romains le virent congédier ses licteurs, déposer les insignes de sa dignité, et se promener sur le forum au milieu de la foule, sans crainte et sans remords, lui qui avait égorgé et dépouillé tant de milliers d'hommes. Dans cette ville, où il n'y avait pas une famille qu'il n'eût privée d'un de ses membres, il ne se trouva qu'un enfant du peuple, qui, représentant, sans le savoir, de la génération qui s'élevait, le poursuivit de ses injures et de ses menaces. Sylla parut s'amuser de cette colère bruyante, mais, sur le seuil de sa porte, il s'arrêta pensif, et dit à ses amis : « Cet enfant sera cause que si jamais un autre homme parvient au poste que j'ai occupé, il ne le quittera pas comme moi.» Ces paroles furent prophétiques.

Au reste, Sylla s'aperçut bientôt que si sa personne était en sûreté, la réforme qu'il avait fondée serait détruite par ceux-là même qui l'avaient aidé à l'établir. Il vit, aux comices consulaires qui suivirent son abdication, Pompée, son élève chéri, favoriser l'élection de M. Æmilius Lepidus, qui passait pour attaché au parti contraire. Mais il ne chercha pas à ressaisir le pouvoir. Il abrégea ses jours par la débauche, car les Romains ne connaissaient d'autre emploi de la vie que de commander aux hommes, ou de se livrer avec excès à tous les plaisirs.

FIN DU PREMIER VOLUME.

INDEX.

ACERRÆ, assiégée par les Samnites, p. 156, 172.

AECULANUM, pris par Sylla, 195.

M. ÆMILIUS LEPIDUS donne une circonscription aux tribus, 251, 358, 363.

AESERNIA, assiégée par les Samnites, 146. — prise, 173. — la diète italiote s'y retire, 198.

AESIS, riv., combat sur le bord de l'—, 296.

AFFRANCHIS enrôlés, 176.

AFRANIUS. V. Lafrenius.

AGAMEMNON, pirate, chef des Asculans, 144.

AGER PUBLICUS, sens de ce mot, 16. — lois relatives à l'—. V. lois liciniennes et semproniennes.

ALBINOVANUS, sa trahison, 298.

T. (?) ALBIUS CARRINAS, battu par Pompée, 285. — par Metellus, 296. — sa jonction avec Telesinus, 309, et suiv.

ANAGNIA, ville du Latium, 291.

ANCONE, l'armée de Cinna s'y rassemble, 267 et suiv.

ANTEMNÆ, destruction de l'armée samnite à —, 320.

APPULEIA, loi —, 94.

L. APPULEIUS SATURNINUS, ses rogations, 94 et suiv. — sa révolte, 99.

APULIENS, leur soulèvement, 145. — se soumettent, 211.

ARCHELAUS, lieut. de Mithridate, 254.

ARIMINUM, importance de cette place, 298. — livrée à Metellus, 306.

Asculum, révolte d'—, 143. — siége d'—, 206 et suiv.
Athènes, prise par Archelaüs, 254. — par Sylla, 255.
Aufide, bataille près de l'—, 196.
AUXILIA, distinction entre les mots SOCII et AUXILIA, 8.
Auximum, Pompée s'en empare, 278.
Bardiæi, soldats de Marius, 233.
Basilus, lieut. de Sylla, 221.
Bovianum, la diète italiote s'y réunit, 188. — Sylla s'en empare, 198. — repris par Pompædius, 202. — Colonie militaire, 330.
Brindes, Sylla y débarque, 275.
Bruttiens, leur situation sous le gouvernement romain, 11. — les Samnites occupent leur pays, 226.
Cæcilia et Didia, loi, 114.
Q. Cæcilius Metellus Numidicus, exilé, 98.
Q. Cæcilius Metellus Pius, fils du précédent, refuse la paix offerte par les Samnites, 237. — se joint à Sylla, 277. — ses succès en Ombrie, 296. — dans la Gaule cispadane, 304.
C. Cælius Caldus, lieut. de Carbon, 284.
Calpurnius Bestia, exilé, 121.
Camerinum, contingent de —, reçoit le droit de cité romaine, 93.
Cannes, ville d'Apulie, 196.
Canusium, ville de Campanie, 281.
Capoue, l'armée de Sylla s'y rassemble, 217. — Norbanus s'y réfugie, 231.
Cassia, voie, 302.
M. Castricius, sa réponse à Carbon, 273.
Cercoli (?) pour Circeii, 135.
Chéronée, bataille de —, 255.
Cimbres, leurs invasions, 89 et suiv.
Classes, distinction des classes modifiée, 352 et suiv.
Claudia et Quinctia, loi, 103.
Appius Claudius, beau-père de Tib. Gracchus, 37.

APPIUS CLAUDIUS, lieut. de Sylla, 226, 231.

APPIUS CLAUDIUS, livre le Janicule à Marius, 240.

CLUENTIUS, chef samnite, 189, 194.

CLUSIUM, ville d'Étrurie, 181. — batailles de —, 299, 307.

COLONIES LATINES, des Italiotes s'y établissent, 15, 61.

COMICES par centuries et comices par tribus, 352 et suiv.

CORFINIUM devient la capitale de l'Italie, 140. — Travaux qu'on y fait pour l'installation de la diète, 163.

CORNÉLIE, mère des Gracques, 78.

CORNÉLIENNES, lois —, de L. Cinna, 229, 261.

L. Sylla, 345 et suiv.

P. CORNELIUS CETHEGUS, transfuge de Marius, 277.

L. CORNELIUS CINNA, consul, 225. — propose l'émancipation complète des Italiotes, 229. — chassé de Rome, 230. — soulève l'armée de Campanie, 232. — rentre dans Rome, 243. — se nomme consul sans assembler les comices, 261, 265. — massacré par ses soldats, 268.

CN. CORNELIUS DOLABELLA, lieut. de Sylla, 291.

L. CORNELIUS MERULA, consul subrogé à Cinna, 230. — sa mort, 245.

P. CORNELIUS SCIPION ÆMILIANUS, médiateur entre le sénat et le peuple, 57.

L. CORNELIUS SCIPION ASIATICUS, consul, abandonné par ses soldats, 284, 286.

P. CORNELIUS SCIPION NASICA SERAPIO fait tuer Tib. Gracchus, 54.

L. CORNELIUS SYLLA retient les Marses dans l'obéissance, 92. — lieut. de L. Cæsar, 151. — bat les Marses, 171. — ravitaille Aesernia, 172. — ses campagnes contre les Samnites, 189 et suiv. — nommé consul, 203. — chargé de faire la guerre à Mithridate, 214. — obligé de quitter Rome, 217. — y rentre à la tête de son armée, 221 et suiv. — ses décrets, 222. — ses campagnes contre Mithridate, 255. — son retour en Italie, 275. — ses victoires, 281, 293, 307, 320. — sa cruauté, 294, 320. — sa haine contre les Samnites, 295. — nommé dictateur, 343. — réforme qu'il établit, 345 et suiv. — abdique la dictature, 375.

Cosconius, lieut. de Pompée, sa victoire, 197.

Damasippus. V. L. Junius.

Dea Coelestis, déesse de Carthage, 75, note 3.

N. Decimius, général samnite, 18, note 1.

C. Domitius, sénateur romain, sa rencontre avec Pompædius Silon, 119.

Étrusques, leur situation sous la domination romaine, 9 et suiv. — mouvements insurrectionnels parmi les —, 168, 175. — Effet que produit chez les — la loi Julia, 179. — accueillent Marius, 233. — leur constance, 308.

C. Fannius Strabon, S. C. rendu sur sa proposition, 73.

Faventia, bataille de —, 304.

Fidentia, ville de la Gaule cisalpine, 305.

Firmum, bloqué par les alliés, 149, 169.

Fiscellus, bataille près du mont —, 169.

C. Flavius Fimbria accuse Scævola, 249. — se déclare général, 256. — attaque Mithridate, 257. — sa mort, 258.

Fonteius, lieut. de Servilius, massacré par les Asculans, 143.

Fregelles, révolte de —, 61. — son châtiment, 62.

Frentaniens, font partie de la confédération italiote, 131.

Fucin, bataille près du lac, 188.

M. Fulvius Flaccus, triumvir pour les partages, 55. — se lie avec C. Gracchus, 64. — sa mort, 82.

M. Fulvius Nobilior règle la circonscription des tribus, 251, 358, 368.

A. Gabinius, sa défaite, 203.

Gaule cisalpine, envoie des armes et des approvisionnements aux Romains, 152. — guerre dans la —, 303 et suiv.

Gaulois auxiliaires, 157, 286. — leur trahison, 194.

Gladiateurs, passion des Romains pour les combats de —, 76, 319.

Glanis, riv. d'Étrurie, 293 et suiv.

GRATIDIUS, lieut. de Marius, 217.

GUTTA, chef campanien, 310, 321.

HÉRACLÉE refuse le droit de cité romaine, 179.

HERIUS ASINIUS, préteur des Marrucins, 171.

HIRPINS, mal disposés pour la ligue italiote, 152. — soumis par Sylla, 195.

INTERCESSION, droit d'—, réduit par Sylla, 349.

ITALIA, ou ITALICUM. V. Corfinium.

ITALIE, conséquences de la guerre sociale en —, 336 et suiv.

ITALIOTES, leur situation sous la domination romaine, 7 et suiv. — leurs alarmes au sujet de la loi Sempronia, 42. — première idée de leur émancipation, 49. — Expulsés de Rome, 73. — l'émigration leur est interdite, 103. — leur conjuration, 108. — leur attachement à Drusus, 112. — leur révolte, 145. — obtiennent le droit de cité romaine. V. lois Julia, et Plautia et Papiria.

JUDACILIUS insurge l'Apulie, 138. — ses succès, 161. — tente de débloquer Asculum, 208. — sa mort, 209.

JULIA, loi, 176.

L. JULIUS CÆSAR essaye de secourir Acerræ, 156. — battu par les Samnites, 167. — victoire qu'il remporte, 172.

SEX. JULIUS CÆSAR, battu par les Marses, 145.

L. JUNIUS BRUTUS (ou LICINIUS) DAMASIPPUS, préteur urbain, 284. — fait égorger les sénateurs, 295. — sa mort, 321.

C. JUNIUS NORBANUS secourt Rhegium, 226. — battu par Sylla, 281. — se tue, 306.

JUNONIA, colonie de C. Gracchus, 75.

T. LAFRENIUS, chef italiote, 169. — sa défaite, 174.

M. LAMPONIUS, chef des Lucaniens, bat L. Crassus, 147. — défait A. Gabinius, 203. — marche sur Rome, 310.

LATINS, leur situation sous la domination romaine, 6, 7.

LICINIA, veuve de C. Gracchus, privée de son douaire, 83, note 2.

LICINIENNES, lois, 32.

L. Licinius Crassus, orateur, consulté par Tib. Gracchus, 37.

L. Licinius Crassus, battu par les Lucaniens, 147.

M. Licinius Crassus fait soulever les Marses en faveur de Sylla, 278. — bat les Samnites devant Rome, 320.

L. Licinius Lucullus laisse échapper Mithridate, 257.

M. Licinius Lucullus bat l'armée de Carbon, 305.

Liris, riv., bataille près du —, 159.

Liternum, pris par Mutilus, 146.

Liviennes, lois ou rogations, 114 et suiv.

M. Livius Drusus, adversaire de C. Gracchus, 71.

M. Livius Drusus, fils du précédent, patron des alliés, son caractère, 110. — propose l'émancipation italienne, 115, 119. — sa mort, 120.

Lucaniens, leur soulèvement, 147. — Alliés fidèles des Samnites, 190. — refusent le droit de cité romaine, 252.

Q. Lucretius Ofella, assiège Préneste, 298. — demande le consulat, 370.

Lucumons, traités avec faveur par les Romains, 9.

Magistrats romains, leur administration, 26.

Marcius, lieut. de Carbon, sa défaite, 303.

C. Marius, ses victoires, 92. — favorise les alliés, 94. — rôle qu'il joue dans la révolte de Saturninus, 99. — sa campagne contre les Marses, 159, 163 et suiv. — jaloux de Sylla, 214. — proscrit, 223. — fait insurger l'Étrurie, 232 et suiv. — — rentre dans Rome, 243. — sa mort, 247.

C. Marius, fils du précédent, nommé consul, 289. — sa défaite, 293. — ses cruautés, 295. — sa mort, 322.

M. Marius, préteur des Sidicins, battu de verges, 27.

Marius Egnatius envahit la Campanie, 145. — défait L. Cæsar, 167. — fait lever le siège de Venusia, 196. — cartel qu'il propose à un général romain, ibid. — sa mort, 197.

Marrucins, l'un des peuples confédérés, 131. — leur résistance, 187.

Marses, leur bravoure célèbre, 133, 172. — mouvements insurrectionnels chez les —, apaisés par Sylla, 92. — s'arment contre Rome, 131. — leur soumission, 211. — se déclarent pour Sylla, 278.

METELLA, femme de Sylla, bannie de Rome, 244.

MILETOPOLIS, bataille, près de —, 257.

MILICE ROMAINE, avancement dans la —, 218.

MITHRIDATE traite avec les Italiotes, 205. — sur le point d'être pris par Fimbria, 257. — traite avec Sylla, ibid.

P. MUCIUS SCÆVOLA, consulté par Tib. Gracchus, 37. — sa modération, 53.

Q. MUCIUS SCÆVOLA, sacrifié aux mânes de Marius, 248.

L. MUMMIUS ACHAÏCUS, exilé, 121.

NEAPOLIS refuse le droit de cité romaine, 179.

NOLA, prise par les Samnites, 146. — occupée par eux après la paix, 252. — prise par Sylla, 323.

NORBA, courage de ses habitants, 327.

NORBANUS. V. C. JUNIUS.

NUMIDES, défection des cavaliers —, 156.

Q. NUMITORIUS PULLUS, sa trahison, 62.

CN. OCTAVIUS, massacré au Janicule, 243.

M. OCTAVIUS, tribun du peuple déposé, 47.

OMBRIENS, leur situation sous l'administration romaine, 11. — leur révolte, 168. — comprimée, 175.

L. OPIMIUS prend Fregelles, 62. — réprime l'émeute de M. Fulvius et de C. Gracchus, 82.

ORCHOMÈNE, bataille d'—, 255.

OSTIE, Marius s'en empare, 239.

OXINTHA, prince numide, auxiliaire des Samnites, 156.

PAPIRIA, loi, 66.

C. PAPIRIUS CARBON, assiège Rome, 238. — se proclame consul sans comices, 265. — fait des levées en Étrurie, 272, 288. — repousse Sylla devant Clusium, 299. — battu par Metellus, 304. — abandonne son armée, 307.

C. PAPIUS MUTILUS, l'un des chefs suprêmes des alliés, 136, 137.

— ses succès en Campanie, 146. — sa cruauté envers ses prisonniers, 148. — attaque L. Cæsar, 157. — débauche ses auxiliaires, 156. — sa défaite et sa blessure, 198. — sa mort, 325.

PELIGNIENS, l'un des peuples confédérés, 131.

M. PERPERNA, Grec, nommé consul sans avoir été naturalisé, 102, note 3.

PERPERNA, battu par les alliés, 155.

PICENTES, leur insurrection, 143. — leur férocité, 144. — se déclarent pour Sylla, 278.

PINNA, saccagée par les alliés, 149. — assiégée par les Romains, 186.

PITANE, Mithridate assiégé dans —, 257.

PLACENTIA, bataille de —, 305.

PLAUTIA et PAPIRIA, loi, 199, note.

PLÉBÉIENS, enrôlés par les alliés, 148.

Q. POMPÆDIUS SILON organise la ligue italiote, 108. — député à Rome, 113. — sa conjuration, 118. — défait Servilius Cæpion, 166, — et Porcius Caton, 188. — se retire à Æsernia, 199. — nommé généralissime des confédérés, 201. — reprend Bovianum, 202. — sa défaite et sa mort, 210.

Q. POMPÉE, nommé général de l'armée du Nord, 227. — massacré par ses soldats, 229.

CN. POMPÉE MAGNUS sauve la vie de son père, 239. — ses succès dans le Picenum, 278. — en Ombrie, 285 et suiv.

CN. POMPÉE STRABON (père de Magnus), assiégé dans Firmum, 169. — défait les alliés, 174. — prend Asculum, 209. — ses intrigues, 237. — sa mort, 241.

SEX. POMPÉE (frère du précédent), son entrevue avec Scaton, 183.

POMPÉI, pris par Sylla, 193.

PONTIUS TELESINUS, général des alliés, 211. — sa tentative contre Rhegium, 226. — marche sur Rome, 310 et suiv. — sa mort, 321.

Pontius Telesinus, frère du précédent, commande les Samnites auxiliaires du jeune Marius, 294. — assiégé dans Préneste, 298. — son duel avec Marius, 322.

P. Popilius Lænas, ennemi de Gracchus, exilé, 68.

Populonia, prise par Sylla, 327.

L. Porcius Caton, bat les Étrusques, 175. — mutinerie de ses soldats, 192. — sa mort, 189.

A. Postumius Albinus, massacré par ses soldats, 191.

Préneste, place d'armes du jeune Marius, 289. — il s'y réfugie, 294. — massacre de ses habitants, 323.

Presenteius défait Perperna, 155.

Ravenne, occupée par Metellus, 298.

Rhegium, tentative des Samnites contre —, 226.

P. Rutilius Lupus, sa témérité, 159. — sa défaite, 160.

Sacriport, bataille de —. 293.

Sagum, les Romains prennent le —, 150. — le déposent, 174.

Salapia, prise par les Romains, 196.

Salerne, prise par Papius Mutilus, 146.

Samnites, leur haine contre Rome, 133. — leur révolte, 145. — leur constance, 198. — n'acceptent pas le bénéfice des lois de Cinna, 251. — leur inaction au retour de Sylla, 280. — envoient un corps auxiliaire à Marius, 291. — massacre des Samnites prisonniers, 294. — situation des Samnites à la fin de la guerre sociale, 332.

Saturnia. combat près de —, 299.

Semproniennes, lois de C. Gracchus, 65 et suiv.

Tib. Gracchus, 37 et suiv.

C. Sempronius Gracchus propose l'émancipation de l'Italie, 71. — sa mort, 82.

Tib. Sempronius Gracchus indispose les alliés, 42, 47. — sa mort, 54.

C. Sempronius Tuditanus reçoit les pouvoirs des triumvirs pour les partages, 58.

Sénat, reconstitué par Sylla, 347.

Q. Sertorius, questeur dans la Gaule, 145. — massacre les Bardiæi, 246. — prend Suessa, 283. — s'établit en Espagne, 289.

Servilia, loi, 95.

Q. Servilius, massacré par les Asculans, 143.

Q. Servilius Cæpion, défait par Pompædius, 166.

C. Servilius Glaucia, complice de Saturninus, 99.

Setia, occupée par Sylla, 291.

Signia, ville du Latium, 291.

SOCII NAVALES, sens de ce mot, 9.

Spolète, ville d'Ombrie, 302.

Stabies, prise par les Samnites, 139.

Suessa, prise par Sertorius, 283.

P. Sulpicius, tribun du peuple ; créature de Marius, 215.

Sulpicius, lieut. de Pompée, secourt Firmum, 174.

Sutrium, ville d'Étrurie, 302.

Tarente, ouvre ses portes à Sylla, 276.

Teanum Apulum, bataille près de —, 210.

Teanum Sidicinum, conduite d'un consul à —, 26. — conférences de —, 282.

Q. Thermus, fait battre de verges des décemvirs italiotes, 27.

Sp. Thorius, plébiscite qu'il fait rendre, 85.

Tifata, bataille près du mont —, 281.

Tisiæ, ville du Bruttium, 226, note.

Tribuns, choisis pour patrons par les alliés, 93. — leur pouvoir réduit, 349.

Valeria, loi, 253.

L. Valerius Flaccus, consul subrogé, 249. — envoyé contre Sylla en Grèce, 254. — assassiné par ses soldats, 256.

L. Valerius Flaccus, interroi, nomme Sylla dictateur, 343.

Varia, loi, 121.

Venafrum, prise de —, 145.

P. Ventidius Bassus, prisonnier après la prise d'Asculum, ne fut point esclave, 210.

VENUSIA, assiégée par Cosconius, 196.

VERCELLÆ, bataille de —, 93.

VERRÈS, questeur de Carbon, sa désertion, 305.

VESTINS, leur insurrection, 131. — se soumettent avant tous les autres alliés, 187.

P. VETTIUS SCATON défait Sex. Cæsar, 145. — bat Rutilius, 160. — prend part à la bataille du mont Fiscellus, 169. — entre en Étrurie, 181. — son entrevue avec Sex. Pompée, 183. — sa défaite et sa mort, 185.

VOLATERRÆ, défense remarquable de —, 328.

VULSINII, révolte des serfs de —, 235.

VULTURNE, fleuve de Campanie, 167.

www.ingramcontent.com/pod-product-compliance
Lightning Source LLC
Chambersburg PA
CBHW060604170426
43201CB00009B/888